HISTORIAS DE ÉXITO

Nota sobre las Historias de Éxito

Las siguientes historias de éxito son testimonios voluntarios de personas que padecían de obesidad o diabetes, que participaron del programa NaturalSlim o aplicaron los conocimientos adquiridos a través de la lectura de los libros *El Poder del Metabolismo* y *Diabetes Sin Problemas*, o de los vídeos del canal MetabolismoTV de Frank Suárez en YouTube, con el propósito de aprender a restaurar su metabolismo y adelgazar. Como nota, NaturalSlim, MetabolismoTV y Frank Suárez, no tratan ni pretenden tratar la diabetes porque la diabetes es una enfermedad seria que requiere de la supervisión experta de un médico. Lo que sucede es que, al mejorar la eficiencia del metabolismo, las personas bajan de peso y como resultado adicional se les controla la diabetes, junto a otras condiciones relacionadas a la obesidad, tales como la presión alta, el colesterol y los triglicéridos. Las personas que padecen de diabetes necesitan tener una autorización de sus médicos para poder ser aceptados en el programa NaturalSlim. Como resultado de su programa para adelgazar, estas personas aprendieron y aplicaron las mismas técnicas para la restauración del metabolismo, más el "estilo de vida" que se enseña en este libro. Es bueno aclarar que muchas de estas personas tuvieron la ventaja adicional de contar con el seguimiento y la ayuda personalizada de un Consultor Certificado en Metabolismo de NaturalSlim hasta lograr su meta personal.

"Soy de Costa Rica y tengo 44 años. Hace tres meses hice mi debut como diabética. Ingresé con 628 de glucosa a emergencias en la clínica. Estaba cansada, no veía bien. No quería hacer ejercicios y comía gran cantidad de carbohidratos como loca. Cuando me diagnosticaron diabetes, el tratamiento fue de dos metforminas y 10 unidades de insulina en la mañana. Compré el libro El Poder del Metabolismo y empecé a escuchar los audios del Señor Frank. Comencé con la Dieta 3x1 y con el Libro Diabetes Sin Problemas. Ya me quitaron la insulina y la metformina. He bajado 20 kilos (44 libras) y hago ejercicios sin problemas. Tengo más energía. De talla 24 de pantalón ya pasé a talla 12. Estoy muy agradecida.

-E. Vargas

"Me siento estupenda, la ropa me queda muy bien. Ya descarté todo lo que tenía talla grande y me compré ropa nueva. Bajé cuatro tallas de ropa y me di cuenta de que el trigo era mi alimento agresor. Gracias a MetabolismoTV."

-S. Liliana

"Entré al programa por mi salud y sobrepeso ya que era talla 40 de cintura y continuaba engordando. Ahora soy talla 34 y ya no necesito usar medicamentos para la diabetes ni para la presión alta. La gente me

pregunta todo el tiempo al notar el cambio. Como ahora tengo mucha energía estoy en el gimnasio haciendo ejercicios frecuentemente despúes de haber mejorado el metabolismo de mi cuerpo. No me siento que estoy a dieta, es un estilo de vida. Se lo he recomendado a muchas personas y a ellos también les ha funcionado."

-W. Medina

"Gracias a Dios y a sus consejos he logrado bajar 43 libras (20 kilos) iy voy por más! Quiero darle las gracias por lo que hace para alargar la vida de uno. Ya no tengo presión alta, ya salí de los niveles altos de glucosa, no más depresión, ni ansiedad. Me han reducido mis pastillas a la mitad y estoy agradecido."

-I. Rodríguez

"Hace ocho meses decidí cambiar mi alimentación: no azúcar, no harinas, no lácteos. Pesaba 120 kilos (265 libras) y bajé 25 kilos (55 libras) con la dieta de mi querido Frank y claro con mucha fuerza de voluntad isi se puede!!"

-Y. López

"En enero del 2017 decidí hacer un cambio cuando noté que no podía atarme mis zapatos para ir a trabajar y que el volante de mi camión casi llegaba a mi panza (estómago). Comencé con caminatas cortas diarias cuidando lo que comía y entendiendo que no todo lo que parece bueno o rico era sano para mí. Con el tiempo di con este señor Frank Suárez de MetabolismoTV. Hoy me siento una persona nueva, que puedo comprar la ropa que me gusta, que sigo aprendiendo día a día. Perdí 70 libras (32 kilos) en cinco meses. Mi vida de antes era llegar a mi casa y sentarme a comer en el sillón. Hoy llego a cambiarme para ir a correr o al gym. Anímate que la victoria está a un paso."

- M. González

"Usaba una enorme talla 18 de ropa y un tamaño 3x de blusas. Tenía presión alta y diabetes, que fue la razón principal para buscar ayuda. Mi diabetes y presión alta se estabilizaron tanto que hoy no tengo que usar medicamentos. A esta fecha soy talla 10 y uso blusas tamaño mediano. Me siento feliz."

-Z. Vallejo

"iSu libro me salvó de un destino cruel! Cuando empecé este cambio tenía 40 años estatura 173 cm (5' 7") y peso de 100 kilos (220 libras) con una

circunferencia abdominal 125 cm. Era talla 48, con triglicéridos y presión sanguínea altos. Me cansaba y se me dormían las manos. Actualmente, peso 73 kilos (161 libras), con una circunferencia abdominal 81 cm, soy talla 32 de pantalón. Tengo mucha energía, no se me duermen las manos y me siento excelente. Uno de los problemas que he tenido para ayudar a otros es que nos han educado en creer que solo los medicamentos curan y nos cuesta entender que la alimentación es la solución para muchos de nuestros males. Yo hace mucho entendí que somos lo que comemos, pero no sabía cuál era la forma correcta. Gracias a tío Frank aprendí y sigo aprendiendo de este maravilloso tema del metabolismo."

-A. Durán

"Empecé mi cambio de alimentación este año con la ayuda de una amiga y una nutrióloga quienes me motivaron a hacerlo. A las dos semanas de empezar mi cambio por casualidad di con un video suyo que hablaba acerca del mal que el microondas causa en nuestro metabolismo. Recuerdo que ese mismo día vi muchísimos videos suyos y desde ahí mi vida cambió. Con todos sus conocimientos, sus consejos y ayuda aquí estoy recuperando mi metabolismo y viviendo al máximo. ¡No más visitas al doctor... y llevo 50 libras (23 kilos) menos y varias tallas menos y todo gracias a Dios que me puso en el camino para encontrar su maravilloso programa!!! Que Dios lo siga bendiciendo y llenando de años. ¡Mil gracias por todo!

-J. Castro

"Gracias por la orientación y por todo. Con el libro El Poder del Metabolismo y con los vídeos de YouTube de MetabolismoTV, he aprendido mucho y he logrado perder 75 libras (34 kilos). Estoy muy agradecida por su ayuda."

-C. Quesada

"He buscado mucha información de diferentes fuentes, pero mi esposo fue el primero en conocer sobre ustedes y él me recomendó sus videos. Él es enfermero y la salud es un tema de suma importancia. Desde entonces he escuchado sus consejos sobre el arroz y la Dieta 3x1 y Dieta 2x1. Soy de las que el arroz me engorda hasta de verlo. Antes estaba en una talla 16 al 18 y ahora estoy en una 8 al 10. Estuve en un peso de 188 libras (85 kilos) y hoy estoy en un peso de 153 libras (69 kilos). Gracias mil Frank."

-S. De La Cruz

"Vivo en Zihuatanejo Gro. México. A principios del 2016 me dieron un diagnóstico que me sacudió la vida. Empecé con dolores crónicos de

brazos, pecho y cuello. Consulté muchos médicos y me daban desinflamantes, analgésicos, medicamentos para el colesterol, relajantes y se bajaba, pero no se quitaba. Me diagnosticaron cáncer del seno y pasé unos momentos muy difíciles. Esto llevó a mi esposo a buscar información y encontró los videos de Frank Suárez. Temas como el agua, la candida, el cáncer y el sistema inmune, etc. Veía y veía los vídeos para documentarse, mientras yo tomaba terapias alternativas. Mi esposo se empezó a volver mi terapeuta, checaba un video y lo aplicaba en mí. Los dolores, las molestias desaparecieron y aunque la fibrosis aun está presente en mi seno me han hecho resonancia y no es maligna. Mi esposo se metió a sus cursos y estos son los resultados: en dos meses bajé 7 kilos (15 libras), en cuatro meses bajé 14 kilos (31 libras) y de talla 11 a la 5. Gracias."

-D. Rojas

"Le escribo porque quiero darle las gracias por su libro El Poder del Metabolismo. Bajé 15 kilos (33 libras) en cinco meses y un año después mi peso es el mismo. No es dieta, es cambiar la alimentación y el estilo de vida para siempre. Estoy feliz."

- Y. Llerena

"Fui participante de su curso en línea de Asesor en Metabolismo y quiero manifestar mi agradecimiento a los conocimientos tan certeros, que al ponerlos en práctica realmente mejoran la condición de salud. Soy diabético y para mi satisfacción personal, he logrado poner bajo control mi diabetes. Manejando rangos de 84 mg/dl a 106mg/dl de glucosa en sangre. Anteriormente mi desesperación era el no poder disminuir niveles que fluctuaban entre los 140 a 170 aún en ayunas. Gracias por compartir tanto conocimiento y saludos desde Morelia Michoacán, México."

- J. García

"Llegué a NaturalSlim motivada por condiciones de salud. Tenía presión alta y tomaba medicamentos. Además, mi médico me diagnosticó prediabetes porque mi azúcar estaba demasiado alta. Había subido mucho de peso después de mi último embarazo y usaba una talla 16. Se me hacía muy difícil conseguir ropa que me quedara bien y me sentía siempre cansada. Ahora ya no tomo medicamentos para la presión arterial y mi azúcar está controlada sin medicamentos. Ya estoy usando una talla 8 y me siento súper bien."

-G. García

"¡Quería contarles el avance que voy teniendo gracias al libro El Poder del Metabolismo y a los videos de YouTube de MetabolismoTV, donde el señor Frank Suárez nos hace llegar su conocimiento y poder informarnos de la verdad! Nunca había llegado a tener tanta información y de la manera didáctica en que él lo explica. Voy a cumplir casi ya cuatro meses aplicando lo que he aprendido y estoy muy agradecida porque he aprendido a llevar un ritmo de vida distinta a la que tenía. Nunca he sido tan obesa pero ya no me sentía cómoda con la ropa y sentía que ya estaba avanzando para mal. En estos cortos cuatro meses me siento con más energía, duermo mejor, bajé dos tallas y estoy muy feliz por ello, nada mejor que tener conocimiento y aplicarlo".

- L. Geraldine

"Yo era una horrible talla 20. Mis hijos y conocidos me criticaban. Todos pensaban que mi problema era que yo comía mucho. Pero, aprendí que mi problema era que tenía un metabolismo lento y una condición de tiroides que mis médicos no habían detectado porque no se reflejaba en los análisis de laboratorio. Aprender sobre el metabolismo me permitió conseguir la ayuda médica que necesitaba. Al conseguir esa ayuda y mejorar mis hábitos y mi estilo de vida logré bajar hasta mi talla actual, talla 8."

-S. Rodríguez

"Solamente quiero agradecer por la educación en el tema del metabolismo, y poniendo en práctica la Dieta 3x1, mis niveles de glucosa se han bajado; mi A1c de 6.5 a 5.6. Además, hasta el día de hoy he perdido 68 libras (31 kilos) de talla 28 he bajado a talla 18 y sigo con mi nuevo estilo de vida. Gracias Frank, por ayudarme."

– I. Rivera

"Quiero que sepa que sus consejos me han ayudado mucho. Compré su libro El Poder del Metabolismo y me ha ido muy bien. En un año he logrado bajar de talla 20 a talla 10. Gracias por su ayuda."

-M. Sánchez

Metabolismo Ultra Poderoso

Una guía práctica y personalizada
de los principios que funcionan para bajar de peso,
recobrar la energía, mejorar la salud y mantenerla.

Advertencia:
Este libro, Metabolismo Ultra Poderoso, ha sido escrito solamente como una fuente de información. La información contenida en este libro nunca debe considerarse como información sustituta de las recomendaciones de su profesional de la salud o médico cualificado. Siempre debe consultar con su médico antes de empezar cualquier régimen de dieta, ejercicio u otro programa relacionado a la salud. El autor, Frank Suárez, es alguien que logró vencer su propia obesidad, no es un médico, dietista, ni nutricionista. Es un especialista en obesidad y metabolismo por su propio mérito. La información que provee este libro está basada en las recomendaciones que a través de más de 10 años han resultado exitosas para las personas que buscaban su ayuda para bajar de peso y recuperar el metabolismo. Hemos hecho esfuerzos razonables para que toda la información aquí descrita sea veraz. La gran mayoría de la información aquí contenida está basada en las experiencias adquiridas trabajando con miles de personas en el sistema NaturalSlim (www.NaturalSlim.com). **Se le advierte que nunca se deben descontinuar o alterar las dosis de los medicamentos recetados, ni cambiar su régimen nutricional, ni utilizar suplementos naturales sin que antes haya consultado con su médico.**

Dedico este libro a mis seguidores en MetabolismoTV,
a los miembros del Sistema NaturalSlim
que confiaron en mí para recobrar su salud
y a todos los amantes de la verdad.

Tabla De Contenido

INTRODUCCIÓN

Frank Suárez y su obra es un paradigma científico y humanista, investigador que cree en la ciencia y en lo que funciona, enfatizando en el valor y en la dignidad de las personas. El fundador de NaturalSlim ha creado una sistematización de los principios del metabolismo que contienen una tecnología real que está revolucionando a la comunidad científica a nivel mundial. La capacidad de observar las causas y soluciones de los problemas se expresan en su comunicación directa, donde con palabras sencillas ha ayudado a cientos de miles de personas que hoy agradecen, respetan y lo admiran. La restauración del metabolismo ha enriquecido el campo de la medicina, creando nuevas capacidades en la atención y prevención de enfermedades. Sus resultados han quedado demostrados y sus potencialidades son ilimitadas donde hay esperanzas para todos a cualquier edad, estando sustentadas en la aplicación de las investigaciones más actualizadas.

Hace tres años aproximadamente me encontraba revisando información actualizada sobre cáncer de tiroides y descubrí *El Poder del Metabolismo*, a partir de ese momento me puse en contacto con este mundo nuevo. Después de 41 años de ejercer mi profesión médica y de trabajar en las salas hospitalarias, terapia intensiva y de Profesor de Medicina Interna obtuve esos conocimientos novedosos. Me di a la tarea de estudiar e investigar todo lo relacionado con sus conceptos fundamentales que apliqué conmigo mismo y mis pacientes obteniendo resultados excelentes. En mi experiencia al personalizar cada caso educándolo, identificando el sistema nervioso predominante, desintoxicando el cuerpo, hidratando adecuadamente, realizando la limpieza por hongo candida, creando un metabolismo ágil, evitando el uso excesivo de carbohidratos refinados, que contribuyen marcadamente a la creciente epidemia de obesidad, aplicando la Dieta 3x1 identificando y suprimiendo los alimentos agresores, realizando ejercicios físicos, resolviendo los desbalances hormonales, atendiendo estados mentales y emocionales que no son agradables, así como identificando el tipo de estrés, y otras medidas relacionadas con estilo de vida han sido clave en el desempeño de mi labor con mis pacientes, convenciéndome que no existe ninguna enfermedad que no pueda ser atendida y mejorada sin excepción con la restauración del metabolismo desde asma bronquial hasta el cáncer.

En mis registros médicos tengo las evidencias palpables de estos resultados. Asombrosamente los pacientes se recuperaban de padecimientos que no podían resolver aún con medicamentos. Obtuve avances significativos en casos de neuropatía diabética, logré la disminución de triglicéridos en sangre sin medicamentos alguno eliminando las vendidas estatinas; resolver reflujo gástrico, cálculos de vesículas que iban camino a quirófano, estados depresivos, insomnio rebelde sin medicamentos, soluciones a la migrañas, zumbidos de oídos, apnea del sueño, disminución de la libido y hasta impotencia sexual, hipertensión arterial, afecciones cardiovasculares y cerebrales hipotiroidismo, diabetes mellitus, obesidad; siempre velando que los conocimientos médicos actualizados confirmados y publicados sustenten científicamente la aplicación y mi conducta médica con mis pacientes. He asumido conscientemente el propósito de ayudar a los pacientes y sus familias a educarse mejor conociendo los síntomas evitando de ser posible la indicación de medicamentos evitando su toxicidad y complicaciones de una forma sencilla, funcional y sobretodo efectivo. La satisfacción recibida de mis pacientes me inspiro a continuar profundizando hasta alcanzar el Doctorado en Metabolismo. Recomiendo la lectura y aplicación de este libro Metabolismo Ultra Poderoso.

En mi condición de cubano, participé activamente en la construcción del sistema de salud de mi país; orgulloso y agradecido de la formación ética-profesional recibida de mis profesores, brindé mis servicios ejerciendo como médico en varios países, iniciando en Jamaica (1980-1981) hasta Argelia (2008-2009). He vivido esta experiencia con integridad en condiciones difíciles incluso en lugares donde nunca habían visto un médico. Durante diecisiete años dirigí con diferentes responsabilidades la salud pública y alcancé otra especialidad de administración de salud y la candidatura de Doctor en Ciencias otorgada por la Academia de Ciencias de Cuba. En mi condición de diputado del parlamento cubano asumí la responsabilidad de presidente de la Comisión de Salud del Parlamento Latinoamericano, visitando decenas de países viendo de cerca la crisis de salud que confrontamos e impartiendo conferencias, exponiendo en Congresos Internacionales. He dedicado mi vida al terreno de la salud con la profesión más humana, que toca el alma de las personas. Defendamos, cuidemos el legado de la enorme proeza realizada por el autor del presente libro que ha puesto al servicio de la humanidad sus conocimientos con humildad, desinterés y una vocación de ayudar a los necesitados exponiendo sus propias experiencias y venciendo múltiples condiciones de salud para convertirse en un héroe de estos tiempos, y que continua con su labor quijotesca y con su daga de la verdad luchando contra los molinos de viento actuales.

México, país hospitalario donde resido libremente y laboro actualmente en el Centro de Diagnóstico Avanzado IMAGENUS, en mi condición de Jefe de Gabinete de Check Up, necesita como otros pueblos de esta visión. Es un deber ineludible crear un movimiento social que llegue a todos los rincones del planeta que impacte en la voluntad política y constituya una fuerza poderosa para la solución de nuestros males que llenan de luto a nuestras familias. Aspiramos que esta tecnología sea compartida y perfeccionada con rigor científico y nos concentremos en ayudar a las personas a confrontar dificultades físicas, pues es una guía práctica para construir un mundo que necesita cambiar, capacitándolos en las técnicas y principios básicos para que la persona pueda aplicarla a la salud, no cerrar los ojos al dolor luchar por resolver el sufrimiento humano.

El mayor problema es que la tendencia es clara: la situación continúa empeorando año tras año. Crear conciencia del problema y sus causas para protegernos y no convertirnos en víctima de la ignorancia. Todos de una forma u otra tenemos responsabilidad. Todavía puede amanecer un nuevo día para los hombres y mujeres que necesitan de esa esperanza. Pienso que, si la labor consagrada de Frank y sus colaboradores se multiplicó con mi humilde trabajo inspirado en su ética, profesionalidad, y humanismo ¿cuántos médicos desconocen actualmente de estos avances? ¿Por qué en los programas de estudio de los estudiantes de Medicina no incorporan estos elementos? Si sabemos que es Ciencia demostrada y que respeta a las investigaciones científicas reconocidas, algunas de ellas Premios Nobel de la Medicina, que el cuerpo humano todo está relacionado con todo; qué campo más fértil nos brinda estos avances del metabolismo, para la aplicación del método clínico para diagnosticar con certeza, con la rigurosidad de escuchar y observar al paciente y entender que salud no es ausencia de enfermedad que es un equilibrio biológico-psicológico-social y que debemos entender que el cuerpo tiene que ver con la mente y el ser. El camino está abonado para que se realicen trabajos de investigación con todo lo expuesto y validado ¿Cuántos pacientes se beneficiarían? Me queda claro que se abre un sendero para alcanzar las soluciones a los problemas actuales que azotan a la humanidad.

¡SALVEMOS ESTE LEGADO!

Dr. Ramón Crespo
Médico Internista y Especialista
en Administración de Salud

NOTAS DEL AUTOR

Mi propósito es llevar un mensaje que sirva para mejorar o recuperar la energía, el metabolismo y la salud en general. El mensaje escrito se comunica a través de las palabras. Las palabras tienen significados que no siempre son conocidos para todos nosotros.

Así que hago lo posible por evitar las palabras técnicas o los términos médicos. Siempre que me veo forzado a utilizar una palabra técnica me aseguro de proveer también la definición de ella para que la persona no pierda el interés en el tema y lo pueda entender. En realidad, el conocimiento es poder, pero el conocimiento se adquiere a través de las palabras del lenguaje.

Cuando me veo obligado a utilizar una palabra que entiendo pudiera ser malentendida le proveo la definición al pie de la página y también la incluyo en las definiciones que están en la sección de GLOSARIO, al final del libro. La idea es que usted pueda localizar las palabras nuevas que trae este tema en el glosario sin necesidad de utilizar un diccionario médico o especializado. No obstante, es siempre una buena idea el tener un buen diccionario accesible porque aun una simple palabra de nuestro lenguaje común que no se entienda le puede quitar el interés en lo que usted lee.

Lo mismo pasa con el lenguaje. Muchas de las palabras que se utilizan son más fáciles de entender en inglés que en español. Ejemplo: el cuerpo humano produce una hormona que en español se llama glucocorticosteroide y que es la hormona asociada a las condiciones de estrés. En inglés esta hormona se llama cortisol y naturalmente es muchísimo más fácil hablar de cortisol que de glucocorticosteroide. Como mi propósito principal es que el mensaje llegue a los lectores, elegí usar la palabra que sea más fácil de entender y recordar, con el permiso de los expertos de la lengua española.

Ruta al Metabolismo Ultra Poderoso

El propósito principal de este libro es que usted pueda establecer los pasos específicos, en secuencia, que debe llevar a cabo para restaurar su metabolismo y alcanzar su meta, ya sea de adelgazar, mejorar su diabetes o mejorar su salud en general.

Así que, al final de cada capítulo usted encontrará un breve resumen de los puntos discutidos y una o varias preguntas o ejercicios que llevar a cabo. Usted puede responderlos aquí en el libro o puede entrar al sitio

MetabolismoUltraPoderoso.com,

crear su perfil, e ingresar las respuestas a cada capítulo. Al usted completar los ejercicios de cada capítulo, estará creando su programa personalizado con los pasos en orden que le ayudarán a alcanzar su meta.

Le invito a que no salte ni un solo paso de su Ruta al Metabolismo Ultra Poderoso. Con el conocimiento correcto y con su decisión de restaurar su metabolismo, seguramente logrará su propósito.

Le espero en la recta final,

Frank Suárez
Especialista en Obesidad,
Diabetes y Metabolismo

EL PODER ESTÁ EN EL CONOCIMIENTO

El Metabolismo del Cuerpo y sus Enemigos

Cantidad de gente se queja de tener un "metabolismo lento" porque se les hace difícil adelgazar, ganan peso con demasiada facilidad o se sienten faltos de energía. La palabra metabolismo viene del griego *meta* que quiere decir cambio o movimiento.

Cuando utilizamos la palabra *meta* en su sentido de cambio, es como cuando hablamos de la palabra metamorfosis. Metamorfosis es un proceso de cambio de forma. Es como cuando una oruga pasa por un proceso de cambio y se convierte en una bella mariposa. Ahora, si usamos la palabra *meta* del griego en su sentido de movimiento es como cuando hablamos de un cáncer[1] que está en metástasis. Un cáncer en metástasis es un cáncer que está en movimiento, regándose por todo el cuerpo, ya en su etapa terminal. Así que cuando hablamos de metabolismo estamos hablando de cambio o de movimiento. Entonces, ¿qué es el metabolismo? Le ofrezco la siguiente definición básica de metabolismo que le ayudará a entender el tema:

metabolismo: la suma de todos los movimientos, acciones y cambios que ocurren en el cuerpo para convertir los alimentos y los nutrientes en energía para sobrevivir.

Son muchos los movimientos, procesos, acciones y cambios que el cuerpo humano realiza para sobrevivir:

---

[1] cáncer: se refiere al conjunto de enfermedades relacionadas en las que ocurre un proceso descontrolado en la división de las células del cuerpo. El cáncer comienza a funcionar de forma independiente al cuerpo, se esparce hacia otros tejidos cercanos y puede causar hasta la muerte si no se le brinda tratamiento.

digestión[2], absorción, respiración, sistema inmune (defensa), circulación, eliminación, etc. Cada uno de estos procesos tiene algo en común: movimiento. El movimiento siempre conlleva el uso de energía. Sin energía no hay movimiento. El metabolismo de su cuerpo es el que produce la energía que permite crear todo el movimiento, la vida y la salud de su cuerpo.

La palabra *metabolismo* tiene su origen en el griego *meta* que quiere decir *movimiento*. El metabolismo ocurre dentro de las células[3] del cuerpo y es el proceso natural que utiliza su cuerpo para crear la energía que le mantiene la vida y la salud. Cuando una persona experimenta un metabolismo lento su cuerpo está falto de energía, por lo cual la persona también tendrá una deficiencia de movimiento interno que le hará engordar con facilidad, tendrá dificultad para adelgazar con las dietas y muy posiblemente se sentirá sin energía para hacer ejercicios.

Cuando el metabolismo es demasiado lento, todos los procesos del cuerpo también son lentos y ello se puede reflejar en estreñimiento, acumulación de tóxicos, mala circulación, muchas infecciones, mala digestión, sobrepeso y obesidad, diabetes, mala calidad de sueño y problemas de la tiroides, entre otros. Podríamos decir que el metabolismo de su cuerpo es como el motor de su auto. Si el motor de su auto está descompuesto o no funciona bien, muy difícilmente llegará lejos o irá a la velocidad correcta que le ayude a llegar a tiempo a su destino. El buen funcionamiento de su auto dependerá del buen mantenimiento que le brinde, la calidad del

---

[2] digestión: es el proceso natural que le permite al cuerpo transformar los alimentos en nutrientes que se puedan utilizar para la creación de la energía que produce el metabolismo.
[3] células: las células son las partes más pequeñas del cuerpo que contienen vida. En efecto las células, aunque son pequeñísimas, se alimentan, digieren y respiran al igual que usted. La salud de su cuerpo depende de la salud de las células de su cuerpo.

combustible y los aceites que utilice, entre otras cosas. De igual manera, la función del metabolismo de su cuerpo dependerá de cuán bien lo cuide o cuánto usted permita que los enemigos del metabolismo entren en contacto con su cuerpo.

Lamentablemente, llevamos décadas haciéndole daño al metabolismo de nuestro cuerpo. La alimentación incorrecta, el contacto con sustancias tóxicas y mayormente la cantidad de datos falsos que hay allá afuera, nos han llevado ha entrar en confusión con miles de dietas y "remedios milagrosos" que al final sólo nos hacen más daño.

Sin embargo, aunque tome algo de tiempo restaurar el metabolismo, es posible hacerlo y llegar hasta romper la dependencia a medicamentos recetados para condiciones como la diabetes [4], el hipotiroidismo [5], el colesterol [6] y triglicéridos[7] altos y hasta los medicamentos para la presión (tensión) arterial alta (hipertensión [8]). El secreto está en primero educarse, tener el conocimiento de cómo funciona su cuerpo y manejar todo aquello que está afectando su metabolismo.

---

[4] diabetes: la diabetes es una condición que se distingue por tener niveles de glucosa (azúcar de la sangre) que son excesivamente altos y dañinos a la salud del cuerpo.

[5] hipotiroidismo: condición en la cual la glándula tiroides produce una cantidad insuficiente de las hormonas que controlan el metabolismo, la temperatura del cuerpo y la energía del cuerpo.

[6] colesterol: el colesterol es una sustancia natural producida por el cuerpo humano y por los animales. El colesterol es la materia de construcción principal de muchas de las hormonas, como la hormona estrógeno, que es la hormona femenina y la hormona testosterona, que es la hormona masculina. Todas las células del cuerpo contienen colesterol, con excepción de las células de los huesos.

[7] triglicéridos: los triglicéridos son grasas que se fabrican en el hígado. Cuando a alguien su medico le dice "tienes los triglicéridos altos" quiere decir que la persona tiene mucha grasa flotando en la sangre, lo cual es muy peligroso para la salud.

[8] hipertensión: tensión (presión) excesivamente alta de la sangre. La hipertensión arterial aumenta la probabilidad de sufrir un accidente cerebrovascular, un ataque cardíaco, insuficiencia cardíaca, enfermedad renal o muerte prematura.

Ha sido mi misión, por décadas, investigar y sacar a la luz aquellos datos que realmente son beneficiosos a nuestro metabolismo y a la salud en general. Luego de haber vencido mi propio problema de metabolismo lento y haber ayudado a cientos de miles de personas en mis centros NaturalSlim y a través de mis libros y mis videos en MetabolismoTV, estoy completamente seguro de que cualquier condición del metabolismo puede mejorarse si se aplican los datos correctos, en la secuencia correcta. Como la verdad siempre triunfa y estoy totalmente comprometido con la verdad, mi propósito con este libro es llevarle a través de los pasos comprobados que desatarán su metabolismo y lo harán ultra poderoso; todo cimentado en la base sólida del CONOCIMIENTO CORRECTO.

En mis libros *El Poder del Metabolismo* y *Diabetes Sin Problemas* explico las cosas que más afectan el funcionamiento del metabolismo de nuestro cuerpo. De entrada, puede ser muy confuso y puede dar la impresión de que TODO nos hace daño, cuando no es así. Se puede mejorar el metabolismo de nuestro cuerpo, manejando las cosas que le afectan y aún así llevar un estilo de vida placentero, sin sufrimiento ni restricciones. Así que como para vencer al enemigo hay que conocerlo, repasemos brevemente algunos de los factores que reducen el metabolismo.

EL EXCESO DE AZÚCARES Y CARBOHIDRATOS[9] REFINADOS

No hay nada que guste más que comerse un pedazo de pan acabado de hornear, un delicioso plato de gallo pinto con patacones fritos[10], unas riquísimas enchiladas[11], una lasaña de carne o espagueti, o unas alcapurrias o bacalaítos[12] fritos. ¿Y qué de un pastel de chocolate con helado, o unas dulces rosquillas o donas? Todas comidas sabrosas que no podemos ni pensar vivir sin ellas. Estamos adictos a la pizza, las hamburguesas, los emparedados, las pastas, los postres, los tubérculos[13], los refrescos azucarados como la Coca-Cola, la leche y los cientos de miles de versiones de postres que nos hacen enloquecer.

Tristemente, el exceso de todos estos carbohidratos refinados y el uso en exceso del azúcar no sólo han disparado la epidemia de obesidad y sobrepeso, sino que afectan el metabolismo del cuerpo y la salud en general. El resultado, cada vez más personas que padecen de diabetes, hipotiroidismo y triglicéridos altos por sólo mencionar algunas de las condiciones de salud que se producen al consumir carbohidratos refinados en exceso.

---

[9] carbohidratos: los carbohidratos abarcan una gran variedad de alimentos como pan, harinas, pizza, tortillas, arroz, papa, granos, dulces, azúcar, e incluye los vegetales (verduras) y ensaladas.

[10] Gallo pinto se le llama en Costa Rica al arroz con frijoles (habichuelas) y los patacones son los plátanos o bananos fritos, también conocidos como tostones en el Caribe.

[11] La enchilada es un plato mexicano que se elabora con tortilla de maíz bañada de alguna salsa picante utilizando chile en su preparación. Dependiendo del estilo, la enchilada puede ir acompañada o rellena de carnes o queso y de ingredientes adicionales como cebolla fresca picada o en rodajas, lechuga, crema de leche y queso.

[12] Las alcapurrias y los bacalaítos son frituras típicas de Puerto Rico. Las alcapurrias se preparan con una mezcla cuyo ingrediente principal es el guineo (banana) verde y algunos le añaden yautía, ambos rallados. Se les rellena de carne y se fríen. Los bacalaítos se hacen en una mezcla de harina con especias y bacalao que se fríe en aceite caliente.

[13] tubérculos: los tubérculos son raíces comestibles, como la papa, el camote y la yuca, entre muchos otros, que son carbohidratos y aumentan la glucosa (azúcar de la sangre).

El término carbohidratos abarca una gran variedad de alimentos como pan, harinas, pizza, arroz, papa, granos, dulces, azúcar, e incluye los vegetales y ensaladas. Cuando decimos <u>carbohidratos refinados</u> nos referimos a aquellos carbohidratos que de alguna forma han sido procesados, cocinados, molidos, pulidos o refinados. Esto los hace mucho más absorbibles y aumentan con facilidad los niveles de glucosa[14] del cuerpo. A casi todos los vegetales y ensaladas (con excepción del maíz) los consideramos <u>carbohidratos naturales</u> (no refinados).

Aunque muchos de los carbohidratos naturales tienen un alto contenido de fibra[15], por lo que no nos hacen daño, dentro de los carbohidratos naturales existen algunos carbohidratos que son de sabor muy dulce. Los carbohidratos dulces pueden venir de fuentes naturales pero el hecho de que son dulces indica que son muy altos en azúcares que se pueden convertir en grasa. Ejemplos de carbohidratos dulces lo serían las frutas dulces como el guineo (banana), el mango, la piña o las pasas. También hay ciertos vegetales muy dulces como el maíz, la zanahoria, la remolacha y el tomate, que debemos consumir con mucha moderación, ya que también se convierten en

grasa con facilidad. Hay algunas frutas que no son excesivamente dulces como las fresas y la manzana que son aceptables como carbohidratos naturales.

---

[14] glucosa: azúcar de la sangre que es el combustible[†] y alimento principal de las células del cuerpo.

[†]combustible: cualquier material (gasolina, carbón, etc.) capaz de liberar energía cuando se oxida (se une con el oxígeno).

[15] fibra: es uno de los compuestos de los carbohidratos. Aunque se considera parte de los carbohidratos, es una parte que no aumenta la glucosa y no le puede engordar. De hecho, la fibra ayuda a reducir la absorción de la glucosa, por lo tanto, le ayuda a adelgazar. Podría decirse que la fibra es como una paja y no aporta ningún valor nutricional, ni afecta la glucosa.

Los procesos industriales para refinar los carbohidratos (trigo, arroz, maíz) son violentos. Los carbohidratos que ya están refinados se convierten en harina de trigo, harina de maíz, endulzantes de maíz, papa deshidratada, harina de soja (soya) y otras formas de carbohidratos refinados. Estos alimentos están tan refinados y sus moléculas[16] son ya tan pequeñas que el cuerpo humano los convierte en glucosa rápidamente sin mucho esfuerzo. Todo lo que aumente demasiado la glucosa en el cuerpo creará un exceso de grasa corporal.

Observe que más del 85% de los diabéticos tienen sobrepeso. Los diabéticos son diabéticos porque sus niveles de glucosa son demasiado altos y como los altos niveles de glucosa obligan al cuerpo a crear grasa corporal, más del 85% de ellos están sobrepeso. Cuando nos comemos una dona o rosquilla (harina de trigo con azúcar) el cuerpo rápidamente la convierte en un montón de glucosa y eso crea un exceso de glucosa en la sangre, lo cual prepara la escena para engordar. Esa es la mecánica envuelta en el proceso de engordar y uno de los factores principales que afectan nuestro metabolismo.

El problema mayor de consumir carbohidratos refinados en exceso es que los carbohidratos refinados son adictivos. Las personas que están adictas a los carbohidratos no se pueden controlar. Se comen los chocolates y esconden las envolturas como si fueran malhechores. Están atrapados en una adicción de la misma forma que el adicto al cigarrillo necesita fumar o el alcohólico necesita beber alcohol. El consumo de estos carbohidratos refinados en abundancia no

---

[16] moléculas: la palabra molécula viene de la palabra moles que significa masa. Una molécula es grupo de al menos dos átomos unidos. Las moléculas unidas forman cosas, y dependiendo del tipo de átomos que compone a la molécula, será el tipo de elemento que tengamos. Por ejemplo, las grasas están construidas de moléculas compuestas de átomos de carbón, hidrógeno y oxígeno.

solo causa una adicción, también causa un estado de acidez en el cuerpo que reduce el metabolismo. El exceso de carbohidratos refinados se convierte en glucosa una vez ha sido digerido. Parte del sobrante de glucosa se fermenta dentro del cuerpo y se convierte en ácido láctico[17], lo cual crea un estado de acidez que reduce el oxígeno y el metabolismo.

Además, la adicción a los carbohidratos refinados tiene un efecto devastador en nuestro estado de ánimo, nuestras emociones y entusiasmo hacia la vida. El exceso de carbohidratos refinados causa sueño, cansancio; hace que las personas estén intolerantes porque están faltos de energía, además de que causa serios desbalances hormonales.

La forma en que el cuerpo maneja el exceso de azúcar en la sangre producida por los carbohidratos refinados es que segrega mucha hormona[18] insulina[19], que es la hormona que convierte ese exceso de glucosa en grasa. El problema es que el exceso de insulina interfiere con las hormonas de la

---

[17] ácido láctico: cuando la glucosa de la sangre, que es un tipo de azúcar, se fermenta se convierte en ácido láctico. El ácido láctico, como todos los ácidos, es una sustancia que puede crear corrosión y daño a los tejidos del cuerpo. Por ejemplo, una persona hace ejercicios físicos y luego le duelen los músculos por varios días. Ello pasa debido a la acumulación de ácido láctico que se genera dentro del cuerpo durante el ejercicio. Se le llama "láctico" porque donde primero se descubrió fue en los productos de la leche y por eso proviene de la palabra "lácteo" (de leche).

[18] hormonas: las hormonas son sustancias mensajeras del cuerpo que llevan órdenes que causan cambios en el cuerpo. Por ejemplo, la hormona femenina estrógeno comunica a las células del cuerpo mensajes que crean facciones femeninas (con senos, sin barba, más grasa y menos músculos), mientras que la hormona masculina testosterona lleva el mensaje contrario de crear cuerpos masculinos (sin senos, con barba, menos grasa y más músculos).

[19] insulina: una hormona importantísima que se produce en el páncreas y que es la que permite que la glucosa sea transportada hasta las células para ser utilizada como fuente de energía para el cuerpo humano. Es la hormona que permite la acumulación de grasa en el cuerpo cuando existe un exceso de glucosa que no es utilizado por las células. Los diabéticos tienen problemas relacionados a esta hormona y en algunos casos tienen que inyectársela si su páncreas ya ha sufrido daño y no produce suficiente de ella.

glándula[20] tiroides[21]. Los doctores saben que las personas con hipotiroidismo también sufren de depresión, insomnio, estreñimiento, dificultad para adelgazar y frío en las extremidades, entre otras manifestaciones. Esto pasa porque las hormonas que produce la glándula tiroides controlan todo el metabolismo del cuerpo y su temperatura. Cuando se afecta el metabolismo ocurre un desajuste hormonal que produce todos estos síntomas[22].

En realidad, no nos debemos restringir en comernos un pedacito de ese pan o pastel que tanto nos gusta. El asunto es consumirlo en la proporción correcta que no cause el desbalance hormonal y metabólico que produce ingerir carbohidratos refinados en exceso.

EL ESTRÉS Y SU EFECTOS

El estrés es una reacción que nuestra mente y nuestro cuerpo tienen siempre que sienten que la sobrevivencia está siendo amenazada. No importa si la amenaza es real o imaginaria, un ruido o movimiento inesperado, accidente, caída, golpe, cambio repentino de temperatura, preocupación con el presente o el futuro, posible pérdida de algo o de algún ser querido, obstáculo o problema inesperado, peligro a la seguridad o problema de salud o enfermedad causarán una reacción de estrés. El estrés es una reacción instantánea que puede llegar a ser tan violenta que nos cause un fulminante

---

[20] glándula: es un órgano del cuerpo que tiene la capacidad de producir sustancias que producen efectos en otras partes del cuerpo.

[21] tiroides: la glándula tiroides está localizada en el cuello y tiene una forma parecida a la de una mariposa con las alas abiertas. Esta glándula produce las hormonas que controlan el metabolismo y también la temperatura del cuerpo humano. Cuando esta glándula falla en su producción de hormonas se ocasionan serios disturbios en la salud y en la energía del cuerpo.

[22] síntomas: indicio, indicador o señal del cuerpo que avisa sobre la existencia de una condición de salud o enfermedad.

ataque al corazón. Generalmente la reacción no llega hasta este punto, pero sí genera un estado de ALARMA GENERAL tan

fuerte que todo nuestro sistema hormonal y nervioso se ve afectado. Es un efecto que es definitivamente acumulativo. Basta con observar lo envejecida y deteriorada que se ve a una persona después de la pérdida de un ser querido para saber que el estrés afecta a todo el cuerpo en mil y una formas.

Algunas personas viven en un estado de estrés tan constante y continuo que ya no logran distinguir si sienten estrés o no. Cuando el estrés se hace presente de forma rutinaria a la persona se le dificulta hacerse consciente de que está pasando por una situación de vida estresante. Por ejemplo, cuando la persona experimenta problemas de pareja o familiares y tiene que vivir con ello día tras día, se llega a acostumbrar y ya ni se da cuenta de que está bajo estrés.

Además de los daños observables a simple vista que produce el estrés al cuerpo y a la salud, hay un factor que es medible: el factor hormonal. Cuando hay estrés el cuerpo produce un exceso de la hormona cortisol[23]. A esta hormona, se le llama la hormona del estrés porque se produce siempre que se genera una situación de estresante.

---

[23] cortisol: es una hormona antiinflamatoria natural que produce el cuerpo humano en las glándulas adrenales. El cortisol se produce en el cuerpo bajo condiciones de estrés. Tiene un efecto antiinflamatorio, pero también aumenta los niveles de grasa corporal especialmente en el área abdominal.

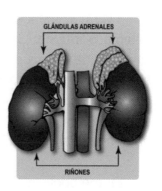

La hormona cortisol se produce en las glándulas adrenales [24] que están localizadas arriba de cada uno de nuestros riñones. Esta hormona es parte vital[25] de nuestro sistema de alarma del cuerpo. Cuando el cuerpo se siente en una situación de peligro, como decir un perro molesto que le quiere atacar, el cuerpo produce la hormona cortisol que le da la orden al hígado de que suelte la glucosa que tiene almacenada, ya que la glucosa hace falta para tener la energía suficiente para pelear o correr y sobrevivir a la amenaza.

El problema es que cuando la fuente del estrés es de corta duración, digamos una mala noticia, los niveles de glucosa aumentan debido al cortisol, pero al no ser consumidos por las células, se convierte en grasa para almacenar. La glucosa es la fuente de energía principal de todas las células de nuestro cuerpo, pero cuando no se utiliza y está excedente, el cuerpo la convierte en grasa para almacenarla como fuente de energía para una ocasión futura. Así es como el estrés produce un exceso de glucosa en la sangre, a través de la acción de la hormona cortisol, y ese exceso de glucosa termina depositándose en nuestra cintura, caderas y abdomen en forma de grasa. Sí, el estrés engorda.

---

[24] adrenales: arriba de cada uno de nuestros dos riñones tenemos una glándula que produce la hormona adrenalina que es una hormona de estrés. Por esta razón se les llama las glándulas adrenales. Las adrenales también producen otras hormonas principalmente la hormona cortisol, que entre otras cosas, acumula grasa en el cuerpo y es la razón por la cual el estrés engorda.

[25] vital: vital quiere decir que es propio de la vida o que está relacionado con ella. Vital quiere decir que es imprescindible para el funcionamiento de algo.

Hay que mencionar que la fuente de estrés puede ser externa o interna. Con esto quiero decir que también una situación de infección, enfermedad interna del cuerpo, incluso el consumo de alimentos que agreden al cuerpo produce grandes cantidades de cortisol porque el cuerpo percibe la situación como algo peligroso y reacciona a ello con un aumento en la producción de esta hormona.

El metabolismo se ve grandemente afectado por la hormona cortisol que se genera durante los momentos de estrés. Basta con saber esto para darnos cuenta de que nuestro estilo de vida está relacionado a la condición de nuestro metabolismo y estado de salud en general.

SUSTANCIAS ENEMIGAS AL METABOLISMO

Como ya sabemos, todo lo que consumimos tiene un efecto en nuestro cuerpo. Muchas veces, las cosas que consumimos comúnmente pueden ser las más perjudiciales. Nuestros alimentos procesados tienen preservantes, colorantes e ingredientes que pueden causar desbalances hormonales y afectar nuestra salud. Este es el caso de las sustancias a continuación.

LOS ACEITES POLIINSATURADOS[26]

Estos son los aceites como el aceite de maíz, el aceite de soya, el aceite de canola, aceite de girasol o lo que conocemos como aceite vegetal. El problema con este tipo de aceites es que, por

---

[26] aceites poliinsaturados: los aceites y las grasas están construidos de moléculas compuestas de átomos de carbón, hidrógeno y oxígeno. Los aceites poliinsaturados contienen una gran cantidad de átomos de carbón que no están unidos a átomos de hidrógeno y por lo tanto reaccionan al oxígeno y pueden oxidarse o pudrirse. Son aceites como el aceite de maíz, el aceite vegetal, de girasol, etc.

su composición molecular, se oxidan (se pudren) y afectan el funcionamiento de la glándula tiroides. Incluso, recientemente la ciencia[27] moderna descubrió que específicamente el aceite de canola es extremadamente dañino y tóxico a la tiroides y a la salud.

Así que le recomiendo que para confeccionar alimentos que no requieran freírse, es decir, para sus ensaladas o saltear sus alimentos, utilice el aceite de oliva. El aceite de oliva no se recomienda para freír ya que no soporta mucho el calor. Para freír sus alimentos utilice aceite de coco, el cual también le ayuda a subir su metabolismo o utilice el aceite de aguacate.

El aceite de aguacate debe ser el que se extrae en frío ya que con esta técnica realmente se obtienen los nutrientes beneficiosos que contiene el aguacate como los todos sus antioxidantes y la Vitamina E[28]. De hecho, el aceite de aguacate es sumamente beneficioso. Ayuda a romper la grasa abdominal y tiene la capacidad de penetrar hasta el interior de las células y ayuda a reconstruirlas, además de que promueve la absorción de la Vitamina B12, entre otras cosas. Para conocer más sobre los aceites que afectan el metabolismo, le invito a que vea los episodios #1119 y #1275 en MetabolismoTV.

---

[27] ciencia: la palabra ciencia viene del latín *scientia* que quiere decir "conocimiento". La ciencia es un sistema ordenado de conocimientos estructurados que estudia, investiga e interpreta los fenómenos naturales, sociales y artificiales. Los conocimientos científicos se obtienen mediante observaciones y experimentaciones.

[28] vitaminas: las vitaminas son compuestos imprescindibles para la vida y el ingerirlos de forma equilibrada y en dosis esenciales promueven el funcionamiento correcto del cuerpo. La mayoría de las vitaminas esenciales no pueden ser producidas por el cuerpo, por lo que la única forma de obtenerlas es a través de la ingesta de alimentos que las contengan. Las vitaminas son nutrientes que junto con otros elementos nutricionales hacen que se lleven a cabo todos los procesos del cuerpo.

LA MARGARINA

Por décadas hemos sido bombardeados por los medios de comunicación sobre los peligros del colesterol, para así vendernos productos sin colesterol. De esta campaña surgió la idea de sustituir la mantequilla de vaca, que contiene colesterol, por la grasa llamada margarina. Sin embargo, la margarina no es la alternativa saludable que nos venden.

Todas las margarinas tienen un alto contenido de ácidos transgrasos ("trans fatty acids"). Los ácidos transgrasos son moléculas de grasa que han sido dañadas y deformadas por el proceso de cambiar los aceites poliinsaturados (maíz, soya, girasol, vegetal) de su estado líquido a un estado sólido y así hacer margarina. Este proceso de convertir el aceite en grasa sólida se llama hidrogenación y se lleva a cabo calentando el aceite a altas temperaturas mientras se le aplica corriente eléctrica y se le bombea gas hidrógeno.

Debido a esto, las moléculas de los aceites transgrasos han perdido su forma molecular normal y han quedado deformes. Así que el cuerpo las trata como si fueran tóxicos porque no las reconoce como comestibles y no las puede usar para su sustento. Luego de todo este proceso, la grasa resultante, es decir, la margarina, es de un color blanco que no es nada apetecible. Así que los fabricantes de margarinas le añaden colorante amarillo #5, para que se parezca a la mantequilla y queramos ingerirla. Los ácidos transgrasos que contiene la margarina son muy dañinos para la salud y reducen el metabolismo.

Contrario a lo que se le quiere hacer pensar al público consumidor de margarina, hay varios estudios que reflejan que el uso de la margarina aumenta el colesterol y aumenta también la incidencia de problemas del corazón. Si usted quiere subir el metabolismo y adelgazar debe evitar la margarina. La mantequilla por otro lado es una grasa saturada que contiene colesterol, pero es una grasa que el cuerpo puede utilizar de forma natural y que no contiene los ácidos transgrasos que son perjudiciales a la salud. La mantequilla es amarilla porque la vaca y la creación así lo decidieron, no tiene colorantes. La mantequilla le ayudará a adelgazar, la margarina afectará su metabolismo.

EL JARABE DE MAÍZ DE ALTA FRUCTOSA

 Hay investigaciones científicas que indican que la fructosa es mucho más dañina que el azúcar común. El aumento en el consumo nacional e internacional de la fructosa corresponde con exactitud al aumento internacional en la obesidad y en la diabetes. El único órgano[29] del cuerpo que puede usar la fructosa es el HÍGADO, el cual convierte la fructosa en ÁCIDO ÚRICO[30], que es la causa de artritis, gota[31], triglicéridos altos (grasa) y de una serie de otras sustancias inflamatorias que empiezan a dañar las paredes de las arterias[32] y los riñones. Investigadores en la Universidad de Duke de Carolina del Norte descubrieron que el consumo de

---

[29] órgano: un órgano es una agrupación de células que forman tejidos que trabajan agrupados y en coordinación para lograr alguna función vital del cuerpo. Ejemplos de algunos órganos son el estómago, el hígado, los pulmones y el corazón.

[30] ácido úrico: es un ácido producido por el hígado, los músculos, los intestinos, los riñones al procesar las purinas. Si el hígado ha perdido su capacidad de desintoxicar el cuerpo y eliminar el ácido úrico entonces se producen enfermedades como la gota, por sobreacumulación de ácido úrico en el cuerpo.

[31] gota: la gota es una enfermedad producida por una acumulación de cristales de ácido úrico en distintas partes del cuerpo, sobre todo en los dedos gordos del pie, tejidos blandos y riñones. Es un tipo de ataque de artritis que causa un intenso dolor y enrojecimiento que se agrava especialmente por las noches.

[32] arterias: son los vasos o conductos por los que la sangre sale del corazón y llega a todas partes del cuerpo. Son el equivalente a lo que sería la tubería del cuerpo por la que pasa la sangre.

fructosa es la causa principal del hígado graso, que luego crea la resistencia a la insulina, que finalmente termina en un paciente que tiene que INYECTARSE INSULINA, y se convertirá en un cliente permanente de uno de los únicos tres productores de insulina del mundo: Eli Lilly, Novo Nordisk y Sanofi-Aventis.

En mi libro *Diabetes Sin Problemas* menciono las decenas de estudios científicos que han comprobado el daño gigantesco que hacen la fructosa y el jarabe de maíz de alta fructosa en nuestro cuerpo. El jarabe de maíz de alta fructosa es un edulcorante[33] líquido creado a partir del almidón[34] del maíz. La gran mayoría de los "jugos naturales" que venden en los supermercados y los jugos de frutas que los padres ponen en las meriendas de sus niños están endulzados con el jarabe de maíz de alta fructosa, que en inglés también se conoce como "High Fructose Corn Syrup", según usted verá en las etiquetas. Además de el alto contenido de fructosa que tiene, la mayoría del maíz del que se extrae y que consumimos ha sido genéticamente modificado[35], lo que lo hace más dañino.

---

[33] edulcorante: un edulcorante es cualquier sustancia, natural o artificial, que provee un sabor dulce a un alimento o producto. El azúcar y la miel son edulcorantes de origen natural, mientras que la sucralosa o el aspartame son edulcorantes de origen artificial.

[34] almidón: los almidones son moléculas compuestas de azúcares simples las cuales el cuerpo convierte en glucosa con mucha facilidad. Los carbohidratos que son almidones como la papa o patata, la batata, el camote o la papa dulce, entre otros, están compuestos de almidón. El arroz también es un almidón.

[35] genéticamente modificado: Un organismo genéticamente modificado (abreviado OGM) es aquella planta, animal, hongo o bacteria a la que se le ha agregado, por ingeniería genética, algunos genes[†] con el fin de producir ciertos rasgos o características. En el caso del maíz, es una planta de maíz cuyo material genético ha sido alterado artificialmente usando técnicas de ingeniería genética.

[†]genes: Los genes son unos microscópicos marcadores que contienen todas las células del cuerpo y sirven para determinan los rasgos que heredará un organismo vivo (persona, planta, hongo, bacteria, etc.) porque transmiten los factores hereditarios de una generación a la próxima. Si, por ejemplo, mamá y papa tenían los ojos verdes habría una fuerte posibilidad de que un hijo de ellos heredara el rasgo de los ojos verdes. Los genes transmiten los rasgos de los padres a sus hijos. Las plantas también tienen genes que transmiten sus características y rasgos a sus descendientes.

Tristemente, aún con la existencia de tantos estudios clínicos que demuestran el daño que hace el jarabe de maíz de alta fructosa a nuestro cuerpo y nuestro metabolismo, se les sigue recomendando a los diabéticos y al público en general que consuman productos endulzados con jarabe de maíz de alta fructosa tales como los jugos de frutas, las galletitas, el yogurt, el kétchup, las jaleas, los panes, las barras de cereales, las pastas enlatadas, los vegetales enlatados, los aderezos para ensaladas y las frutas enlatadas, entre otros cientos de productos más.

Si usted observa los estantes del supermercado verá que están llenos de productos que dicen ser "aptos para diabéticos", o que son "libres de grasa", "bajos en calorías[36]" y "sin azúcar" (porque no consideran la fructosa como azúcar) que son endulzados con fructosa en forma de jarabe de maíz de alta fructosa. Incluso, se ha llegado a decir que la fructosa es mejor para endulzar su café, porque como es un "azúcar natural de las frutas" hace menos daño que otros edulcorantes. Le pueden recomendar hasta fructosa de fuentes naturales como el agave o el néctar de coco y la verdad es que son altísimos en azúcar. Simplemente nos están matando con estas recomendaciones.

Aunque la fructosa en altas cantidades, tal como se usa en los refrescos o para endulzar los jugos de fruta, es muy

---

[36] calorías: el término caloría viene del francés, que a su vez se originó del latín "calor". En efecto una caloría es una medida de calor. Fue un término creado por el profesor francés Nicholas Clément alrededor del año 1819, para describir y calcular la conversión de la energía que contenía el carbón al quemarse dentro de una caldera, para lograr calentar el agua al punto de convertirla en vapor y así mover el motor de un tren. Aunque el término caloría se originó en la física de los motores de vapor, el químico estadounidense Wilbur Olin Atwater lo encontró y lo utilizó por primera vez en el año 1875 en relación con sus estudios sobre nutrición y metabolismo humano. Atwater fue el primero que creó las tablas de los valores nutricionales de los alimentos y desde ese entonces el término caloría pasó de medir la energía de una caldera de vapor, a medir la energía que un alimento podría suplirle al cuerpo humano.

dañina, no vamos a caer en el extremo ilógico de confundir a la fructosa con algún veneno o tóxico conocido, tal como lo son los metales aluminio y mercurio, que necesitan evitarse en cualquier dosis por pequeña que sea. La fructosa puede convertirse en un veneno o tóxico para su cuerpo solamente si usted abusa de su consumo.

La fructosa es parte de los vegetales y también de las frutas. En general, podría decirse que los vegetales contienen muy poca fructosa y que las frutas contienen más cantidad. La fructosa en pequeñas cantidades, como pasa con los vegetales, no puede llegar a ser dañina. Las frutas que son más bajas en fructosa son frutas como las fresas y las manzanas. Trate de evitar las frutas más dulces como el mango, la piña y el guineo (en otros países se le llama plátano, banana, banano, cambur). No comenzaremos ahora una campaña ilógica de eliminar todo lo que tenga fructosa, porque no es necesario. Son los excesos los que hacen daño y eso es lo que tenemos que evitar, los excesos.

EL EDULCORANTE ARTIFICIAL ASPARTAME

La gran mayoría de los refrescos carbonatados de dieta se endulzan con aspartame. Se vende también como un edulcorante para uso casero o en los restaurantes bajo las marcas NutraSweet o Equal. Este edulcorante (sustituto del azúcar) causa más del 75% de todos los reportes anuales de reacciones adversas que se reciben en la agencia reguladora FDA de los Estados Unidos.

Muchas de las reacciones al aspartame son muy serias, incluyendo casos de ataques de convulsiones, que causan la muerte. Otras manifestaciones de efectos adversos que produce el aspartame son: migrañas, dolores de cabeza, mareos, adormecimiento de las extremidades, aumento de peso, sarpullido, depresión, fatiga, irritabilidad, taquicardia (latidos acelerados y desiguales del corazón), insomnio, problemas con la visión, pérdida de la audición, palpitaciones del corazón, dificultades respiratorias, ataques de ansiedad, pérdida del sabor, vértigo, pérdida de la memoria y dolores en las coyunturas. Sin embargo, todavía continúa utilizándose el aspartame en el mercado como si nada pasara.

La mayoría de los refrescos de dieta están endulzados con aspartame. Pero además de este dato, usted debe saber que tomar refrescos de dieta le ENGORDA. Hubo un estudio en el que participó la doctora Helen Hazuda de la Universidad de Texas, en el que claramente se vio que los refrescos de dieta engordan. Esta investigadora dice, en relación con los resultados de este estudio sobre los refrescos de dieta que "puede que sean libres de calorías, pero no son libres de consecuencias".

Los investigadores llevaron las medidas y el seguimiento de 474 personas que tomaban refrescos de dieta por nueve años y medio. Encontraron que los tomadores de refrescos de dieta habían aumentado la medida de su cintura en un 70% en esos años, versus los que no bebían refrescos de dieta. De hecho, aquellos que consumían por lo menos dos refrescos de dieta por día tuvieron aumentos de la circunferencia de su cintura de un 500% mayor que los que no bebían refrescos de dieta. Estos refrescos de dieta engordan, no sólo porque muchos de ellos son endulzados con aspartame, también por su contenido de ácido fosfórico[37], que elimina el oxígeno del cuerpo y reduce el metabolismo.

Para endulzar sus bebidas y comidas le recomiendo la estevia, que viene de una fuente natural y no le afecta su metabolismo. Puede usar la sucralosa para hornear, pero siempre le recomiendo que se incline por las soluciones naturales.

LA SOYA

 La soya no era comestible hasta que en China descubrieron el proceso de fermentarla. La soya sin fermentar no puede consumirse ya que tiene su propia enzima natural que la hace muy difícil para ser digerida por el ser humano. El proceso de fermentación hace que la podamos consumir, pero esto no significa que sea beneficiosa a nuestro cuerpo.

La soya tiene un alto contenido de ácido fítico, que es una sustancia que bloquea la absorción de minerales[38] esenciales como el calcio, el magnesio, el cobre, el hierro [39] y especialmente el mineral zinc, que tiene mucho que ver con proteger el sistema inmune, con mejorar la función sexual en

---

[37] ácido fosfórico: un tipo de ácido que contienen todos los refrescos (incluyendo los de dieta) como la Coca-Cola y otros, que destruye el oxígeno del cuerpo y reduce el metabolismo. El ácido fosfórico de los refrescos es lo que causa "la sensación como de pequeños alfileres en la lengua" que causan los refrescos carbonatados.

[38] minerales: los minerales son elementos importantísimos para la salud ya que, entre otras cosas, ayudan a la creación de diferentes hormonas. Los minerales se encuentran en los vegetales, ensaladas y en la tierra. Algunos minerales son el magnesio, el potasio y el hierro.

[39] hierro: es un mineral importante que el cuerpo necesita para producir la hemoglobina, una sustancia de la sangre que lleva el oxígeno de los pulmones a los tejidos de todo el cuerpo. El hierro es también una parte importante de muchas otras proteínas y enzimas que el cuerpo necesita para el crecimiento y desarrollo. La sangre es de color rojo por su contenido del mineral hierro.

los hombres y con evitar el cáncer de la próstata. La deficiencia de zinc también causa depresión y además resistencia a la insulina, lo cual engorda y descontrola la diabetes.

También la soya contiene goitrógenos[40], que son unas sustancias que bloquean la función de la glándula tiroides. El consumo de soya fuerza al cuerpo a producir más hormona TSH, que es la hormona que produce el cerebro[41] cuando necesita que la glándula tiroides produzca más hormona tiroidea. La forma de detectar que una persona padece de hipotiroidismo es viendo sus niveles de la hormona TSH. Si se encuentran demasiado altos, entonces se sabe que la persona tiene su tiroides afectada y está padeciendo de hipotiroidismo.

Los goitrógenos que contiene la soya no son buenos para el metabolismo. Afectan directamente a la glándula tiroides, lo cual produce depresión, obesidad, fatiga, caída del cabello, insomnio, frío en las extremidades, pérdida de interés en la actividad sexual y descontrol en la diabetes. Por ello le recomiendo que evite consumir los productos compuestos de soya, incluyendo la leche de soya, para que no afecte el funcionamiento de su tiroides, que es la glándula que controla el metabolismo del cuerpo.

---

[40] goitrógenos: son sustancias naturales o químicas que han demostrado que suprimen la función de la glándula tiroides. Todo lo que suprima la función de la glándula tiroides reduce el metabolismo. Algunos goitrógenos naturales están contenidos en la soya. El fluoruro de la crema dental también es un goitrógeno que reduce la producción de hormonas de la tiroides.
[41] cerebro: es la parte del sistema nervioso donde nuestros pensamientos, percepciones (ver, oler, saborear, oír) y emociones causan cambios en todas las funciones de todas las otras partes del cuerpo. El cerebro también genera los impulsos eléctricos que controlan los movimientos involuntarios, o sea autónomos, tales como respirar, el ritmo del corazón, la digestión y otros.

OTRAS SUSTANCIAS ENEMIGAS

 Existen otras sustancias que afectan el metabolismo del cuerpo, de las cuales he hablado extensamente en mis libros anteriores. Sustancias como el fluoruro, el cual se llegó a utilizar para tratar a las personas con hipertiroidismo[42] para desacelerar (volver más lento) el funcionamiento de la glándula tiroides; los medicamentos antidepresivos, que aumentan la incidencia de padecer del llamado síndrome metabólico[43], le engordan y que, irónicamente, causan depresión, porque afectan directamente a la tiroides; y el medicamento acetaminofén[44] o paracetamol, que afecta directamente al hígado y aumenta el riesgo de padecer de cáncer en los senos. Puede ver más información sobre estas sustancias en los episodios #1387, #1146 y #1303 de MetabolismoTV.

También hay otros factores que afectan el metabolismo como la deshidratación, la alimentación incorrecta para nuestro tipo de sistema nervioso, los problemas con la glándula tiroides, problemas de digestión, las infecciones del hongos y el consumo de alimentos que son agresores a nuestro cuerpo, entre otras cosas que estaremos viendo más en detalle en este libro, con el que tengo como meta darle todas las herramientas para que pueda realmente restaurar su metabolismo y hacerlo uno ultra poderoso.

---

[42] hipertiroidismo: es una condición en la cual la glándula tiroides produce un exceso de las hormonas de la tiroides. Esto causa pérdida de peso, palpitaciones, alta presión, insomnio y ataques de pánico entre otras.

[43] síndrome metabólico: cuando se padece de resistencia a la insulina, obesidad abdominal, triglicéridos altos e hipertensión (presión o tensión alta), a la vez.

[44] acetaminofén: el acetaminofén, también conocido en otros países como paracetamol, es un analgésico de mucho uso. Analgésico quiere decir que quita el dolor y se usa para dolores de Cabeza, musculares, fiebre, infecciones de sinusitis y garganta irritada. Se vende bajo distintas marcas tales como Tylenol, Panadol, Mapap, Ofrimev, Feverall, Acephen y Mejoralito, entre otros. Además de estos productos, el acetaminofén está contenido en más de seiscientos otros productos como parte de la formula de muchísimos otros medicamentos.

Ruta al Metabolismo Ultra Poderoso

∞ Factores que reducen el metabolismo

- El exceso en el consumo de azúcares y carbohidratos refinados.
- El exceso de estrés emocional e interno del cuerpo.
- El consumo de sustancias enemigas al metabolismo como:
  - los aceites poliinsaturados
  - los ácidos transgrasos -> la margarina
  - el jarabe de maíz de alta fructosa
  - el edulcorante artificial aspartame
  - la soya
  - el fluoruro
  - los medicamentos antidepresivos y el acetaminofén

∞ Responda las siguientes preguntas

1. ¿A cuáles de los factores que reducen el metabolismo ha estado usted expuesto? ¿Por cuánto tiempo?

2. ¿Qué decisión ha tomado y qué acciones tomará al respecto, luego de haber aprendido sobre los factores que reducen su metabolismo?

Estado Actual De Su Metabolismo

El cuerpo humano es una creación perfecta. Al nacer, nuestros sistemas internos vienen listos para hacer su trabajo y todo marcha de la manera en que debería. El metabolismo de un bebé está en su funcionamiento óptimo, encargándose de que todos los movimientos necesarios para la vida estén ocurriendo constantemente.

Al crecer y llegar a la madurez, comenzamos a perder gradualmente el poder de nuestro metabolismo ya que envejecemos y los movimientos del cuerpo se vuelven más lentos. A pesar de esto, podemos ayudar a nuestro cuerpo a que funcione a su mayor capacidad de acuerdo con su edad y tener un metabolismo ultra poderoso.

Nuestro cuerpo lleva a cabo procesos todo el tiempo para asegurar nuestra supervivencia y nuestro bienestar. Se asegura de que respiremos el oxígeno que necesitamos. Absorbe los nutrientes que necesitan las células para funcionar. Se encarga de filtrar las toxinas que entran al cuerpo en nuestro hígado y hasta tiene un sistema de alcantarillado, llamado el sistema linfático, por donde fluyen los desechos de las células, los tóxicos y la grasa que necesita eliminar el cuerpo y que así no nos enfermemos. Además, tiene un sistema de defensa contra las enfermedades, virus y bacterias y hasta recoge el exceso de azúcar en nuestra sangre y lo convierte en grasa para evitar que se dañen nuestros órganos o nos quedemos ciegos. No existe duda de la complejidad y lo extraordinario del cuerpo humano.

Ahora bien, usted podría preguntarse, si el cuerpo humano está tan bien construido ¿por qué no puedo adelgazar o padezco de enfermedades? ¿Por qué tengo un metabolismo tan lento? La respuesta es muy simple: llevamos demasiado tiempo, debido a la desinformación y falta de datos correctos, abusando de nuestro cuerpo, causándole estrés interno, alimentándolo de la forma incorrecta y exponiéndolo a acciones y costumbres que afectan su buen funcionamiento. Inevitablemente llegará un momento en que el cuerpo no podrá manejar el desbalance metabólico en el que se encuentra y tendrá manifestaciones no placenteras.

Cuando el metabolismo se afecta comenzamos a padecer síntomas que empeoran gradualmente, hasta desarrollarse en condiciones médicas más serias como diabetes, hipotiroidismo, colesterol y triglicéridos altos e hipertensión, entre otras. Se comienza con algo de fatiga o cansancio continuo; falta de energía para hacer las labores del día o hasta para jugar con nuestros niños. Se comienza a tener mala calidad de sueño y despertarse sin fuerzas y cansado; padecer de insomnio o levantarse muchas veces durante la noche. También sucede que se hace cada vez más difícil adelgazar y hasta comiendo poco, se engorda mucho.

Así, gradualmente nuestro sistema empeora, hasta que terminamos padeciendo una o varias de las siguientes condiciones de salud:

☐ arritmia cardiaca
☐ artritis[45]
☐ colesterol alto
☐ depresión
☐ diabetes

---

[45] artritis: la palabra artritis está compuesta por "-itis" que quiere decir inflamación y "arthros" que quiere decir coyuntura, que es un sitio donde un hueso se encuentra con otro. La inflamación de las articulaciones de los huesos se llama artritis.

- divertículos[46]
- dolores de espalda
- enfermedades autoinmunes[47]
- gases estomacales / indigestión
- hemorroides
- hipoglucemia[48]
- hipotiroidismo
- insomnio
- mala circulación
- neuropatía diabética[49]
- no puede ejercitarse
- osteoporosis[50]
- pólipos intestinales o vaginales[51]
- presión (tensión) alta

---

[46] divertículos: son bolsas que se forman en la pared del intestino. Cuando los divertículos se inflaman pueden producir un sinnúmero de síntomas desagradables y dolorosos, a lo que se le conoce como diverticulitis.

[47] autoinmune: se refiere a una enfermedad en la que el sistema de defensa del cuerpo, que es el sistema inmune, ataca y destruye sus propias células. Se desconoce la causa de las enfermedades autoinmunes, pero todo indica que el cuerpo ha sufrido algún incidente extremo, que es estresante y ha causado alguna intolerancia, o hay algún tóxico, alimento o sustancia, o algún virus que le ataca, que le crea un estado de confusión al sistema inmune, donde se ataca a él mismo, como si fuera su propio enemigo.

[48] hipoglucemia: es una reducción anormal en los niveles de glucosa de la sangre, que puede causar mareos, dolor de cabeza, sudores fríos, desorientación mental y hasta inconciencia. En principio las células del cuerpo se empiezan a morir de hambre por la falta de glucosa, algunas mueren y el sistema nervioso y hormonal se descontrolan. Esto ocurre cuando la glucosa de la sangre se reduce demasiado (por debajo de 60 ml/dl), lo cual puede ocurrir por una sobredosis de insulina, por pasar demasiadas horas sin comer o por reacciones de intolerancia a ciertos carbohidratos como el arroz o el azúcar.

[49] neuropatía diabética: un tipo de daño en los nervios que ocurre en las personas que tienen diabetes. Este daño hace difícil que los nervios lleven mensajes al cerebro y a otras partes del cuerpo. Un diabético puede perder la sensación de sus piernas al punto de no poder sentir el dolor de un clavo de acero que se le inserte en el talón de una pierna. La neuropatía diabética también es causa de la pérdida de la potencia sexual en los hombres diabéticos y la causa de la frigidez sexual en la mujer diabética. Las amputaciones ocurren, generalmente, después de que ya la persona empezó a experimentar algún grado de neuropatía diabética.

[50] osteoporosis: pérdida de las proteínas y minerales de los huesos. A consecuencia de esto, el hueso es menos resistente y más frágil de lo normal y se rompe con relativa facilidad.

[51] pólipos: el pólipo es una pequeña protuberancia que puede crecer en diferentes áreas de nuestro cuerpo como el estómago, la vesícula biliar, el útero, la vagina y los intestinos, entre otras áreas. La mayoría de estos crecimientos son benignos, pero en algunos casos, si crecen demasiado, pueden causar obstrucción intestinal.

☐ problemas del corazón

☐ problemas en su hígado / riñones

☐ reflujo / acidez[52]

☐ triglicéridos altos

No tenemos que llegar a padecer estas condiciones para hacer algo por nuestro cuerpo. Sólo debemos evitar las costumbres que pueden ir afectando nuestro metabolismo. Ya sabemos que el consumo excesivo de carbohidratos refinados reduce nuestro metabolismo, pero le afectan aún más cuando son el componente principal en nuestros desayunos.

Cuando nuestro cuerpo duerme por la noche el metabolismo se reduce porque el cuerpo entra en su periodo de "reparación". Al dormir se reducen todas las funciones básicas del cuerpo y hasta la respiración es mucho más lenta de lo normal. Para dormir es necesario reducir el metabolismo y la producción de energía del cuerpo.

Al despertar en la mañana, hay que subir la producción de energía del cuerpo para despertar el metabolismo. Esto se logra haciendo ejercicios o consumiendo alimentos. Ahora, si su desayuno se compone de alguna avena o crema de maíz o arroz (carbohidratos), acompañada de unas tostadas de pan (carbohidratos) y un jugo de naranja (carbohidratos) y café con leche (más carbohidratos), tenga por seguro que, además de comenzar su camino a la diabetes temprano en la mañana, no estará proporcionándole a su cuerpo la energía que necesita para despertar. Desayunar así sólo reduce poco a poco el funcionamiento de su metabolismo.

---

[52] reflujo – acidez: cuando el estómago está irritado y sus ácidos comienzan a moverse en dirección hacia arriba del esófago (conducto que va de la garganta al estómago). Esto causa quemazón, irritación e inflamación del esófago.

De igual manera, comer fuertísimo en la noche y rápidamente acostarse a dormir le baja el metabolismo. Como ya mencionamos, al dormir todos los funcionamientos del cuerpo se desaceleran ya que el cuerpo entra en su estado de reparación. Si usted come muy fuerte y no consume la energía de esos alimentos antes de dormir, el cuerpo no tendrá más remedio que procesar esa energía en exceso convirtiéndola en grasa, que le engorda y reduce su metabolismo.

Hay otra costumbre muy común de pasar hambre. Ya sea por alguna dieta milagrosa para adelgazar con rapidez que les recomendaron o por tener la información incorrecta, muchas personas deciden pasar hambre, afectando así su metabolismo. El cuerpo está vivo, por lo cual tiene la capacidad de adaptarse a cualquier cosa.

La razón por la cual las dietas de contar calorías (pasar hambre) no funcionan es porque el cuerpo siente la reducción drástica de alimentos que traen estas dietas. De inicio, la persona empieza a bajar de peso, pero su pérdida principal en las primeras dos semanas es una pérdida de agua. Luego, la persona continúa la dieta y empieza a bajar de peso, pero nota que cada semana que pasa la pérdida de peso es cada vez menor y su metabolismo se va poniendo cada vez más lento.

Lo que se ha descubierto sobre esto es que el cuerpo aprende y se adapta a la reducción de alimentos reduciendo el metabolismo. El cuerpo interpreta la reducción de alimentos como una condición de escasez. Su solución a la escasez es reducir cada vez más la velocidad del metabolismo reduciendo la función de la glándula tiroides. Las dietas de calorías y pasar hambre le dan el mensaje incorrecto al cuerpo. El mensaje es que tiene que reducir el metabolismo porque si no lo hace se quedará sin comida. Como el cuerpo está diseñado para sobrevivir, su respuesta es reducir la función de la glándula tiroides y por ende el metabolismo, para poder sobrevivir con menos comida. Es una reacción de adaptación del cuerpo.

Si se desea fortalecer el metabolismo es necesario llevar un tipo de alimentación que le provea al cuerpo lo que necesita para mantener al metabolismo con la energía que necesita. Sería un tipo de alimentación como la Dieta 3x1 [53] que discutiremos más adelante.

Además del consumo desmedido de carbohidratos refinados y llevar malas costumbres en nuestra alimentación, el no controlar el estrés y la ansiedad y no dormir contribuyen a un metabolismo afectado. Aunque usted no lo crea, dormir bien es importantísimo. Mientras dormimos, el cuerpo lleva a cabo sus procesos de reparación. Si estos procesos se interrumpen, también el buen funcionamiento de nuestros sistemas.

Dormir bien implica descansar con un sueño profundo por un mínimo de siete horas para que nuestro cuerpo pueda realmente repararse. Si usted se levanta dos o tres veces en la noche para ir al baño o su sueño es muy liviano y cualquier sonido lo despierta, usted realmente no está descansando. Esta manera pobre de descansar, no sólo le hace sentirse cansado al despertar en la mañana, sino que puede hasta

---

[53] Dieta 3x1: régimen alimentario para la restauración del metabolismo que toma en cuenta los distintos efectos que cada tipo de alimento puede tener sobre el sistema hormonal del cuerpo (ejemplo: cantidad que el páncreas necesita producir de la hormona insulina). Además, la Dieta 3x1 se adapta de forma individual para cada persona tomando en cuenta su individualidad biológica y la reacción que tendrá su sistema nervioso central de acuerdo con si su sistema nervioso es predominantemente pasivo o excitado. Una característica especial es que en la Dieta 3x1 los alimentos se catalogan como Alimentos Tipo A (ADELGAZAN o AMIGOS del control de la diabetes) o Alimentos Tipo E (ENGORDAN o ENEMIGOS del control de la diabetes). La Dieta 3x1® es una marca registrada por Frank Suárez en Estados Unidos, México y otros países de Latinoamérica y Europa.

subirle los niveles de glucosa en la sangre y, por ende, no permitirle adelgazar. También puede hacer que se levante muy intolerante o malhumorado, ya que a penas tiene energía para funcionar. Lo cual contribuye de manera inmediata al estrés que padecemos día a día.

Luego de no haber dormido bien, decidimos no desayunar y sólo bebernos un café. Llegamos al trabajo y surgen problemas a resolver por todos lados y encima de eso, nuestro jefe gruñón, que probablemente tampoco durmió bien, entra a nuestra área y nos grita por algo que salió mal. Entonces nos llaman de la escuela porque Juancito se lastimó jugando en el recreo y luego de salir de la clínica con el niño, el tráfico de vuelta a la casa está pesadísimo, lleno de personas intolerantes también cargadas de estrés. En este punto ya estamos súper cansados de todo el trajín del día y no hay energía para cocinar, así que decidimos ir a McDonald's y comprar algo rápido: hamburguesas, papas fritas, refresco y un helado con chocolate de postre. Un festín de carbohidratos refinados que ahora le causa un estrés interno y alarmante a nuestro cuerpo.

Esto parece un poco caótico, pero si lo pensamos bien, es un día bastante común en la vida de muchos, sólo que ya estamos tan acostumbrados que ya ni lo tomamos como "un día estresante". Súmele a este ejemplo anterior los diversos problemas de relaciones de pareja o familiares que podamos tener y con los que tenemos que lidiar día a día. Parecería que es muy difícil sobrevivir al estrés. La buena noticia es que hay esperanza y podemos manejar todo, pero en primer lugar debemos identificar en qué estado se encuentra actualmente nuestro metabolismo para entonces poder ayudarlo.

Ruta al Metabolismo Ultra Poderoso

ൠ **Podemos identificar cuán afectado está nuestro metabolismo observando lo siguiente:**
- Cuál es nuestro nivel de energía.
- Cuánta es nuestra capacidad de manejar el estrés externo e interno del cuerpo.
- Cuán buena es nuestra calidad de sueño.
- Cuántas condiciones de salud padecemos.

ൠ**Responda las siguientes preguntas**
1. Describa su nivel de energía. ¿Se cansa con facilidad o se fatiga? ¿Siente que "arrastra su cuerpo" o no tiene fuerzas para comenzar el día?

2. Describa su calidad de sueño. ¿Duerme usted un mínimo de siete horas ininterrumpidas? ¿Se siente descansado y con energía al despertar?

3. Describa su habilidad para evitar el estrés.

4. Escriba aquí todas las condiciones de salud que usted padece, de la lista presentada en este capítulo. Añada cualquier otra que padezca que no aparezca en la lista.

5. Describa ahora cuál es el estado actual de su metabolismo.

6. ¿Qué decisión ha tomado y qué acciones tomará al respecto, luego de descubrir el estado actual de su metabolismo?

DATOS FALSOS QUE AFECTAN SU METABOLISMO

La desinformación y los datos falsos que encontramos en los medios de comunicación con respecto al metabolismo, las dietas y la salud son una de las razones principales por las cuales nuestro estado de salud general sigue empeorando. Estamos en la era del fácil acceso a la información, pero estamos cada vez más enfermos.

Definitivamente el estar enfermo es un buen negocio para las compañías farmacéuticas. Por ejemplo, desde el año de 1966 hay estudios que demuestran que el exceso de consumo de carbohidratos refinados es el causante principal de una gran cantidad de enfermedades, como enfermedades inflamatorias, problemas con el hígado y diabetes, entre muchas otras. Sin embargo, no se les dice a las personas lo que realmente tienen que hacer para recobrar su salud.

Si usted padece de presión (tensión) alta, le recetan un medicamento para la hipertensión; pero no le explican qué tipo de alimentación o régimen[54] debe llevar para  realmente curarse y no tener que ingerir el medicamento para siempre. Esto es así porque definitivamente la gente enferma es un buen negocio. Un estudio de las casas acreditadoras de inversiones estimó que el mercado anual de medicamentos, para la diabetes solamente, llegará a recibir un aproximado de 58 billones de dólares en ingresos para el año 2018. Haga el cálculo

---

[54] régimen: un sistema o método para medir y controlar la cantidad y tipo de alimentos que se utilizan en la dieta.

sumándole los cientos de medicamentos que existen para el resto de las enfermedades. Definitivamente, la prevención no es un negocio para las farmacéuticas.

Así que lo que encontramos en los medios informáticos es realmente una campaña de desinformación y datos falsos que no nos permiten realmente mejorar, restaurar nuestro metabolismo y estar saludables. Un dato falso es una información que no es verdad, que está equivocada o que de alguna otra forma obliga a una persona a cometer errores y equivocarse. Veamos algunos de ellos en detalle.

EL CUERPO HUMANO ES UNA CALDERA

Desde finales de los 1800 se argumentó que la única razón para engordar era consumir más calorías que las que habíamos gastado. El término calorías se refiere a la cantidad de energía que puede producir un alimento dentro del cuerpo al ingerirse. Si usted observa las etiquetas nutricionales de los alimentos, verá que le indican cuánta cantidad de calorías contiene ese alimento.

Este tipo de clasificación en las etiquetas existe de manera estándar desde hace décadas y se basa en el argumento de que la gente engorda porque está ingiriendo mucha más energía (calorías) que lo que su cuerpo realmente consume, por lo cual el cuerpo almacena el exceso de calorías en forma de grasa. Así que básicamente, si se controla el consumo de alimentos, basándonos en su cantidad de calorías, entonces evitamos engordar.

Esta declaración parte de la comparación de nuestro cuerpo con una caldera de carbón, como la que se usaba en los trenes. Si se añade demasiado carbón a la caldera, llega un punto en que se "engorda la caldera", porque se acumuló demasiado carbón al no lograrse quemar en su totalidad. Entonces se entiende que lo mismo pasa con nuestro cuerpo. Si esto fuese correcto, bastaría con sólo reducir el consumo de las calorías y no engordaríamos.

Aunque sí es cierto que se puede engordar por comer en exceso, al formularse esta teoría de las calorías no se tomó en consideración que el cuerpo humano posee vida, por lo cual reacciona y se adapta. Así que esta teoría de las calorías no ha dado los resultados esperados. Llevamos décadas contando calorías y la gente está cada vez más gorda. Se ha recomendado que haga una dieta de 500, 1000, 1200 calorías si quiere adelgazar. Además de que pasa hambre y el cuerpo se adapta a esto reduciendo el funcionamiento de su tiroides, esta dieta de contar calorías contiene muy poca cantidad de proteínas (carnes como pollo, pavo, pescado, res, cerdo, etc.), ya que éstas son altas en calorías.

Entonces usted hace una dieta en la que come sólo ensaladas, vegetales y papa, o arroz, o granos, u otros carbohidratos, con muy poca proteína. Lo que hace es seguir dándole al cuerpo muchos carbohidratos y muy poco de lo que le ayuda a adelgazar que son las proteínas. Aunque sí al inicio comienza a bajar de peso, lo que baja es peso de agua y de los músculos que su cuerpo comienza a consumir a falta de recibir más cantidad de alimento. Luego de unas semanas, su metabolismo se reduce y deja de adelgazar. Así que definitivamente, nuestro cuerpo no es una caldera quemadora de carbón y contar calorías no es la solución para restaurar el metabolismo y adelgazar.

La Grasa Engorda

Llevamos décadas reduciendo el consumo de grasa. Hay cientos de productos sin grasa o bajos en grasa, pero la obesidad sigue en aumento. Nos han vendido la idea de que la grasa produce más grasa. Esto es una media verdad. Es cierto que la grasa que consumimos nos puede engordar, pero esto es cierto sólo si la hormona insulina está presente. Sin que haya hormona insulina en el proceso de digestión de los alimentos, la grasa no nos puede engordar.

La forma en que se forma la grasa del cuerpo es la siguiente. Usted ingiere alimentos. Los alimentos se convierten en glucosa (azúcar de la sangre) para poder ser utilizados como fuente de energía. Dependiendo del tipo de alimentos que usted consuma será la cantidad de glucosa que se genere. Por ejemplo, las proteínas[55], por su composición molecular, se convierten en muy poca glucosa; la mayoría de los vegetales, ya que contienen muy poca cantidad de carbohidratos simples, también se convierten en muy poca glucosa. Sin embargo, los carbohidratos refinados como el arroz, las tortillas o las patatas se convierten en muchísima glucosa.

---

[55] proteínas: las proteínas son alimentos que proveen un máximo de energía al cuerpo como carnes, mariscos, huevo, queso y proteínas como la proteína de whey (suero de leche). Las proteínas están compuestas de aminoácidos[†] y tienen la propiedad de que no provocan que el cuerpo humano tenga que producir una gran cantidad de insulina como pasa con los carbohidratos refinados (pan, harina, pasta, azúcar, etc.)

[†] aminoácidos: los aminoácidos son los diminutos componentes que forman las proteínas (carne, mariscos, queso, huevos, etc.). Dependiendo de los tipos de aminoácidos en una proteína es que se puede diferenciar entre los distintos tipos de proteínas, como decir entre los tipos de carnes: cerdo, pollo, pavo, pescado, etc.

Luego de que los alimentos se han convertido en glucosa, el páncreas[56] segrega la hormona insulina para que transporte la glucosa a las células y proveerles energía. Ahora bien, si la cantidad de glucosa es demasiada para las células y éstas no la necesitan, entonces la insulina ayuda a que se convierta esa glucosa en grasa, para así poder almacenarla y utilizarse como fuente de energía en el futuro.

La razón por la cual una dieta alta en carbohidratos refinados produce sobrepeso, obesidad y afecta el metabolismo es porque ningún grupo de alimentos produce más glucosa, más rápidamente, que los carbohidratos refinados. Mientras mayor cantidad de glucosa, más se fuerza al cuerpo a producir mayor cantidad de insulina.

Así que las grasas no son las culpables. La grasa se convertirá en más grasa, sólo si usted la ingiere acompañada de muchos carbohidratos refinados. Si usted se come unas quesadillas fritas, sabe que esa grasa del aceite será recogida por la insulina junto con la glucosa que se produjo del carbohidrato de la quesadilla y será almacenada en su cuerpo en forma de grasa. Disfrute de su pollo frito, carne o pescado frito. Sólo no lo combine con muchos carbohidratos refinados.

---

[56] páncreas: es una glándula del tamaño de su puño que está localizada justo al lado del estómago, hacia la parte alta del abdomen. El páncreas produce hormonas como la insulina y también diferentes enzimas para digerir los carbohidratos, las proteínas y las grasas.

EL HUEVO SUBE EL COLESTEROL

Toda la confusión y la campaña negativa falsa que existió desde los años 60 en contra de los huevos, finalmente se recrudeció en el 1984 cuando la Revista TIME publicó un estudio que declaraba a los huevos como responsables de ataques al corazón por su  contenido en colesterol. En julio de 1999, un nuevo estudio finalmente declaró al colesterol del huevo inocente de causar daños al cuerpo.

 El huevo y su contenido de colesterol ha seguido estudiándose a través de los años con noticias cada vez mejores. Se ha descubierto que el huevo reduce la incidencia de arterosclerosis[57] y de derrames cerebrales. También se demostró que consumir tres huevos al día hace que el colesterol bueno (HDL) suba a niveles saludables y el colesterol malo (LDL) baje o permanezca igual, al combinar el consumo de huevos con una dieta baja en carbohidratos. En fin, los huevos son una proteína perfecta, muy beneficiosa, que combina magníficamente con casi cualquier otro alimento en el tipo de alimentación que le recomendamos para restaurar su metabolismo.

---

[57] arterosclerosis: una condición en la que las paredes de las arterias del cuerpo (corazón, cerebro, etc.) se inflaman, sufren daños y se llenan de una placa de grasa y calcio que va tapando la circulación. La arterosclerosis o ateroesclerosis endurece y pone rígidas a las arterias, por lo cual se pierde la flexibilidad para expandirse cuando el corazón bombea y sube la presión (tensión) arterial. Las arterias, en efecto, también se bloquean y es eso lo que produce un ataque al corazón o un derrame cerebral.

TOMAR MUCHA AGUA SUBE LA PRESIÓN

Un dato totalmente falso es que el beber agua sube la presión (tensión) arterial. De hecho, una de las maneras más efectivas de bajar la presión arterial es TOMAR SUFICIENTE AGUA CADA DÍA. Esto es una solución tan sencilla que a los expertos en nutrición les parece irreal.

El 65% de nuestro cuerpo es agua. El agua es un líquido vital para la vida y para todos los procesos del cuerpo. Si usted no toma la cantidad diaria de agua que su cuerpo necesita, todos sus procesos se ven afectados y en efecto también causa que le suba la presión arterial. Lo que sucede es que, al estar deshidratado, el cuerpo aumenta la producción de la hormona vasopresina, que es una hormona anti-diurética, es decir, que evita que usted orine o pierda agua en el sudor o de otra forma. La vasopresina hace exactamente eso, presiona los vasos sanguíneos para evitar que se pierda más agua. Al cerrarse los capilares para no perder agua, aumenta la presión arterial del cuerpo.

Entonces no tomar agua sube la presión arterial, mientras que tomar suficiente agua reduce la presión arterial. En el capítulo EL LÍQUIDO DE LA VIDA veremos exactamente cómo determinar cuánta agua necesita ingerir diariamente, de acuerdo con la necesidad específica su cuerpo.

Además de la deshidratación, la obesidad es una de las causas principales de la hipertensión. Cuando una persona está demasiado obesa, el exceso de grasa en su cuerpo llega a acumularse de forma excesiva en las paredes de las arterias reduciendo así el espacio que queda libre para que la sangre logre pasar. Las arterias se tapan y se dificulta la labor del corazón de bombear la sangre hacia las distintas partes del cuerpo. El corazón reacciona a este problema de arterias bloqueadas bombeando con mayor fuerza, lo cual causa una condición de presión (tensión) alta.

LAS VITAMINAS CAUSAN HAMBRE

No es verdad que las vitaminas dan hambre. Lo que da hambre al tomar vitaminas son las DEFICIENCIAS GRAVES de vitaminas y minerales que se acumularon en el cuerpo por muchos años de mala nutrición. Si una persona siente que le aumenta el hambre al tomar vitaminas eso significa que el cuerpo estaba tan deficiente de vitaminas y minerales que el metabolismo se ha despertado y ahora las células del cuerpo, que son como pequeños hornos, piden alimento para quemar. Si a la persona le da hambre no significa que va a engordar. Sólo significa que el metabolismo se está activando y lo que se debe hacer es darle alimentos de la forma correcta y nunca excediéndose en el consumo de carbohidratos refinados.

De hecho, debemos alimentar nuestro cuerpo con unas buenas vitaminas que sean realmente potentes y que suplan las cantidades que nuestro cuerpo necesita para un buen funcionamiento. Las vitaminas comerciales, que en mi libro *El Poder del Metabolismo* llamé vitapobres, no suplen en realidad las cantidades de minerales y vitaminas que nuestro cuerpo necesita. Supleméntese con buenas vitaminas y verá el cambio en su energía y la mejoría en su metabolismo rápidamente.

La Gran Mentira de Bajar de Peso

Si usted padece de obesidad o sobrepeso, debe evitar caer en la gran mentira de "bajar de peso". El problema no es el peso de su cuerpo, el problema es el exceso de grasa almacenada en su cuerpo, que es lo que se llama obesidad. Adelgazar y bajar de peso no son lo mismo.

Cuando usted hace una dieta muy baja en calorías o muy baja en grasas su cuerpo pasa hambre. Lo que realmente ocurre internamente al existir una escasez de alimentos es que el cuerpo, para sobrevivir, produce un aumento en la cantidad de la hormona cortisol (hormona del estrés), para destruir una buena parte de los músculos del cuerpo y dárselos como alimento a las células, de forma que se sostenga la vida. Mucho del peso que usted pierde en una dieta que es demasiado baja en calorías, no es peso de grasa, es peso de músculos que se destruyeron para poder alimentar a las células. Lo que usted realmente quiere lograr es **adelgazar**, si padece de sobrepeso u obesidad y para controlar la diabetes. Esto quiere decir, **reducir la grasa** del cuerpo sin destruir los músculos, lo cual significa que usted **no puede pasar hambre**.

En los más de veinte años de operación de los centros NaturalSlim, el obstáculo más grande que hemos tenido es la **idea errónea** que tiene la mayoría de las personas de que su meta debe ser bajar de peso. El peso de un cuerpo no es una buena medida de progreso. Sin embargo, medir la circunferencia de la cintura sí lo es, porque refleja claramente la reducción en la grasa del cuerpo. Al restaurar el metabolismo se aumenta dramáticamente la cantidad de energía que producen las células del cuerpo y se empieza a consumir la grasa almacenada. Esto reduce la grasa a nivel de todo el cuerpo, pero muy en especial en el área del abdomen.

Si usted es una dama con una talla 24 de pantalón, que pesa unas 260 libras (118 kg), no le sirve de nada bajar 40 libras (18 kg) de peso y resultar en que apenas bajó a una talla 20 de ropa. Usted lo que quiere es **adelgazar** esas 40 libras (18 kg) pero de **grasa**. Si usted elimina esa cantidad de grasa, tenga

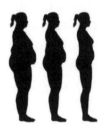

por seguro que estará modelando una esbelta figura talla 10-12 y se sentirá llena de energía. De seguro el peso de su cuerpo no reflejará mucho cambio y baje a 225 libras (102 kg) aproximadamente, ya que mientras elimina la grasa crea más masa muscular y los músculos son pesados.

La mayoría de la gente tiene un serio malentendido con la grasa. La grasa no es una sustancia pesada. De hecho, lo más liviano del cuerpo es la grasa. Lo que realmente pesa mucho en el cuerpo es el agua, los músculos y los huesos. Piense en la grasa como si fuese un cojín (almohadilla) hecho de esponja. Usted puede decorar los asientos de su casa con cojines muy grandes rellenos de esponja, que ocupan un gran espacio, sin embargo, son muy livianos; casi no pesan. Así mismo es la grasa; es muy liviana, pero ocupa mucho espacio.

Cuando una persona hace ejercicios físicos aumentará su masa muscular y por lo tanto subirá el peso de su cuerpo. Pero al hacer ejercicios, la persona está aumentado su masa muscular mientras se reduce la grasa del cuerpo y por lo tanto quedará más pesada, pero también más esbelta y con menos grasa en su cuerpo.

Así que lo que usted quiere es subir su metabolismo y **adelgazar**. ¡Olvídese del maldito peso! ¿De qué le serviría a usted bajar de peso si la ropa cada vez le quedara más y más apretada? Lo que usted realmente quiere observar es su talla (tamaño de la ropa) o su cintura. Usted quiere que la grasa se vaya y no que la piel le quede colgando como esparadrapos. No haga caso a la Gran Mentira de Bajar de Peso y comience a disfrutar de la figura esbelta y el metabolismo restaurado que usted se merece.

Ruta al Metabolismo Ultra Poderoso

∞ Datos falsos que afectan su metabolismo

- Hacer dieta de contar calorías.
- Pensar que la grasa produce más grasa. Lo que realmente engorda es el exceso de carbohidratos refinados.
- Pensar que el consumir huevos sube el colesterol. El huevo es una proteína perfecta, que ayuda al metabolismo.
- Pensar que beber agua sube la presión (tensión) arterial. Al contrario, el agua es necesaria para controlar la hipertensión.
- Desnutrir al cuerpo no tomando vitaminas, pensando que le darán hambre y le harán engordar.
- Creer la gran mentira de que estamos muy pesados y hay que "bajar de peso". Lo que hay que hacer es adelgazar y reducir las tallas de ropa y la grasa del cuerpo.

∞Responda las siguientes preguntas

1. ¿Cuáles de los datos falsos mencionados usted había escuchado anteriormente?

2. ¿Cuáles de estos datos falsos ha usted practicado en su vida? ¿Cuáles han sido los resultados?

3. ¿Qué decisión ha tomado y qué acciones tomará al respecto, luego de haber descubierto la verdad sobre estos datos falsos?

RESTAURANDO EL METABOLISMO

La Meta Correcta

Antes de comenzar a aplicar los pasos correctos en secuencia para restaurar su metabolismo, sepa que lo más importante es fijarse la meta correcta y no comenzar con falsas expectativas. A lo que me refiero con esto es que al entender cómo funciona el metabolismo de nuestro cuerpo, podemos establecer metas que sean realistas sobre lo que alcanzaremos.

Encontramos allá fuera miles de promesas de "pastillas milagrosas" que le ayudarán a adelgazar "50 libras (23 kilos) en un mes". "Pierda 30 libras (14 kilos) en 30 días y pague sólo por el costo de comida". "Use esta maravillosa máquina y baje su cintura en dos meses". Estamos tan bombardeados, que poco a poco nos hacemos falsas expectativas de lo que podemos lograr en una corta cantidad de tiempo. Tener una meta incorrecta le forzará a fracasar.

La verdad es que llevamos mucho tiempo dañando nuestro metabolismo con el consumo desmedido de carbohidratos refinados (pizza, tacos, hamburguesas, emparedados, pastas, postres, arroz, papas, rosquillas, pasteles, etc.) y sin manejar el estrés, entre otras cosas, que hemos afectado el funcionamiento del metabolismo de nuestro cuerpo. No podemos esperar que todo el daño que hemos causado se solucione en unos pocos días.

Sí, al comenzar un régimen de restauración del metabolismo usted comenzará a ver los cambios rápidamente. Pero debemos establecer nuestra meta a partir de los datos correctos. Por ejemplo, si usted busca adelgazar, lo más recomendable es que pierda de una a tres libras de grasa por semana (de ,45 a 1,36 kilos por semana). Perder mucho más de esto semanalmente aportará a que la piel le quede colgando y no le dé tiempo a colocarse en su lugar naturalmente.

Lo más importante es que no se ponga la meta equivocada de "bajar de peso". Como ya explicamos, hay una diferencia importante entre bajar de peso, que puede significar en la pérdida de músculos o de agua y le hace daño al cuerpo, y tener <u>la meta correcta de</u> **adelgazar** que significa **reducir la grasa del cuerpo**. Al adelgazar usando una nutrición e hidratación correcta, el cuerpo gana músculos y se hidrata, lo cual evita daños permanentes a la piel con marcas de estrías o con piel flácida que le hace lucir mal, como pasa con las dietas de pasar hambre.

Observe esta foto con dos hombres que tienen el mismo peso. Ambos pesan 200 libras (90 kilos). El de la izquierda tiene **mucha grasa** y el de la derecha tiene **muchos músculos y agua**. El de la izquierda tendrá mala salud y poca energía y el de la derecha tendrá buena salud y mucha energía. Aunque los dos pesan 200 libras (90 kilos) de peso, sus cuerpos son muy distintos.

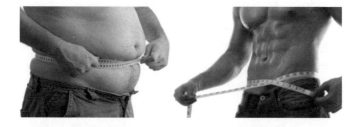

Cuando queremos restaurar nuestro metabolismo, los resultados más importantes y las metas saludables deben ser:

1. **reducir su talla de ropa** (medida de cintura en los hombres), que es lo que pasa cuando se reduce la grasa de su cuerpo;
2. aumentar su nivel de energía;
3. controlar su sistema nervioso; y
4. mejorar su estado de salud.

Recuerde que la ropa no miente, ni tampoco perdona. Si usted realmente está adelgazando se reflejará en un cuerpo más esbelto y lleno de energía. Para entender visualmente este tema, le recomiendo que vea el episodio #500 en MetabolismoTV.

En el caso de que usted padezca de diabetes, en el libro *Diabetes Sin Problemas* le explico detalladamente cómo alcanzar el control de su diabetes, pero a modo de resumen, las metas adicionales para usted serían:

1. Mantener la glucosa por debajo del rango de peligro, que es 130 mg/dl.
2. Lograr que la glucosa permanezca siempre dentro de los rangos normales, que son entre 70 mg/dl y 130 mg/dl.
3. Bajar pulgadas (centímetros) de la cintura y adelgazar.

Ruta al Metabolismo Ultra Poderoso

∞ **La meta correcta**
- Es importante establecer la meta correcta y eliminar las falsas expectativas.
- Las metas correctas deben estar dentro de las siguientes:
    - reducir la talla de ropa

- aumentar los niveles de energía
- controlar el sistema nervioso del cuerpo
- mejorar el estado de la salud en general

∞Responda las siguientes preguntas

1. Haga una lista de todos los intentos fallidos que recuerde haber hecho en su vida para adelgazar o mejorar su salud. (Ejemplos: pastillas Slimex100, gotas HCG, Adipex, dieta de la toronja, nutricionista, medicamento Alli, contar calorías, evitar las grasas, ejercicios/caminar, gimnasios, etc.).

2. Localice en su mente cuál era su **Propósito Básico** detrás de todos los esfuerzos anteriores que hizo y pregúntese ¿qué es lo que quería lograr? ¿Cuál era la razón principal que le motivó a invertir esfuerzos o dinero en todos los intentos que fallaron? Por ejemplo: *"ponerme la ropa que no me sirve"*, *"poder usar ropa talla 4, como antes de casarme"*, *"lucir bien para mi pareja"*, *"sentirme bien cuando me miro al espejo"*, *"mejorar la diabetes"*, etc.

Una vez que lo localice en su mente, escríbalo aquí.

3. Ahora la pregunta importante que debe hacerse es, ese propósito básico suyo, ¿todavía es algo que quisiera tener? Si la respuesta es sí, usted ha rehabilitado su propósito básico y puede ahora escoger su meta correcta. Si la respuesta es NO dedíquele un rato hasta encontrar cuál es su verdadero propósito básico personal en cuanto al tema del metabolismo, la salud o adelgazar, y escríbalo aquí.

 4. Establezca ahora su meta personal en talla de ropa y logros de salud.
  - Mi talla de ropa o medida de cintura actual es:

  - Mi meta en talla de ropa o medida de cintura es:

  - Mi meta de salud es: (ejemplos: controlar la diabetes, que el médico me quite los medicamentos, bajar el colesterol, bajar los triglicéridos, reducir la presión (tensión) arterial, lograr dormir bien, sentirme con más energía, etc.).

5. ¿Qué decisión ha tomado con respecto a sus metas correctas al momento de restaurar su metabolismo?

El Líquido De La Vida

S epa que sin agua no hay vida. Todos, antes de nacer, pasamos nueve meses flotando en un lago de agua, llamado la placenta, en el vientre de nuestras madres. Sin agua y sin oxígeno para respirar no existe ni la vida ni la salud.

La molécula del agua, cuando usted la ve dibujada, parece la figura de la cara con las dos orejas de Mickey Mouse[58]. El símbolo químico del agua es H_2O. Significa que la molécula de agua está compuesta de dos átomos[59] de hidrógeno y uno de oxígeno. Observe la molécula de agua y verá que el átomo de oxígeno es mucho más grande (es ocho veces mayor en tamaño) que lo que sería la suma de los dos pequeños átomos de hidrógeno:

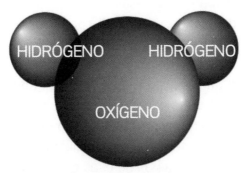

8 veces más grande

En otras palabras, cuando usted toma agua, lo que principalmente está ingiriendo es **oxígeno**. Ese oxígeno es el

---

[58] Mickey Mouse: personaje ficticio de la compañía Disney, que tiene una cara redonda y dos orejas redondas más pequeñas.
[59] átomos: el átomo es la unidad de partícula de materia o sustancia más pequeña que puede existir. La materia sólida, los alimentos y las sustancias están todas compuestas de átomos que las forman al unirse. La palabra átomo procede del griego y significa "no divisible".

que provee la habilidad de respirar a las células de su cuerpo, para así restaurar el metabolismo. El metabolismo depende de la combustión[60] interna de las células y esa combustión es imposible sin oxígeno. Según el peso molecular que tiene el átomo de oxígeno y el peso de los dos pequeños átomos de hidrógeno que componen el agua, resulta que el agua que consumimos está en realidad compuesta en un 88% de puro oxígeno.

Para poder crear la energía del cuerpo que nos permite tener movimientos y vivir la vida saludablemente tenemos que restaurar el metabolismo de nuestro cuerpo. Así las células podrán hacer su trabajo con eficiencia. Las células de nuestro cuerpo son como pequeñas plantas generadoras de energía. Usted tiene en su cuerpo trillones de células, o sea, millones, de millones, de millones de células que podrían producir energía. Pero cuando nuestro metabolismo está afectado, es como si una parte de esas células, que son plantas generadoras de energía, estuvieran apagadas.

Para restaurar el metabolismo y rehabilitar la capacidad de producción de energía de esas células que parecen estar apagadas, usted debe comenzar por darle a su cuerpo la cantidad de AGUA que necesita. Cuando usted se siente con mucha energía y no se cansa con facilidad, lo que ha pasado es que se activaron muchas de esas células que por falta de agua y alimentos adecuados estaban como apagadas, por lo cual no podían contribuir aportando su energía. Restaurar el metabolismo es como encender todas las luces de un edificio que estaba parcialmente oscuro y tenebroso porque tenía demasiadas luces apagadas. Tomar suficiente agua de acuerdo con el peso de su cuerpo permite que esto pase.

---

[60] combustión: reacción creadora de energía de un combustible con el oxígeno.

Cuando su metabolismo está funcionando bien usted se sentirá con mucha energía y con deseos de mover el cuerpo. Si su metabolismo está deficiente (metabolismo lento) usted andará "cargando con su cuerpo a cuestas" y a veces sentirá que lo está arrastrando. Esto sucede porque las células de su cuerpo no están produciendo suficiente energía, lo cual pasa, en gran parte, porque su cuerpo no tiene suficiente agua para activar la creación de energía celular.

El metabolismo del cuerpo ocurre dentro de las células, específicamente en la mitocondria. La mitocondria es la parte de la célula que funciona como un pequeño horno que produce energía. Cuando usted ingiere los alimentos, el cuerpo los descompone en partículas muy pequeñas que son transportadas a las células. Entonces la mitocondria recoge esos nutrientes y los mezcla con el oxígeno, generando una combustión, que produce la energía de calor. Por eso, cuando nuestro metabolismo está funcionando bien, sentimos el cuerpo calientito. Esa energía de calor realmente es una sustancia que se llama trifosfato de adenosina, o por sus siglas en inglés, ATP. El ATP es la energía química interna del cuerpo, que permite el movimiento al que llamamos "vida".

La característica principal de la vida es el movimiento; las cosas muertas no se mueven. Cuando usted logra que las células de su cuerpo produzcan más ATP usted sentirá mucha energía, no se cansará con facilidad, podrá adelgazar, la mente le funcionará bien y podrá aprender, dormirá bien y hasta podrá controlar la diabetes si la padeciera.

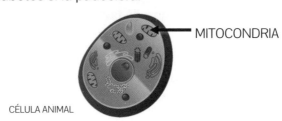

MITOCONDRIA

CÉLULA ANIMAL

Algo fascinante que encontré en la literatura científica es que en el 1970 se descubrió que el consumo de agua (tener una buena hidratación) logra que el ATP que producen las células del cuerpo se multiplique en su energía potencial por casi diez veces más. Así que el ATP depende de su consumo de agua para poder activarse al máximo de su potencia y proveerle energía abundante a su cuerpo. Cuando el ATP entra en contacto con el agua y se hidrata, ocurre una reacción que multiplica la energía del ATP.

Las maravillosas propiedades creadoras de energía que produce el agua dentro de las células del cuerpo y que tienen una influencia determinante sobre su metabolismo, han sido estudiadas extensamente por los científicos durante los últimos años. Lamentablemente es una solución tan barata para mejorar su salud, que no se le da mucha propaganda.

Desde que publiqué mi libro *El Poder del Metabolismo* di a conocer la importancia del consumo suficiente de agua en el proceso de restaurar el metabolismo. Las personas que padecen de metabolismo lento engordan con demasiada facilidad y adelgazan demasiado lento simplemente porque su metabolismo no está quemando la grasa del cuerpo; y una de las causas principales de que esto ocurra es la DESHIDRATACIÓN.

La fórmula que recomendamos para determinar cuánta agua necesita consumir su cuerpo diariamente, que es la misma que usamos con éxito hace más de veinte años en NaturalSlim, la tomamos de las recomendaciones del doctor Batmanghelidj. Él es el autor del libro *Your Body's May Cries for Water (Los muchos clamores de su cuerpo por el agua)*. Usando esta fórmula para calcular cuánta agua debe tomar cada día hemos tenido excelentes resultados con los miembros del Sistema NaturalSlim, tanto en ayudarles a adelgazar como en controlar la diabetes. Esta fórmula toma en consideración que mientras más grande sea un cuerpo, más necesidad de agua tendrá; por lo cual se calcula la necesidad diaria de agua a base del peso del cuerpo de la persona.

La fórmula es la siguiente cuando el peso del cuerpo se calcula en libras:

PESO DEL CUERPO EN LIBRAS dividido entre 16 es igual a VASOS DE AGUA DE 8 ONZAS que necesita consumir cada día.
Ejemplo: 176 lb de peso/16 = 11 vasos de agua de 8 onzas

Cuando el peso del cuerpo se calcula en kilogramos, usamos la siguiente:

PESO DEL CUERPO EN KILOS dividido entre 7 es igual a VASOS DE AGUA DE 250 MILILITROS que necesita consumir cada día.
Ejemplo: 84 kg de peso/7 = 12 vasos de agua de 250 ml

Ya sea que calcule el peso en libras o en kilogramos, la fórmula siempre produce el mismo resultado. Cuando la persona adelgaza, por lo cual se reduce el peso y el tamaño de su cuerpo, el cálculo requiere que se reduzca de forma proporcional a base de su nuevo peso.

La recomendación usual que acostumbramos de "hay que tomar ocho vasos de agua al día" no es muy lógica porque no toma en cuenta el tamaño del cuerpo, que en realidad es lo que determina su necesidad de consumo diario de agua. No es lo mismo tener un cuerpo de 160 libras (73 kilos) que necesita 10 vasos de agua, que tener un cuerpo de 240 libras (109 kilos) que necesita 15 vasos de agua.

METABOLISMO ULTRA PODEROSO • FRANK SUÁREZ

Algo muy importante es que tomar otros líquidos con sabor como refrescos, jugos de frutas, leche, café, té y agua con sabores, entre otros, no es igual para el cuerpo que tomar agua. Cuando un líquido tiene algún sabor los sensores de la pared del estómago detectan ese sabor y el cuerpo lo maneja como si fuera un alimento, produciendo ácido hidroclórico[61] para digerirlo. Nuestro interés no es activar la digestión, sino hidratar al cuerpo. Así que lo que se recomienda para restaurar el metabolismo es tomar AGUA, puro H_2O sin nada añadido y sin ningún sabor.

La gente que está muy deshidratada odia el agua y siente que no la tolera, por lo cual trata de tomar cualquier líquido que tenga sabor. Pero sepa que para realmente alcanzar un metabolismo ultra poderoso usted tiene que beber agua. El cuerpo se adapta a todo. Al principio puede ser que hasta le produzca náuseas beber agua, porque usted ha mantenido su cuerpo sin agua por tanto tiempo que su cuerpo ya no la quiere. La clave es no desesperarse y continuar dándole agua. Para el tercer día usted sentirá deseos de tomar agua y su cuerpo ya no le pedirá otros líquidos, porque la ENERGÍA que produce el agua en su metabolismo ya habrá aumentado.

Además de que el no tomar agua reduce la producción de energía de su cuerpo, no tomar agua trae otros problemas adicionales al cuerpo. Para poder sobrevivir sin agua, el cuerpo hace un racionamiento interno y deja el agua disponible sólo para el uso exclusivo de los órganos vitales. Así que las personas que están deshidratadas comienzan a tener la boca seca y hasta faltas de lágrimas y sudor. La presión (tensión) arterial sube, ya que se cierran los capilares para evitar perder la poca agua que le queda al cuerpo.

---

[61] ácido hidroclórico: ácido que produce el estómago para ayudar a digerir los alimentos.

Además, las personas deshidratadas comienzan a tener problemas de mal aliento, porque el cuerpo tiene una capacidad reducida de eliminar sus desechos por la falta de agua para la orina y la defecación. También se les hinchan los tobillos de las piernas, ya que el cuerpo trata de retener el poco líquido que tiene. El estar deshidratado también afecta la capacidad de los riñones de hacer su trabajo, así que debemos beber agua para evitar daños, tanto a los riñones como al resto de los órganos de nuestro cuerpo.

Otra área que se ve grandemente afectada por la falta de agua es el funcionamiento de los órganos sexuales. La deshidratación agrava la impotencia sexual en los hombres y reduce el deseo sexual de las mujeres. El sistema sexual de un hombre es un sistema hidráulico (que trabaja a base de la presión del agua), que es lo que puede crear y mantener una erección. Los hombres que están deshidratados tienen la sangre demasiado espesa, por lo cual no pasa fácilmente a través de los capilares más pequeños del pene. La sangre humana es 92% agua y la gente deshidratada tiene una sangre demasiado espesa que no fluye con tanta facilidad, lo cual afecta la función sexual. En el caso de las mujeres, si no se mantienen bien hidratadas, tienen problemas con la actividad sexual porque empiezan a padecer de un exceso de resequedad vaginal que les hace la actividad sexual dolorosa e indeseable.

El agua es el líquido de la vida. Esto no significa que no pueda consumir otras bebidas siempre y cuando lo haga con moderación. Los "jugos de frutas naturales" que venden las tiendas son demasiado altos en azúcar, ya que los endulzan con jarabe de maíz de alta fructosa y realmente no son recomendables. Si desea tomar un jugo de fruta realmente natural, hecho en su casa, puede disfrutarlo en poca cantidad y si lo endulza con algo adicional, hágalo con estevia y no con azúcar.

En cuanto al uso del café o el té, no hay problemas en consumirlos, siempre y cuando se haga con moderación (hasta dos a tres tazas por día). Lo que debe evitar es bebérselos con leche, azúcar o miel. Prefiera usar sustitutos bajos en carbohidratos refinados como la crema de leche (que es la grasa de la leche) o el producto llamado "half and half", que es mitad leche y mitad crema. Ahora bien, recuerde que la cafeína que contienen el café y el té es un diurético[62], es decir, que extrae el agua del cuerpo y lo obliga a orinar. Así que, si los consume, debe compensar al agua que le hace perder la cafeína para que no se deshidrate.

El consumo de las bebidas alcohólicas, cuando se hace en pequeñas cantidades, puede ser aceptable. Pero si usted es una de esas personas a las que se les hace muy difícil controlar su consumo de alcohol, lo mejor es que no lo consuma en absoluto, ya que no podrá moderarlo. Si usted quiere consumir alcohol debe hacerlo de forma muy moderada y sin mezclarlo con jugos dulces o refrescos (Coca-Cola, 7Up, Pepsi, etc.) o con cualquier otra fuente de carbohidratos. Una copa de vino tinto o blanco, un trago de whiskey, vodka, ron, tequila u otro alcohol con soda (agua mineral carbonatada), incluso una cerveza, sería tolerable. Las bebidas dulces y los cordiales[63] para después de las comidas son demasiada azúcar.

---

[62] diurético: medicamento que funciona a base de extraer y reducir el volumen de agua del cuerpo humano para así reducir la presión arterial. Cuando se utiliza un diurético la persona aumenta su volumen de excreción orina y así reduce la presión.
[63] cordiales: también se conocen como licores digestivos. Son las bebidas alcohólicas que se toman luego de comer para asentar el estómago y tener una buena digestión. Son bebidas como el brandy, el coñac y ginebras, entre otros.

Las bebidas alcohólicas están compuestas de carbohidratos muy simples que se convierten rápidamente en glucosa y le engordarán, por eso su consumo debe ser extremadamente moderado. Sin embargo, el problema principal es que el alcohol es un diurético y deshidrata al cuerpo. Basta sólo con que usted observe la frecuencia con la que las personas van al baño a orinar mientras están consumiendo alcohol para saber que esto es cierto. Si usted planifica ir a alguna actividad social y sabe que beberá alcohol, asegúrese de haber hidratado muy bien su cuerpo antes de asistir. Debe hacer esto para evitar que el alcohol le saque tanta agua del cuerpo que le deshidrate y reduzca su metabolismo. Entonces, mientras consume alcohol, asegúrese también de beber agua y luego tomar mucha más agua para reemplazar la pérdida.

Son muchos los beneficios de consumir agua: restaura su metabolismo y le da energía, le ayuda a adelgazar, a bajar la presión arterial, ayuda a la eliminación de tóxicos, ayuda con el estreñimiento y con el funcionamiento óptimo de todos los órganos del cuerpo. Mejora la actividad sexual, la diabetes y hasta la salud de la piel. En fin, el consumir diariamente la cantidad de agua que su cuerpo necesita es su primer paso para alcanzar un metabolismo ultra poderoso.

Ruta al Metabolismo Ultra Poderoso

∞La vida depende el agua y del oxígeno

- Para restaurar el metabolismo debemos consumir la cantidad de agua que nuestro cuerpo necesita.
- El agua provee el oxígeno que el cuerpo necesita para producir la energía y mantener nuestro metabolismo en movimiento.

- Beber agua en las cantidades correctas produce los siguientes beneficios, entre muchos:
    - restaura el metabolismo
    - aumenta los niveles de energía
    - saca ácidos y tóxicos del cuerpo
    - ayuda a adelgazar
    - baja la presión (tensión) arterial
    - ayuda con el estreñimiento y la buena digestión
    - ayuda a controlar la diabetes
    - mejora el funcionamiento sexual
    - mejora el estado de la salud general del cuerpo

∞Responda las siguientes preguntas

1. Determine cuál es la cantidad correcta de vasos de agua al día que necesita su cuerpo.

   Su peso es _____ (libras / kilos).
   Divida el total de su peso entre 16, si es en libras o entre 7 si es en kilos. Escriba el número resultante de la división aquí _____.

   Así que usted debe consumir diariamente _____ vasos de agua (de 8 oz o 250 ml).
   (peso dividido entre 16 o 7)

2. ¿Por qué es de vital importancia que usted consuma mínimo esta cantidad de vasos de agua al día?

3. ¿Qué decisión ha tomado y qué acciones tomará al respecto, luego de entender la importancia de estar hidratado?

TODOS NO SOMOS IGUALES

En este momento debo explicarle uno de los descubrimientos más importantes, que ha hecho que la tecnología[64] del metabolismo sea tan exitosa, tanto para reducir la grasa del cuerpo (adelgazar), como para controlar la diabetes. Fíjese que el problema de las dietas, todas ellas (reducción de calorías, reducción de grasas, comer menos, etc.), es que generalmente las personas logran perder peso, pero al poco tiempo sufren del famoso "rebote de peso", que les hace volver a engordar, muchas veces más del peso inicial con el que habían empezado a hacer dieta.

Las dietas en realidad no funcionan a menos que se mejore el metabolismo. Más de veinte años y cientos de miles de personas atendidas en NaturalSlim nos permitió darnos cuenta de que el fracaso en las dietas para adelgazar o para controlar la diabetes tenía un componente de desconocimiento de la persona sobre el funcionamiento de su metabolismo. Los que van sufriendo y fracasando de una dieta a la próxima dieta, todos, tienen un metabolismo lento.

De la misma forma que hay algunas pocas personas que pueden comer lo que deseen y nunca engordan, también es cierto que la gran mayoría de nosotros engordamos con demasiada facilidad, por el fenómeno del metabolismo lento. Para los que padecemos de un metabolismo lento tal parece que engordamos hasta de mirar la comida. Sin embargo, cada uno de nosotros conoce por lo menos a una de esas personas muy delgadas (cariñosamente les llamo "esos flacos

---

[64] tecnología: es el nombre que se le da a un conjunto de conocimientos que se aplican de forma ordenada para lograr unos resultados o efectos deseados. Una verdadera tecnología siempre puede producir resultados predecibles.

condenados") que pueden comer pizza, alimentos grasosos, chocolates, dulces y refrescos azucarados todo el día y, simplemente, no engordan, coman lo que coman. En realidad, un metabolismo lento, no es otra cosa que un metabolismo ineficiente. Como el metabolismo del cuerpo es el que crea la energía del cuerpo, cualquier problema de ineficiencia en el metabolismo se reflejará en una deficiencia de producción de energía.

Lo primero que hay que entender es que el metabolismo crea la energía del cuerpo. La energía del cuerpo es la que permite el movimiento. Nada se puede mover si no existe primero una energía para moverlo. Todos los procesos del cuerpo dependen de que se logre un nivel apropiado de creación de energía del metabolismo. Se necesita además que la cantidad de energía creada y su velocidad de movimiento sea al ritmo adecuado, ni muy rápido, ni muy lento.

Mi observación es que el cuerpo humano es un organismo de un exquisito diseño y de gran precisión, que no tolera los excesos de nada, ni muy caliente, ni muy frío, ni muy ácido, ni muy alcalino (contrario de ácido), ni demasiada comida, ni demasiada hambre, etcétera. El cuerpo humano trata a toda costa de mantener el equilibrio metabólico interno, a lo cual se le llama homeostasis[65]. El tema del EQUILIBRIO METABÓLICO es tan importante para el cuerpo, que usted no tiene ni que pensar en mantenerlo; su cuerpo lo hace de forma automática utilizando el sistema nervioso autónomo[66].

---

[65] homeostasis: es una palabra compuesta del griego *homo* que significa similar y *estasis* estado o estabilidad. La homeostasis es una propiedad de los organismos vivos que consiste en su capacidad de mantener una condición interna estable, utilizando el metabolismo para compensar los cambios que se producen en su entorno (comida, temperatura, hidratación, etc.). Es una forma de equilibrio dinámico, posible gracias a una red de sistemas de control del cuerpo humano.

[66] Sistema Nervioso Autónomo: es la parte del sistema nervioso que controla las acciones involuntarias del cuerpo (que usted no tiene que pensar en ellas). El sistema nervioso

Para poder entender cómo funciona el sistema nervioso primero hay que comprender cuáles son las partes que lo componen. Empecemos por decir que el cerebro, que es el centro de mando, es parte del sistema nervioso y desde allí se dirigen todas las funciones del cuerpo.

El sistema nervioso es un sistema de comunicación compuesto por el cerebro y los nervios, que son en efecto un cableado muy extenso, que conduce los impulsos eléctricos que crea el cerebro para darle órdenes y dirigir el funcionamiento de todos los otros sistemas del cuerpo.

Para que su corazón bombee sangre, el sistema nervioso envía impulsos de corriente eléctrica que le ordenan al corazón contraerse. Así mismo el sistema nervioso envía impulsos eléctricos que logran que sus pulmones inhalen y exhalen aire para la respiración. También hay impulsos eléctricos que dirigen lo que ocurre en su estómago para la digestión, e impulsos eléctricos para que su intestino se mueva y para que los músculos de sus piernas se coordinen y usted pueda caminar.

En fin, todos los movimientos que su cuerpo necesita ejecutar para mantener la vida son controlados por los impulsos eléctricos que emite el cerebro y que se transmiten a través de su sistema nervioso. Veamos la forma en que está estructurado el sistema nervioso.

---

autónomo controla el corazón, los pulmones, el páncreas, el hígado, el intestino y todos los procesos hormonales vitales del cuerpo. Es lo que hace que cuando alguien se asusta se le acelere automáticamente el ritmo del corazón, que le suba la presión (tensión) arterial o que le suba la glucosa en la sangre a un diabético, aunque no haya comido. Se le llama autónomo porque no se le puede controlar con la mente; opera de forma independiente a los pensamientos de una persona.

Observe que el Sistema Nervioso se divide en dos partes: la primera es lo que llamamos el Sistema Nervioso Central, que está compuesto del cerebro y de la medula espinal[67], por donde pasan todos los nervios que llevan los impulsos eléctricos que se originan en el cerebro.

A la segunda parte del sistema nervioso se le llama el Sistema Nervioso Periférico[68]. Se le llama periférico porque comprende nervios que están en la periferia, o sea, en los lados o alrededor de la médula espinal. El sistema nervioso periférico recibe los impulsos eléctricos de la medula espinal para ser distribuidos a todos los otros múltiples sistemas del cuerpo.

El Sistema Nervioso se divide inicialmente entre

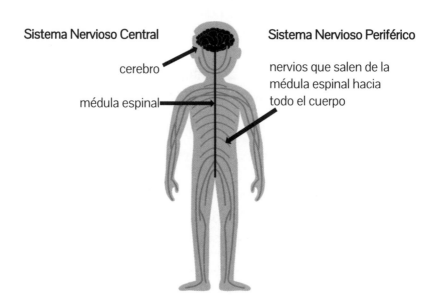

Sistema Nervioso Central

cerebro

médula espinal

Sistema Nervioso Periférico

nervios que salen de la médula espinal hacia todo el cuerpo

---

[67] médula espinal: es ese gran conjunto de distintos nervios que viajan desde el cerebro a través de todo lo largo de la espina dorsal y que llevan los impulsos eléctricos que controlan todos los movimientos del cuerpo.

[68] periférico: se le llama así a una de las subdivisiones del Sistema Nervioso. Viene de la palabra periferia, que se refiere a la zona inmediata al exterior de un espacio.

En resumen, estas primeras dos grandes divisiones del sistema nervioso se dividen entre el sistema nervioso central, que comprende el cerebro, desde donde se originan los impulsos eléctricos nerviosos, y la medula espinal que distribuirá esos impulsos nerviosos eléctricos hacia la segunda parte, que es el sistema nervioso periférico.

Así que cuando hablamos de que el corazón bombea sangre eso pasa porque el impulso eléctrico nervioso que empieza en el cerebro baja por la medula espinal, que es la primera parte y de ahí pasa a la segunda parte, que es el sistema nervioso periférico que llevan esos impulsos para mover el corazón.

De la misma forma, cuando los impulsos van desde la medula espinal a los pulmones se logra la respiración. Así también cuando van hacia el estómago se logra la digestión. Cuando los impulsos eléctricos van hacia el intestino se logra el movimiento intestinal y cuando van hacia los músculos de las piernas se logra caminar.

El sistema nervioso periférico es el que permite que los impulsos nerviosos que vienen desde el cerebro lleguen hasta los órganos tales como los pulmones, el hígado, el corazón y también conecta con las glándulas tales como la tiroides, el páncreas o las adrenales. Así que, el sistema periférico extiende el dominio del control del cerebro sobre todas las otras partes del cuerpo.

El sistema periférico tiene una parte que funciona de manera involuntaria a la que se le llama Sistema Nervioso Autónomo. Se le llama autónomo porque funciona de forma automática o independiente y no puede ser controlado a voluntad. Es decir, es un sistema independiente y automático que controla o influencia todos los otros sistemas del cuerpo.

El sistema autónomo controla que usted respire, que su corazón palpite, que digiera sus alimentos y hasta que genere sudor para bajar la temperatura de su cuerpo. Usted puede conscientemente controlar algunas de estas acciones automáticas como respirar profundo o más lento, pero usted no tiene que ordenarle al cuerpo que respire ya que es una acción involuntaria llevada a cabo por su sistema autónomo para asegurar que usted no muera por falta de oxígeno.

El sistema nervioso autónomo del cuerpo funciona en automático, las veinticuatro horas del día, todos los días de su vida, tratando de mantener un EQUILIBRIO METABÓLICO. Lograr ese estado de equilibrio metabólico es tan importante para el cuerpo que, de forma natural, hará lo posible para reducirle la velocidad a cualquier proceso interno que esté sucediendo con demasiada rapidez. También tratará de acelerar cualquier proceso que esté sucediendo de forma demasiado lenta.

En fin, su cuerpo lucha de forma continua y permanente para mantener el equilibrio o balance metabólico porque depende de lograr unos movimientos y cambios internos a un ritmo óptimo (ni muy rápido, ni muy lento) para poder sobrevivir.

Cualquier situación que sea extrema pone en peligro al cuerpo. Por esta razón, tener estreñimiento (un movimiento intestinal demasiado lento) puede ser igual de problemático a tener lo contrario que sería diarrea (un movimiento intestinal demasiado rápido). Tener un ritmo del corazón acelerado, palpitaciones cardiacas [69], es tan peligroso como tenerlo demasiado lento. Tener una temperatura demasiado alta, lo cual llamamos fiebre, y que es producida por un exceso de actividad y movimientos del sistema inmune en su lucha contra las bacterias, puede ser igual de peligroso que tener una temperatura demasiado baja (hipotermia [70]). El cuerpo humano depende de su equilibrio o balance metabólico para tener salud.

En el tema del metabolismo, se hace crucial que los procesos internos de las células del cuerpo ocurran a una velocidad adecuada, que no sea ni muy rápida ni muy lenta. El sistema nervioso controla los impulsos nerviosos que, a su vez, controlan la velocidad de los procesos del metabolismo.

De la misma forma en que su corazón necesita mantener una velocidad de palpitaciones dentro de un rango normal para estar saludable, las células del cuerpo, que es donde ocurre la creación de la energía que produce el metabolismo, deben también mantener una velocidad adecuada en sus procesos químicos internos. Para esto, el cuerpo debe en todo momento lograr mantener una regulación de la acidez o alcalinidad [71] (contrario de acidez) de las células. Para restaurar el metabolismo se hace necesario primero entenderlo y así tomar las acciones correctas que le devuelven el equilibrio metabólico.

---

[69] palpitaciones cardiacas: si el ritmo de su corazón es demasiado rápido (más de 100 latidos por minuto), se le llama taquicardia, si es demasiado lento se llama bradicardia y si es irregular se le llama arritmia. Cualquier condición de ritmo anormal es causa para preocupación.

[70] hipotermia: quiere decir que la temperatura del cuerpo está demasiado baja, como lo que experimentaría alguien que sufre el frío aplastante del Polo Norte, por lo cual puede morir. Les pasa también a los náufragos de navíos que se han hundido que se ven obligados a flotar por largo tiempo en mares donde la temperatura del agua es demasiado fría.

[71] acidez o alcalinidad: se mide con la escala de "pH" que quiere decir "potencial de hidrógeno". Mientras más hidrógeno contenga una sustancia más ácida será, mientras menos contenga más alcalina será. Puede ver la escala de pH en la sección del glosario de este libro.

Ya sabemos que todos los procesos vitales del cuerpo como la respiración, la digestión, la eliminación, la defensa, la circulación y demás sistemas son controlados desde el cerebro, a través del sistema nervioso autónomo, por impulsos eléctricos que viajan por los nervios del sistema nervioso, que serían equivalentes al cableado eléctrico de su casa.

El sistema autónomo, a su vez, está dividido en dos partes llamadas Sistema Nervioso Simpático[72] y Sistema Nervioso Parasimpático[73]. Sin embargo, para efectos de lograr un lenguaje sencillo, decidí renombrarlos como el sistema nervioso **EXCITADO**[74] y el sistema nervioso **PASIVO**. Los nombro así para evitar las palabras técnicas que en realidad no facilitan a la comprensión de las personas que no tienen una educación en medicina:

Las Dos Divisiones del Sistema Nervioso Autónomo			
Los médicos le llaman	Su función es	Es equivalente a	Lo renombramos como
Sistema nervioso simpático	crear o acelerar movimientos	el pedal **ACELERADOR** de su auto	Sistema Nervioso **EXCITADO**
Sistema nervioso parasimpático	parar o desacelerar movimientos	el pedal del **FRENO** de su auto	Sistema Nervioso **PASIVO**

[72] Sistema Nervioso Simpático: esa parte del sistema nervioso que reacciona al estrés y a las amenazas subiendo la presión arterial, aumentando el ritmo del corazón y preparando al cuerpo para pelear o correr.

[73] Sistema Nervioso Parasimpático: esa parte del sistema nervioso que reduce el ritmo del corazón y relaja la musculatura para permitir el descanso y la relajación, o el sueño profundo y reparador.

[74] excitado: este nombre resultó muy efectivo para que las personas que ayudábamos con el metabolismo lograran aprenderlo, asociarlo y recordarlo, aunque a mis amigos de México tuve que aclararles que "excitado" no tiene nada que ver con la sexualidad, ya que en su país "excitado" tiene una connotación de índole sexual.

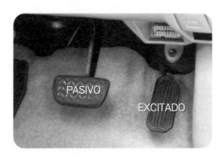

Siempre trato de escoger el lenguaje más sencillo que pueda para explicar nuestra tecnología del metabolismo, buscando siempre la comprensión de la persona a la que quiero ayudar. Hago un esfuerzo supremo por mantener la simplicidad de las palabras y de los ejemplos que utilizo, porque reconozco que los resultados que obtenga la persona dependerán únicamente de su comprensión de estos temas. Por esta razón, de aquí en adelante, me referiré a estas dos partes del sistema nervioso autónomo, simplemente como **excitado** y **pasivo**.

Aunque desde el año 2006 en que se publicó mi libro *El Poder del Metabolismo* he podido ayudar a miles de personas en toda Latinoamérica y el mundo, siempre me mantengo investigando con la meta de ayudar a las personas aún más. Así que luego de cuatro años de investigación descubrí la **influencia determinante del sistema nervioso autónomo sobre el metabolismo**. Descubrí que la secuencia del control del metabolismo es la siguiente:

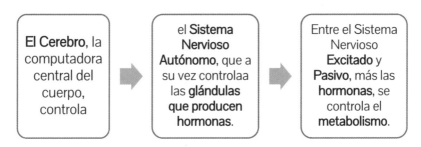

El Cerebro, la computadora central del cuerpo, controla → el **Sistema Nervioso Autónomo**, que a su vez controlaa las **glándulas que producen hormonas**. → Entre el Sistema Nervioso **Excitado** y **Pasivo**, más las **hormonas**, se controla el **metabolismo**.

Más importante aún, descubrí, gracias a la labor investigativa de otros investigadores que fueron pioneros en los campos de la nutrición y de la fisiología[75] , que los distintos alimentos de la dieta tenían sus propios efectos de excitar o de calmar el sistema nervioso. Por ejemplo, la carne roja y la grasa excitan el sistema nervioso, mientras que los vegetales y la ensalada tienen un efecto calmante. Lo mismo pasa con las vitaminas y minerales; por ejemplo, el calcio y el sodio (la sal) excitan, y el magnesio y el potasio calman y relajan al sistema nervioso.

En efecto, descubrí que podía mejorar cualquier metabolismo si escogía correctamente los alimentos que le recomendaba a una persona que utilizara en su dieta. Eso me abrió los ojos a nuevas posibilidades de controlar la obesidad y las condiciones de desequilibrio hormonal como la diabetes.

No obstante, lo más importante de todo, fue el descubrimiento de que TODOS NO SOMOS IGUALES, por lo cual, la dieta no puede ser igual para todos. Descubrí que algunos de nosotros tenemos más activo o más dominante el sistema nervioso EXCITADO y otros, tenemos más activo o dominante, el sistema nervioso PASIVO.

Este descubrimiento, al aplicarlo a nuestra práctica de consultoría sobre el metabolismo en los centros NaturalSlim, mejoró muchísimo los resultados que obteníamos. Invariablemente, al aplicarlo, hacemos que las personas adelgacen más rápido, con menos esfuerzo, con mayor nivel de energía y hasta con una mejor calidad de sueño.

---

[75] fisiología: la fisiología, del griego *physis* "naturaleza" y *logos* "conocimiento o estudio". Es la ciencia biológica que estudia el funcionamiento de los seres vivos.

LOS DOS LADOS DEL SISTEMA NERVIOSO:
EXCITADO Y PASIVO

La parte del sistema nervioso que llamamos el lado excitado, activa las glándulas y órganos que defienden al cuerpo de un ataque. El ataque puede ser real (alguien que le amenaza con un revolver, unas bacterias que atacan al cuerpo), o imaginario, como decir temor a que le despidan de su trabajo. Sea como sea que se perciba una amenaza, su sistema nervioso reaccionará activando el lado excitado del sistema nervioso para defenderse.

El sistema excitado es el que maneja las amenazas, por lo cual prepara al cuerpo para pelear o correr. Los nervios del sistema nervioso excitado logran que una mayor cantidad de sangre y nutrientes vayan hacia el cerebro y hacia los músculos para ayudar a combatir la amenaza. El sistema excitado también estimula y activa la glándula tiroides y las adrenales, para proveer una mayor cantidad de energía para así poder pelear, o correr del peligro.

Cuando se activa el sistema nervioso excitado el ritmo del corazón y la presión arterial aumentan, mientras que se reduce el flujo de la sangre al sistema digestivo y de eliminación. Observe que cuando alguien pasa un susto o un mal rato le aumenta el ritmo de los latidos del corazón y se le sube la presión (tensión) a la persona. También cuando el sistema nervioso excitado reacciona como si hubiera una amenaza, sube la glucosa, aunque no haya comido en cinco a seis horas, porque el cuerpo para combatir la amenaza percibida, liberará glucosa de la que se almacena en el hígado, en forma de glucógeno [76] . Cualquier situación en la que usted esté sintiéndose nervioso, estresado, o con sentimientos de pánico, es el resultado de un sistema nervioso excitado que se ha activado.

El sistema nervioso **excitado**, cuando se mantiene con un exceso de actividad, es destructivo para el cuerpo. Puede observar cómo una persona envejece y se ve demacrada cuando ha perdido un ser querido o ha estado pasando por una situación en exceso estresante. El deterioro físico acelerado es resultado de un sistema excitado que se mantiene en un constante estado de alerta. Cuando hay una situación de alerta y el sistema excitado se activa, toda la energía del cuerpo se reserva para la defensa, por lo cual no queda energía para nutrir a las células o para eliminar los tóxicos. La gente se estresa y le da estreñimiento porque el sistema excitado detiene el movimiento intestinal y reserva todos sus recursos para pelear o correr. Cuando el sistema excitado está en estado de alerta por demasiado tiempo pasa como si un país pusiera en estado de alerta a todo su ejército para prepararlo para la guerra. Mientras todo el país está en alerta, con su ejército listo para defender al país, la actividad económica de ese país sufrirá serios daños, y el país se hará cada día más pobre. Algo parecido le pasa al cuerpo. Si el sistema excitado permanece en estado de alerta por un tiempo extendido, la salud de la persona empezará a decaer, comenzando por su calidad de sueño, que se tornará muy mala.

---

[76] glucógeno: es un tipo de almidón (imagínese un puré de papas) que el hígado crea de forma natural para almacenar glucosa. Así puede mantener los niveles de glucosa de la sangre estables entre comida y comida. El glucógeno es como si fuera un combustible de reserva que se almacena en el hígado y en los músculos hasta que el cuerpo lo necesita para aumentar los niveles de glucosa en la sangre.

Por otra parte, el lado **pasivo** del sistema nervioso, tiene sus nervios conectados con todo lo que tiene que ver con alimentar, curar o regenerar al cuerpo. El lado pasivo es un sistema que construye o repara partes del cuerpo, mientras que el sistema excitado destruye partes del cuerpo. Los nervios del sistema pasivo estimulan la digestión, el sistema inmune y a los órganos de eliminación. Estos órganos que están bajo el control del sistema pasivo incluyen al hígado, el páncreas, el estómago y los intestinos.

Cuando existe una amenaza y se activa el sistema excitado, se desactiva el sistema pasivo, lo cual puede dañarle la digestión, hacer que usted se enferme porque se redujo el sistema inmune o que usted padezca de problemas de eliminación, como el estreñimiento, mientras está bajo los efectos de situaciones estresantes. Para recuperar la salud y restaurar el metabolismo hace falta que el cuerpo pase una mayor cantidad de tiempo sin estar sufriendo el desgaste que produce un sistema nervioso excitado.

El sistema nervioso excitado y el pasivo son contrarios el uno al otro. Siempre está activado uno o el otro, pero nunca los dos a la vez. Usted acelera el auto o lo frena, pero no ambas cosas a la vez. El sistema excitado toma prominencia sobre el pasivo.

Para sanar el cuerpo hay que lograr un equilibrio metabólico y eso se logra, entre otras recomendaciones de este libro, escogiendo los alimentos correctamente para su tipo de sistema nervioso dominante, que puede ser o excitado o pasivo. Todos los extremos son malos, por lo cual, tan malo sería un sistema nervioso demasiado excitado, como demasiado pasivo. La vida y la salud necesitan de un equilibrio para mantenerse.

Cómo Identificar Su Tipo De Sistema Nervioso

Primero que todo debe entender que usted es un ser espiritual y NO es su cuerpo. Los seres tenemos ideas, opiniones, actitudes, preferencias y aspiraciones, porque somos SERES ESPIRITUALES. Usted no es su cuerpo, de la misma manera que usted no es su auto. Usted, como ser, es dueño de su cuerpo y toma las decisiones necesarias para cuidar o descuidar su cuerpo. Su cuerpo no toma decisiones, no tiene opiniones, ni preferencias políticas, ni aspiración ninguna.

Su cuerpo es su cuerpo, punto. Es un organismo que posee vida y unos sentidos que le permiten a usted disfrutar del juego de la vida. Le explico esto porque a la hora de determinar si su CUERPO tiene un sistema nervioso excitado o pasivo, lo que estamos evaluando es EL CUERPO, no a USTED que es el SER ESPIRITUAL.

Entre los miembros del sistema NaturalSlim, frecuentemente me encuentro con alguna persona que está confundida con este tema de excitado o pasivo y me dice: "uno de sus consultores me dijo que yo soy pasivo, pero siento que soy excitado, porque siempre tengo prisa, soy impaciente y me molesta esperar". En un caso como este, la persona está confundiendo a su cuerpo con él o ella misma, que es la persona. Lo que tiene un sistema nervioso excitado o pasivo es el cuerpo, no la persona. Lo que tiene diabetes o metabolismo lento es su cuerpo, no usted.

El tema confunde porque hay personas que tienen una gran cantidad de serenidad y son muy tranquilas como personas, mientras que tienen un cuerpo de sistema nervioso excitado que padece de insomnio, mal dormir, mala digestión y estreñimiento, como le pasa a los de sistema nervioso excitado. Si usted observa a alguien que tiene mucha serenidad pudiera pensar erróneamente "debe ser pasivo", cosa que no necesariamente es cierta. Hay también personas cuyo cuerpo tienen un sistema nervioso pasivo, mientras que ellos, como seres, son extremadamente activos, no se pueden estar quietos ni un minuto, son intolerantes y se comportan en un cierto estado de excitación. No se confunda entre su cuerpo y usted. El sistema nervioso excitado o pasivo tienen que ver sólo con su cuerpo.

Para determinar si su sistema nervioso es pasivo o excitado, sólo debe responder una simple prueba. La prueba consta de cinco indicadores. Son las cinco manifestaciones más comunes que tienen los cuerpos que tienen un sistema nervioso excitado.

Estos cinco indicadores reflejan cinco características de los excitados, que hemos descubierto en la investigación sobre el metabolismo, que mejor reflejan el tipo de sistema nervioso que es dominante en su cuerpo.

La regla es ésta:

Si usted contesta <u>sí</u> a cualquiera de estas cinco preguntas, <u>aunque sea una sola de ellas y aunque sea con</u> "sólo de vez en cuando", usted tiene un cuerpo cuyo sistema nervioso es EXCITADO.

Los que tenemos un sistema nervioso pasivo, siempre contestamos NO a cada uno de los cinco indicadores siguientes:

Indicadores del Sistema Nervioso Excitado	
1	Tengo dificultad para digerir la carne roja o tardo en digerirla (si no consume carne roja, considere qué pasaría si lo hiciera)
2	Consumir grasa saturada o alimentos grasos, como cerdo, chuletas o alimentos fritos, me puede causar problemas digestivos
3	Si consumo alimentos tarde en la noche, se me dificulta la digestión
4	Consumir alimentos después de cierta hora de la noche, me puede dificultar el sueño (tardo en conciliar el sueño)
5	Tengo un sueño liviano y los ruidos o movimientos extremos me pueden despertar con facilidad (sueño poco profundo)

¿A cuántos de los indicadores respondió con un sí? Si respondió que padece de uno o más de estos cinco indicadores, debe considerar que su cuerpo tiene un sistema nervioso excitado. Si no marcó ninguno de los cinco indicadores, su cuerpo tiene un sistema nervioso pasivo. Veremos más adelante cuáles serían las recomendaciones de los tipos de alimentos que le convendría consumir como parte de su Dieta 3x1, para obtener los mejores resultados en el control de su diabetes y en lograr adelgazar, si es algo que le hace falta.

En este punto usted debe saber si su cuerpo tiene un sistema nervioso que es predominantemente excitado o pasivo. Si está en duda, o piensa "tengo un poco de los dos, de excitado y de pasivo", simplemente hubo algo que no entendió en la explicación anterior. Todos nuestros cuerpos tienen tanto el sistema nervioso excitado como también el pasivo, porque ambas partes del sistema nervioso son necesarias para sostener la vida. Lo que se trata de evaluar para ayudarle a mejorar la eficiencia de su metabolismo es ¿cuál de las dos partes del sistema nervioso autónomo (excitado o pasivo) es más dominante en su cuerpo?

Estas dos partes del sistema nervioso autónomo (excitado y pasivo) son igual de importantes, tal como lo son el pedal acelerador y el pedal del freno de su auto. Su cuerpo tiene ambas de ellas. Lo que pasa es que, desde la perspectiva del metabolismo, hemos descubierto que todos tenemos, principalmente por los factores hereditarios, una cierta inclinación más pronunciada hacia uno de los dos lados: más excitado o más pasivo. Hay algunos cuerpos que tienen más tiempo el "pedal acelerador" (excitado) activado, mientras que hay otros cuerpos que permanecen más tiempo con el "pedal del freno" (pasivo) activado.

Cuando tratamos de detectar si el sistema nervioso de su cuerpo es predominantemente excitado o si es pasivo, lo que estamos tratando de hacer es entender mejor lo que está pasando con su metabolismo, y con la capacidad de creación de energía que tiene su cuerpo. Tanto el sistema nervioso excitado que está demasiado excitado, como el sistema nervioso pasivo que está demasiado pasivo, están desequilibrados. Esto se refleja en una persona en su falta de energía, que está agotada, con mala calidad de sueño, con estreñimiento, con una tiroides vaga (hipotiroidismo) o demasiado acelerada (hipertiroidismo) y, en los diabéticos, con un descontrol de la glucosa, simplemente porque el metabolismo está siendo descontrolado por una alimentación incorrecta para su tipo de sistema.

En principio, buscamos un equilibrio utilizando las propiedades de los alimentos de la Dieta 3x1 que vamos a utilizar para calmar al cuerpo, reduciendo lo que sería un exceso de estimulación con carne roja, grasa y sal (sodio), a los que tienen un sistema nervioso excitado. También buscamos equilibrar, con un consumo mayor de alimentos que son excitantes al sistema nervioso (carne roja, crustáceos como camarones o langosta, pescados grasos como el salmón o atún, quesos grasos), para estimular un sistema nervioso que es demasiado pasivo.

Teóricamente, debe existir alguien que tenga un equilibrio perfecto entre su sistema excitado y pasivo, pero de seguro, no padece ni de diabetes ni de obesidad; tanto la diabetes como la obesidad son causadas por un desequilibrio o desbalance en el metabolismo, que luego afecta al sistema hormonal y se convierte en el descontrol de glucosa de un diabético, o en el exceso de glucosa que produce la grasa excesiva que llamamos obesidad.

Si usted todavía está en duda sobre si su cuerpo tiene un sistema nervioso predominantemente excitado o pasivo, lea nuevamente la sección anterior y asegúrese de aclarar con un diccionario cualquier palabra que encuentre que no le ayude a que el material le haga sentido. La falta de comprensión de cualquier tema sólo procede de no entender el significado de las palabras que se utilizan. Recuerde que hay palabras que tienen distintos significados, dependiendo del uso que se les dé.

Algo adicional que puede hacer para esclarecer el tema es visitar MetabolismoTV y haga una búsqueda bajo "excitado" o "pasivo". Encontrará unos más de veinte vídeos cortos que le explican el tema de excitado o pasivo con mayor detalle. En especial, hay un vídeo titulado "Características Dominantes de los Excitados" (Episodio #199). Al ver ese vídeo usted debe salir de la duda. Mientras mejor domine este tema y sepa si su cuerpo tiene un sistema nervioso predominantemente excitado o pasivo más fácil se le hará restaurar su metabolismo.

Ruta al Metabolismo Ultra Poderoso

☞Para restaurar nuestro metabolismo debemos identificar correctamente cuál es el Tipo de Sistema Nervioso que es predominante en nuestro cuerpo.

- El Sistema Nervioso Autónomo está compuesto por un cableado extenso de nervios que van desde nuestro cerebro y espina dorsal hacia todo el cuerpo. El sistema nervioso autónomo controla las acciones involuntarias del cuerpo. Controla el corazón, los pulmones, el páncreas, el hígado, el intestino y todos los procesos hormonales vitales del cuerpo.
- El sistema nervioso autónomo se divide en dos tipos de sistemas con diferentes funciones que garantizan nuestra supervivencia. Los dos tipos de sistema nervioso lo son el pasivo y el excitado.
- El Sistema Nervioso Pasivo tiene sus nervios conectados con todo lo que tiene que ver con alimentar, curar o regenerar al cuerpo. El lado pasivo es un sistema que construye o repara partes del cuerpo.
- El Sistema Nervioso Excitado maneja las amenazas, por lo cual prepara al cuerpo para pelear o correr. Los nervios del sistema nervioso excitado logran que una mayor cantidad de sangre y nutrientes vayan hacia el cerebro y hacia los músculos para ayudar a combatir

la amenaza. Cuando está activado por demasiado tiempo tiene efectos devastadores para el cuerpo.

☞Responda las siguientes preguntas

1. Determine cuál es el tipo de Sistema Nervioso predominante en su cuerpo, marcando todas las condiciones que le apliquen de la siguiente lista:

_____ Tengo dificultad para digerir la carne roja o tardo en digerirla (si no consume carne roja, considere qué pasaría si lo hiciera).

_____ Consumir grasa saturada o alimentos grasos, como cerdo, chuletas o alimentos fritos, me puede causar problemas digestivos.

_____ Si consumo alimentos tarde en la noche, se me dificulta la digestión.

_____ Consumir alimentos después de cierta hora de la noche, me puede dificultar el sueño (tardo en conciliar el sueño).

_____ Tengo un sueño liviano y los ruidos o movimientos extremos me pueden despertar con facilidad (sueño poco profundo).

¿Cuántos de los indicadores marcó? _____

Si usted marcó, aunque sea uno de estos cinco indicadores, su sistema nervioso es EXCITADO. Las personas de sistema nervioso excitado tienen una o más de las cinco condiciones. Los verdaderos PASIVOS contestan NO a todas de ellas.

2. Según los indicadores seleccionados, escriba aquí cuál es su Tipo de Sistema Nervioso:

3. ¿Qué decisión ha tomado y qué acciones tomará al respecto, luego de entender haber identificado su tipo de sistema nervioso?

LA DIETA 3X1
PARA RESTAURAR EL METABOLISMO

En realidad, la Dieta 3x1, más que una dieta, es un ESTILO DE VIDA. La palabra dieta siempre nos hace pensar en prohibiciones o en pasar hambre contando calorías. Sin embargo, la palabra dieta proviene del griego *dayta*, que significa "régimen de vida".

La Dieta 3x1 es una FORMA DE COMBINAR LOS ALIMENTOS que le permite comer de todo lo que le guste y aun así adelgazar o controlar la diabetes. En la Dieta 3x1 no hay ningún alimento prohibido; todo tipo de alimentos está permitido. Lo importante es mantener la PROPORCIÓN correcta entre lo que llamamos **Alimentos Tipo A** (alimentos que ADELGAZAN o Alimentos AMIGOS DEL CONTROL DE LA DIABETES) y los **Alimentos Tipo E** (alimentos que ENGORDAN o Alimentos ENEMIGOS DEL CONTROL DE LA DIABETES). Observe esta tabla donde se explica que los Alimentos Tipo A nos ayudan a adelgazar y a controlar la diabetes porque son alimentos que producen poca glucosa (azúcar en la sangre). Verá que, por el contrario, los **Alimentos Tipo E** producen mucha glucosa, por lo cual le harán engordar o le subirán la glucosa a un diabético.

Es muy importante que entendamos bien diferenciar entre los alimentos que nos hacen daño y los alimentos que nos ayudan a mejorar nuestro metabolismo. Los **Alimentos Tipo E**, les llamo **Tipo E** porque son los alimentos que nos **Engordan** y también son los alimentos **Enemigos** del control de la diabetes, son básicamente los carbohidratos refinados y el resto de los alimentos que producen demasiada glucosa en el cuerpo, evitando que podamos adelgazar. Veamos qué alimentos componen este grupo más detalladamente.

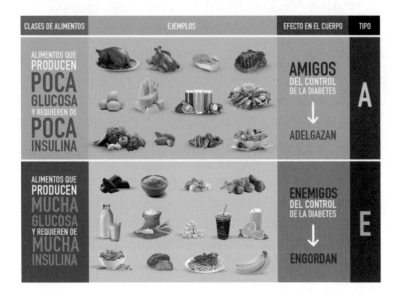

Lista Expandida de Alimentos Tipo E - Engordan

cereales
arroz, avena, harina de maíz, farina, maizena, "corn flakes", "bran flakes", "corn pops", muesli, pan cakes, "mini wheats", "frosted flakes", etc.

panes
pan blanco, pan dulce, sobao, pan de agua, de manteca, de hot dog, de hamburguesa, ciabatta, bagels, croissants, biscuits, galletas dulces, galletas de soda, waffers, croissants, harinas de soya, pita, pan de papa, galletas saladas, pizza, buschetta, pan de maíz, pan integral

pastas
TODAS (fideos, spaguetti, etc.)

otros farináceos
arroz blanco e integral, papas, habichuelas (frijoles), garbanzos, gandules, maíz, sweet peas, batata, yuca, ñame, yautía, calabaza, guineos verdes, malanga, plátanos, arroz jasmine, plantillas de tacos y burritos

vegetales
cebolla cocida, jitomate (tomate), zanahoria cocida, remolacha, maíz (elote)

leche
fresca, UHT, evaporada, condensada, deslactosada, leche Lactaid

endulzantes
azúcar, miel, corn syrup, glucosa, sacarosa, fructosa, lactosa, sirope de agave, azúcar negra, azúcar turbinado, maltosa, melaza, "maple syrup"

frutas
ciruelas secas, pasas, sandía, higo, piña, todas las empacadas en almíbar, papaya, guayaba, guineo (banana), melones, honey dew, cantaloupe, mangó, kiwi,
dátiles, uvas, naranjas, toronja, melocotón, albaricoque, ciruela

bebidas
refrescos carbonatados (TODOS), néctares de frutas, jugos de piña, uva, cranberry, ciruela, naranja; batidas con mantecado, bebidas alcohólicas, bebidas de fruta (juice drinks), bebidas de chocolate, jugo de zanahoria comercial

condimentos
aderezos con azúcar, kétchup, salsa BBQ, jaleas, mermeladas, mantequilla de maní, almíbar, sirope de pancake

Ahora bien, esto puede parecer alarmante y restrictivo, pero en realidad no lo es. El truco es saber la proporción en que se combinarán estos alimentos que engordan con los que adelgazan. Como me gusta darle buenas noticias, aquí le incluyo en detalle cuáles son esos alimentos que nos ayudan.

Lista Expandida de Alimentos Tipo A – Adelgazan

aves
pollo, pavo y codorniz

pescados
dorado, mero, chillo, salmón, tilapia, bacalao, rodaballo, capitán, sierra, merluza, atún

mariscos
carne de cangrejo, camarones, juey, pulpo, calamar, ostras,
carrucho, langosta, vieiras, mejillones, almejas

quesos
blanco del país, cheddar, americano, suizo, gouda, edam, parmesano, ricota, mozzarella, monterrey, provolone, muenster, camembert, stilton, queso crema, brie, manchego

leche
de almendras (sin azúcar añadida), crema de leche, half and half, leche de coco

carne de res
molida, biftec, churrasco, garrón, filete, lechón de mechar, hígado, steaks, lomillo

carne de cerdo
chuleta, costillas, pernil, masitas, lomo, tocineta, chorizo

vegetales
aceitunas, aguacate, apio-celery, brócoli, chayote, coles de bruselas, repollos, habichuelas tiernas, espinaca, espárragos, lechugas (todas), pimientos (todos), setas, zanahoria cruda, pepinillos, coliflor, cebolla cruda, jitomates (tomates)

frutas
fresas, manzanas

condimentos
albahaca, ajo, mostaza, paprika, orégano, recao, cilantrillo, salvia, menta, romero, pimienta, hojas de laurel, salsa worcestershire, salsa soya, vinagre

grasas
aceite de oliva, aceite de coco, aceite de lino, aguacate, almendras, ajonjolí, grapeseed, mantequilla

nueces
almendras, avellanas, maní, pecan, walnuts, macadamias, pistachos y semillas de girasol y calabaza

endulzantes
estevia, maltitol

Como ya vimos, para que el cuerpo pueda crear nueva grasa y engordar, siempre se tienen que combinar la glucosa y la insulina. La insulina es la hormona que permite que las células del cuerpo puedan utilizar la glucosa. Cuando usted combina mucha glucosa con mucha insulina siempre obtendrá una mayor creación de nueva grasa. Repasemos cómo es que el cuerpo crea la nueva grasa y usted engorda:

GLUCOSA en exceso → Con la ayuda de la INSULINA → Se convierte en GRASA ALMACENADA

Debe saber que en este proceso de la creación de grasa usted tiene una hormona que es su aliada. De la misma forma que la hormona insulina es una hormona de almacenamiento (la insulina almacena grasa, construye y hace crecer los músculos y los tejidos), existe otra hormona que también produce el páncreas que tiene un efecto contrario al de la insulina. La hormona que tiene el efecto contrario a la insulina se llama glucagón y podríamos decir que es una hormona de repartición. Por ejemplo, la insulina almacena grasa y el glucagón elimina grasa del cuerpo. La insulina reduce la glucosa de la sangre (para alimentar las células o para convertir la glucosa en grasa) y el glucagón aumenta la glucosa de la sangre para que las células tengan su sustento.

Cuando usted reduce su consumo de carbohidratos refinados y almidones también se reduce de forma natural la glucosa de su sangre. Si la reducción en glucosa es bastante marcada el cuerpo reaccionará aumentando su producción de glucagón para así lograr aumentar la disponibilidad de glucosa en la sangre. Precisamente es este el mecanismo que logra que alguien que está sobrepeso adelgace porque al reducir el consumo de Alimentos Tipo E se reduce la glucosa, el cuerpo reacciona produciendo una mayor cantidad de glucagón y el glucagón extrae del hígado la glucosa almacenada para así llevar los niveles de glucosa a un nivel normal. Además, el glucagón le da la señal al cuerpo de que debe utilizar sus reservas de grasa para alimentar a las células y usted empieza a adelgazar.

En efecto, para adelgazar y restaurar el metabolismo, hace falta que exista un balance entre la producción de insulina (convierte la glucosa en exceso en grasa) y la producción de glucagón (rompe la grasa almacenada). Por eso es importante que usted haga sólo sus tres comidas y que evite las meriendas. Si usted desayuna y a las dos horas se come una merienda, está obligando al páncreas a producir nuevamente más hormona insulina para recoger la glucosa de los alimentos que acaba de ingerir y llevarlo a las células. Sin embargo, si usted no come nada entre comidas, está permitiendo que bajen los niveles de glucosa en la sangre y obliga al páncreas a producir la hormona glucagón. Entre otras cosas, la hormona glucagón romperá la grasa que tiene almacenada para convertirla en glucosa y alimentar a las células, lo que definitivamente le hará adelgazar.

Así que podríamos decir que, para los que desean adelgazar, el glucagón es un amigo porque ayuda a movilizar la grasa del cuerpo, y la insulina excesiva es su enemigo porque les engorda. De hecho, mientras exista un nivel alto de insulina en el cuerpo, se inhibe totalmente la utilización de la grasa almacenada del cuerpo. Así que, haciendo sólo sus tres comidas, en la combinación apropiada de Alimentos Tipo A y Alimentos Tipo E usted garantiza la pérdida de grasa de su cuerpo. La forma correcta de combinar estos alimentos es la Dieta 3x1.

La Dieta 3x1 le enseña a proporcionar su plato para que no se cree un exceso de glucosa, de esa forma podrá adelgazar, controlar la diabetes y mejorar el metabolismo de su cuerpo. El daño al cuerpo siempre ocurre cuando la glucosa sube demasiado por lo cual, al controlar la porción de los Alimentos Tipo E que usted ingiere, estará evitando daños a la salud. La epidemia de obesidad y de diabetes que afecta a la población es causada por un exceso de Alimentos Tipo E. Cuando usted aprende a utilizar las proporciones de la Dieta 3x1 estará controlando el sistema hormonal de su cuerpo y sentirá que la energía de su cuerpo ha aumentado.

La Dieta 3x1 se puede utilizar en un restaurante, cafetería o en su casa, ya que sólo depende de que usted sepa clasificar los alimentos como Tipo A o como Tipo E, lo cual es muy fácil de hacer. Los Alimentos Tipo A, que son los que le ADELGAZAN y los que son AMIGOS DEL CONTROL DE LA DIABETES, deben siempre ocupar ¾ **partes de su plato**. Los Alimentos Tipo E, que son los que ENGORDAN y que también son ENEMIGOS DEL CONTROL DE LA DIABETES, deben ocupar **sólo ¼ parte de su plato**. Al hacer esto, usted estará logrando una proporción entre los Tipo A y los Tipo E que mantendrá los niveles de glucosa (azúcar de la sangre) en un nivel saludable. Vea a continuación distintos ejemplos de la Dieta 3x1 y de cómo se proporciona un plato de alimentos entre los Alimentos Tipo A y los Alimentos Tipo E:

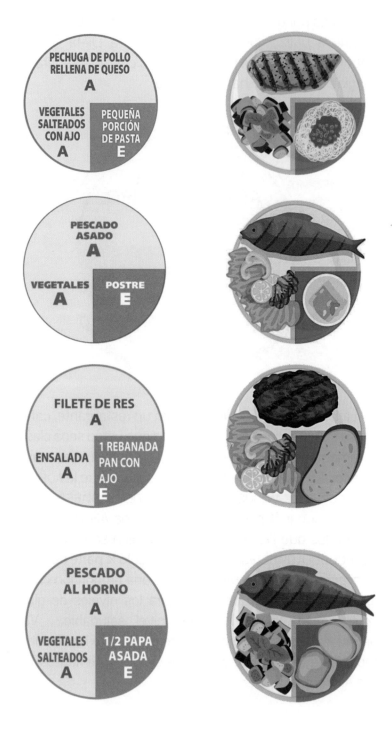

PECHUGA DE POLLO
RELLENA DE QUESO
A

VEGETALES
SALTEADOS
CON AJO
A

PEQUEÑA
PORCIÓN
DE PASTA
E

PESCADO
ASADO
A

VEGETALES
A

POSTRE
E

FILETE DE RES
A

ENSALADA
A

1 REBANADA
PAN CON
AJO
E

PESCADO
AL HORNO
A

VEGETALES
SALTEADOS
A

1/2 PAPA
ASADA
E

La Dieta 3x1 se adapta a la comida de cualquier país. Si fuera a usarse "a la mexicana" serian ejemplos como éstos:

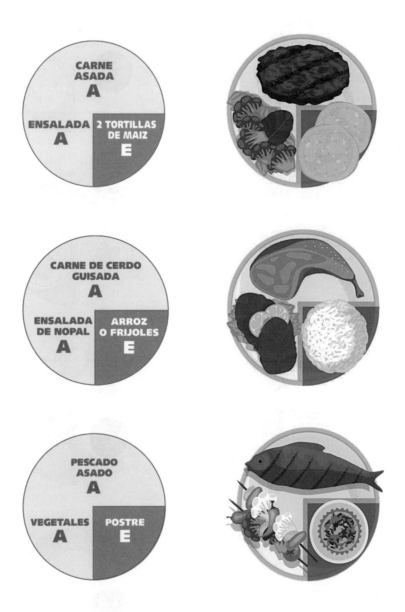

La Dieta 3x1 también aplica a los desayunos de todos los países:

Por ejemplo, los desayunos en México podrían combinarse así:

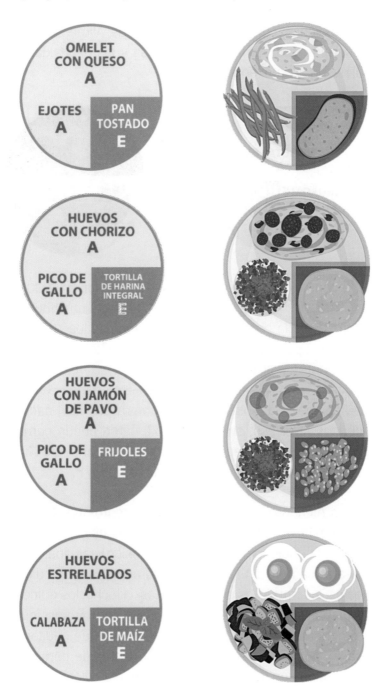

El concepto básico de proporciones entre Alimentos Tipo A y Tipo E también es aplicable a las sopas o caldos. El punto es lograr controlar la proporción de Alimentos Tipo E, que son los que aumentan la glucosa y las necesidades de insulina, por lo cual engordamos.

El consumo excesivo de los **Alimentos Tipo E** (ENGORDAN, ENEMIGOS DEL CONTROL DE LA DIABETES) es la causa principal del sobrepeso, de la obesidad y de la mayoría de los daños a los diabéticos. Los Alimentos Tipo E aumentan la glucosa (azúcar de la sangre) y el exceso de glucosa, a su vez, es lo que produce tanto la obesidad como los daños (ceguera, amputaciones, daños a los riñones) en los pacientes diabéticos. Por eso, en la Dieta 3x1, usted puede comer de todo, pero siempre asegurándose de que no más de ¼ parte de su plato esté compuesto de Alimentos Tipo E.

Los Alimentos Tipo E incluyen alimentos tales como: el pan, la pasta, las galletas, la pizza, las harinas de trigo o maíz, el arroz, las habichuelas (frijoles en México), la papa, la yuca, la batata (camote en México), el plátano, los tubérculos, los cereales, las frutas, los jugos de frutas, la leche, los dulces, los chocolates o el azúcar. Los Alimentos Tipo E son los que generalmente más nos pide el cuerpo y los que causan más adicción, por lo cual su próximo paso, antes de comenzar la alimentación con su Dieta 3x1, es romper la adicción o vicio a los Alimentos Tipo E, desintoxicando su cuerpo de ellos. Veremos en detalle cómo hacer este Detox de Alimentos Tipo E, más adelante.

Por otro lado, los **Alimentos Tipo A** (ADELGAZAN, AMIGOS DEL CONTROL DE LA DIABETES) son alimentos como: la carne de res, la carne de cerdo, la carne de pollo, la carne de pavo, el pescado, los mariscos, los quesos, los huevos, los vegetales, los jugos de vegetales, la ensalada, las almendras y las nueces. Mientras haga la Dieta 3x1 asegúrese de que por lo menos ¾ partes de su plato esté compuesto de Alimentos Tipo A porque son alimentos que REDUCEN LA GLUCOSA (azúcar de la sangre), lo cual le ayudará a adelgazar y también a controlar la diabetes. Los alimentos que utilice en su Dieta 3x1 deben combinarse de acuerdo con su Tipo de Sistema Nervioso, lo cual veremos en el siguiente capítulo.

Ruta al Metabolismo Ultra Poderoso

∞ **La Dieta 3x1 nos ayuda a alcanzar el balance metabólico y restaurar el metabolismo.**

- Se combinan en la forma correcta la proporción de Alimentos Tipo A, que adelgazan y los Alimentos Tipo E, que engordan.
- Los Alimentos Tipo A, deben tomar ¾ partes del plato de comida y los Alimentos Tipo E deben tomar sólo ¼ parte del plato de comida.
- La combinación de alimentos en la Dieta 3x1 debe hacerse de acuerdo con su Tipo de Sistema Nervioso, como se discutirá en el próximo capítulo.

∞Responda las siguientes preguntas

1. Haga una lista de sus alimentos favoritos.

    Luego, clasifíquelos escribiendo al lado si son Alimentos Tipo A o Alimentos Tipo E.

2. Observe su lista ya clasificada. ¿Qué tipos de alimentos consume más, los Tipo A o los Tipo E?

3. ¿De qué forma se le ocurre a usted que podría aplicar la Dieta 3x1 a su desayuno, comida y cena, para lograr sus metas?

La Alimentación Correcta
Según Su Tipo de Sistema Nervioso

Aplicar la alimentación correcta de acuerdo con el tipo de sistema nervioso que es predominante en nuestro cuerpo es vital en el proceso de restaurar nuestro metabolismo.

Al hacer esta información disponible a todos, principalmente a través de MetabolismoTV, empezaron a llover testimonios de personas de todos los países que, al poder diferenciar entre si sus cuerpos tenían un sistema nervioso principalmente excitado o pasivo, estaban adelgazando mucho más rápido, se les reducían los niveles de glucosa a los diabéticos y otros reportaban disfrutar de un nivel de energía nunca experimentado.

Nos reportaban casos de personas que por años habían estado sufriendo de insomnio (un problema principalmente de los excitados) que, al cambiar su dieta, habían comenzado, por primera vez en mucho tiempo, a dormir bien y algunos pudieron dejar de usar los medicamentos antidepresivos.

Notamos que, cuando a las personas se les modificaba la dieta a base del tipo de sistema nervioso que era dominante en sus cuerpos, lograban adelgazar y tenían buenos resultados más rápidamente.

Al ajustar la Dieta 3x1 de los diabéticos con sobrepeso u obesidad para tomar en cuenta si tenía un sistema nervioso predominantemente excitado o pasivo, los niveles de glucosa se regulaban muchísimo mejor, mientras que la persona perdía el exceso de grasa con mayor velocidad. Ajustar el tipo de alimento que se debía consumir a base de su tipo de sistema nervioso, lograba resultados excepcionales para hacer más eficiente al metabolismo.

La **dieta** trata sobre los **alimentos** y los alimentos son el **combustible** del **metabolismo**, de la misma forma que la gasolina de su auto es el COMBUSTIBLE del MOTOR de su auto. La dieta, en efecto, trata sólo sobre el tipo de combustible del cuerpo y la tecnología del metabolismo trata sobre lo que pasa dentro del cuerpo cuando las células tienen que convertir ese combustible (los alimentos) en **energía** para sobrevivir.

La lógica dicta que si usted tuviera problemas con el motor de su auto usted no trataría de resolverlo mejorando la calidad o el tipo de gasolina que utiliza de combustible.

La dieta es para el metabolismo, como la gasolina es para el motor de su auto. Hay autos cuyo motor utiliza un combustible liviano como la gasolina, mientras que hay otros autos que tienen motores más pesados que utilizan un combustible más denso, como el diésel.

No se le puede echar gasolina a un motor diésel, ni tampoco echarle combustible diésel a un motor que utiliza gasolina, porque se dañan. Cada tipo de motor utiliza un combustible que debe ser apropiado para el tipo de motor. Con el metabolismo del cuerpo pasa lo mismo, porque la dieta (combustible) no puede ser igual para todos, porque TODOS NO SOMOS IGUALES.

No puede existir una "dieta balanceada" por más que nos hablen de ella. Uno tendría que preguntarse ¿balanceada para quién, si todos no somos iguales? Lo que puede ser un alimento apropiado para uno puede también ser un veneno para otro, debido a esa individualidad biológica[77] de cada uno. Utilizando el metabolismo, buscamos restaurar y regular el ritmo metabólico, para que no esté sobreexcitado, ni sobre-apagada la actividad nerviosa.

Buscamos lograr lo más posible un EQUILIBRIO METABÓLICO, donde no haya ni exceso, ni falta de excitación nerviosa. Mientras más cercano podamos estar al equilibrio metabólico, mejor estará el estado de salud general de nuestro cuerpo.

Mientras el sistema nervioso sufra de cambios drásticos con exceso de excitación o falta de excitación, básicamente por desconocimiento del dueño del cuerpo (usted), los niveles de las hormonas del estrés (el cortisol, la adrenalina) y de las hormonas que manejan la creación de grasa del cuerpo (la insulina y el glucagón[78]), mantendrán su cuerpo en una montaña rusa que descalabrará su metabolismo.

Hay que controlar el sistema nervioso del cuerpo para restaurar el metabolismo. Eso empieza por saber qué tipo de sistema nervioso es dominante en su cuerpo y luego, saber qué tipos de alimentos le ayudarán a equilibrar el sistema nervioso de su cuerpo.

Con la tecnología del metabolismo, lo que estamos principalmente tratando de restaurar es la EFICIENCIA DEL

---

[77] individualidad biológica: diferencias entre los cuerpos de distintas personas por sus factores hereditarios que afectan todo en el cuerpo incluyendo el tipo de sangre.

[78] glucagón: hormona que produce el páncreas que tiene el efecto de reducir el hambre y que ayuda a quemar la grasa almacenada del cuerpo (obesidad) por lo cual tiene el efecto contrario de la insulina que es una hormona que causa hambre y acumula grasa.

METABOLISMO, y eso lo hacemos entendiendo lo que pasa dentro del cuerpo, una vez usted ha ingerido cierto alimento. Cada tipo de alimento que se ingiere tiene dos posibles efectos para el cuerpo:

1. provee al cuerpo valor nutricional a base de su aporte en nutrientes;

2. causa un efecto sobre el sistema nervioso y hormonal, que influye sobre el metabolismo del cuerpo.

Con la tecnología del metabolismo miramos el valor nutricional del alimento que se está utilizando como combustible para el metabolismo del cuerpo. Además, tomamos en consideración el hecho importantísimo de que cada alimento tiene una capacidad distinta de excitar o de calmar al sistema nervioso autónomo del cuerpo; y que ese efecto debe conocerse y observarse para poder regular y hacer más eficiente al metabolismo.

Así que la alimentación para ambos tipos de sistema nervioso es distinta. Los de sistema nervioso pasivo como yo, Frank Suárez, tenemos cuerpos más carnívoros, necesitamos comer carne roja a menudo y nos beneficiamos de un consumo mayor de grasas.

Los que tienen cuerpos con un sistema nervioso excitado, como mi esposa Elizabeth, engordan cuando comen grasa, carne roja o sal. Entonces, las recomendaciones para alimentarse de acuerdo con su tipo de sistema nervioso son las siguientes:

Alimentos Recomendados Según El Tipo de Sistema Nervioso	
Sistema Nervioso Excitado	Sistema Nervioso Pasivo
Dieta con más abundancia de vegetales y ensalada	Dieta más carnívora
Consumo moderado de proteínas blancas y bajas en grasas: pollo, pavo y pescado	Carnes rojas, cerdo y pescados más grasos como el salmón, el atún y las sardinas
Pequeñas porciones de quesos bajos en grasa	Porciones de quesos más abundantes
Huevos cocidos en agua, en omelette o revueltos (no fritos en aceite)	Huevos preparados en cualquier forma (incluso fritos)
Dieta con una abundancia predominante de ensalada y vegetales	Los vegetales y ensalada se recomiendan para ser combinados con carnes y mariscos
Restringir el uso de sal y los alimentos salados	Restringir el azúcar, las frutas, los dulces, el pan y las harinas, como el trigo o el maíz
Dieta 3x1, baja en Alimentos Tipo E = Engordan (Carbohidratos Refinados)	Dieta 3x1, baja en Alimentos Tipo E = Engordan (Carbohidratos Refinados)

Si usted resultó tener un cuerpo de **sistema nervioso excitado**, un ejemplo de un plato con la Dieta 3x1 que sería recomendable para su tipo de sistema nervioso, sería una combinación de alimentos que sean bajos en grasa, bajos en sal y sin carne roja, ni cerdo, como este:

El cuerpo con un sistema nervioso excitado es un cuerpo tenso, que tiende a padecer de presión alta, de tensión muscular (especialmente en los hombros, cuello y espalda baja y piernas), de cierta dificultad con la digestión (sobre todo cuando come muy tarde de noche) y que muchas veces tiene una mala calidad de sueño o padece de insomnio.

Es un cuerpo donde el sistema nervioso excitado, que es el sistema que el cuerpo activa cuando tiene que defenderse, está en un constante estado de alerta y tenso, tal como si fuera a prepararse para pelear o correr. Cuando el sistema nervioso excitado es el predominante en el cuerpo de una persona, los sentidos (vista, olfato, audición) se encuentran más sensibles o desarrollados y la persona a veces ve, huele u oye cosas que a otros se les hace difícil percibir.

El sistema nervioso excitado pone al cuerpo en un estado de ¡alerta! Este sistema es el que se activa cuando hace falta defenderse, pelear, correr, actuar rápidamente, como cuando hay una emergencia, percibir un peligro o de alguna otra forma entrar en movimiento y acción.

No estamos aquí hablando en ningún momento sobre la personalidad, las actitudes, las costumbres o sobre el comportamiento de la persona en sí, sino de su cuerpo, que es un organismo vivo distinto a la persona. Por ende, hay que alimentarlo con los nutrientes que le calmen. Las grasas, las carnes rojas y la sal son muy excitantes y no le ayudaran con eso. En el siguiente capítulo veremos qué otras cosas, además del cambio en la alimentación, podemos hacer para calmar el sistema nervioso excitado.

Si resultó que usted tiene un **sistema nervioso pasivo,** quiere decir que usted tiene uno de esos tipos de cuerpos privilegiados que come de todo y que todo le cae bien. Los que tenemos un sistema nervioso pasivo "comemos hasta piedras" y todo lo digerimos bien. Podemos comer tardísimo de noche y como quiera lo digerimos bien. Tenemos un sueño profundo y lo que realmente nos engorda es el pan, las harinas y el azúcar.

A los de sistema nervioso pasivo, lo que nos engorda son los carbohidratos refinados, como el arroz, incluso la gran mayoría de las frutas, que son en exceso dulces por su alto contenido de fructosa (excepto las fresas o las manzanas, que son las menos dulces).

Entre los de sistema nervioso pasivo, reina el hipotiroidismo y se hace importante evitar los alimentos que interfieren con la tiroides, como la soya. El sistema nervioso pasivo es un cuerpo carnívoro que necesita comer carne roja (res, cerdo) debido a que la carne roja excita el sistema nervioso y eso es precisamente lo que necesita el cuerpo de un pasivo, necesita excitación para equilibrarse.

Los pasivos podemos comer cualquier carne, aunque sea carne blanca, pero siempre debemos asegurarnos de comer suficiente carne roja. La razón es que la carne roja tiene un alto contenido de unas sustancias naturales llamadas purinas[79] que son sustancias muy energizantes, que al pasivo le hacen

---

[79] purinas: sustancias naturales que contiene el ADN (ácido desoxirribonucleico) que es el almacenador principal de la información genética hereditaria en todos los seres vivos. Cuando las purinas se utilizan en el interior de las células se produce ácido úrico. El exceso de ácido úrico, especialmente en los de sistema nervioso excitado, puede producir la condición tipo artrítica inflamatoria llamada gota. Los alimentos que tienen un alto contenido de purinas tienen un efecto excitante y estimulante sobre el sistema nervioso, además de que causan constricción (estrechamiento que cierra parcialmente los capilares), lo cual puede subir la presión arterial. Algunos alimentos con un alto contenido de purinas son las anchoas, los crustáceos, las sardinas, la carne roja, la espinaca y los hongos (setas, champiñones).

mucho bien, en términos de ayudar a su metabolismo a producir una mayor cantidad de energía.

Por el contrario, a los que tienen un sistema nervioso excitado, las purinas de la carne roja le provocan una estimulación adicional excesiva que desequilibra su metabolismo y hasta les hace engordar. El exceso de estimulación que puede causar la carne roja, la sal (sodio) y la grasa al cuerpo de un excitado, le reducen la energía al metabolismo.

Si usted resultó tener un cuerpo con un sistema nervioso pasivo, un ejemplo de un plato de la Dieta 3x1, que sería recomendable para su tipo de sistema nervioso, sería una combinación de alimentos que sean con mayor cantidad de carne roja, cerdo o pescado graso (salmón, atún) como éste:

El cuerpo que tiene un sistema nervioso pasivo necesita alimentos con más grasa que el cuerpo de sistema nervioso excitado. De hecho, a los que tenemos un sistema pasivo la grasa no es lo que nos engorda como le pasa a los excitados. A los pasivos, lo que nos engorda rápidamente es el pan, la harina, los dulces y los carbohidratos refinados.

Es importante que este tipo de alimentación se convierta en un estilo de vida para usted. Muchas personas comienzan a alimentarse de acuerdo con su tipo de sistema nervioso y empiezan a sentirse llenas de energía, pueden descansar y ven que están adelgazando. Entonces tienen la falsa idea de que su tipo de sistema nervioso ha cambiado, por ejemplo, de excitado a pasivo, y vuelven a alimentarse con grasas o alimentos que excitan el sistema nervioso. Esto es un error y daña el avance que llevaba hasta el momento. Si su tipo de sistema nervioso predominante es excitado, sepa que debe adoptar la alimentación correcta de acuerdo con su sistema nervioso como un estilo de vida.

Ruta al Metabolismo Ultra Poderoso

ᠼᠼEs importante alimentarnos correctamente de acuerdo con nuestro tipo de sistema nervioso para poder restaurar el metabolismo.

- La alimentación recomendada para las personas con un sistema nervioso excitado es más baja en grasa, baja en sal, de proteínas blancas, abundante en vegetales y ensalada, y baja en carbohidratos refinados.
- La alimentación recomendada para las personas con un sistema nervioso pasivo es más alta en carnes rojas, con más grasa y muy controlada en carbohidratos refinados.
- La alimentación de acuerdo con nuestro Tipo de Sistema Nervioso debe adoptarse como un estilo de vida para así no volver a hacer daño a nuestro sistema nervioso y a nuestro metabolismo.

ᠼᠼResponda las siguientes preguntas
1. Describa cómo debe ser su alimentación, según su tipo de sistema nervioso.

2. Haga una lista de los alimentos que debe evitar ingerir de acuerdo con su tipo de sistema nervioso.

3. Indique a cuál Tipo de Sistema Nervioso, Pasivo o Excitado, beneficiaría cada una de las siguientes combinaciones de la Dieta 3x1.

4. ¿De qué forma se le ocurre a usted que podría aplicar la Dieta 3x1 a su desayuno, comida y cena, combinando los alimentos de acuerdo con su Tipo de Sistema Nervioso?

Cómo Tranquilizar El Sistema Nervioso

U na vez que en los capítulos anteriores usted ya hizo la prueba para determinar su Tipo de Sistema Nervioso, usted sabrá que, si contestó -SÍ- a cualquiera de las cinco preguntas de la prueba, su cuerpo tiene un sistema nervioso EXCITADO. Si contestó -NO- a todas las cinco preguntas de la prueba, su cuerpo tiene un sistema nervioso PASIVO.

Después de haber ayudado a cientos de miles de personas a adelgazar y a recobrar el metabolismo y la salud en NaturalSlim puedo decirle, sin temor a equivocarme, que saber si su cuerpo es de sistema nervioso EXCITADO o PASIVO es una de las cosas más importantes que usted puede lograr, porque le permitirá escoger adecuadamente los tipos de alimentos que más benefician a su cuerpo.

De la misma forma que hay automóviles cuyo motor sólo funciona con gasolina (un combustible liviano) y otros automóviles o camiones cuyo motor sólo funciona con combustible diésel (un combustible pesado) así también son distintos los cuerpos humanos.

El error principal de la nutrición tradicional es considerar que debe existir una "dieta balanceada" que sería la mejor y la más adecuada para todas las personas. Para las escuelas de nutrición tradicionales todos somos iguales y no existen ni diferencias genéticas ni hereditarias en cuanto al tipo de alimentación que es beneficioso para cada cual. Es una idea fija[80] de las autoridades de la nutrición que desconocen el

---

[80] idea fija: una decisión o pensamiento sobre algo, que es incambiable.

importantísimo tema del METABOLISMO y que quieren forzarnos a que todos consumamos el mismo tipo de alimento. Esto es un error garrafal y las crecientes tasas de obesidad y de diabetes lo comprueban.

Una razón principal por la cual los centros NaturalSlim han sido tan exitosos y ya operan en ocho países es precisamente porque aprendimos a reconocer que TODOS NO SOMOS IGUALES por lo cual la alimentación y selección de alimentos no puede ser igual para todos.

Hay personas de sistema nervioso EXCITADO cuyo cuerpo no tolera o no les beneficia la carne roja, la grasa ni los alimentos salados y dependen de alimentos livianos como carnes blancas (pollo, pavo, pescado), alimentos bajos en grasa, bajos en sal y de tener un consumo abundante de vegetales y ensalada.

Por otro lado, existimos otros que, al mantenernos en una dieta baja en carne roja, grasa o sal simplemente nos debilitamos porque tenemos un sistema nervioso PASIVO. En otras palabras, la comida que es buena para una persona puede ser veneno para otra precisamente porque TODOS NO SOMOS IGUALES.

Curiosamente, he observado que casi todas las parejas están compuestas de un EXCITADO con un PASIVO. Esto no es una regla general y tiene sus excepciones, pero sí es un patrón que hemos observado en la gran mayoría de las parejas. Cuando el esposo come de todo porque tiene "un estómago de piedra" y lo digiere todo bien, su esposa tiene un estómago delicado o viceversa. Cuando el esposo duerme profundo y nada le despierta, la esposa se despierta con cualquier leve ruido, pasa la noche en vela sufriendo de insomnio y amanece cansada.

Haber tenido la oportunidad de observar a miles de parejas que asistieron a NaturalSlim para adelgazar, controlar la diabetes o recobrar su energía nos permitió darnos cuenta de que, en una gran mayoría de los casos, los tipos de sistema nervioso opuestos (EXCITADO vs PASIVO) se atraen entre sí, como si fueran los polos opuestos de negativo y positivo de un magneto. Por eso sabemos que, en la gran mayoría de los casos, lo que sea la alimentación correcta para la esposa (si ella tiene un sistema nervioso EXCITADO) será también una alimentación deficiente para el esposo que tiene un sistema nervioso PASIVO.

Ahora que ya usted sabe que TODOS NO SOMOS IGUALES y que todos tenemos necesidades de alimentos distintos de acuerdo con el tipo de sistema nervioso que heredamos, debe también saber que he descubierto que los problemas principales de salud afectan principalmente a las personas que tienen un sistema nervioso EXCITADO.

El sistema nervioso EXCITADO del cuerpo está diseñado solamente para las funciones vitales de "pelear o correr", para hacerle frente a los peligros y amenazas que nos lanza el entorno y tiene todo que ver con el ESTRÉS.

Por eso, cuando una persona tiene un sistema nervioso EXCITADO, el ESTRÉS acumulado en el sistema nervioso empieza a causarle problemas digestivos, mala calidad de sueño, estreñimiento, presión (tensión) alta, retención de líquido, problemas de tiroides, dolores de espalda, artritis y hasta cáncer, si la persona no logra tranquilizar su sistema nervioso EXCITADO.

Durante estos últimos veinte años en que hemos ayudado a cientos de miles de personas en NaturalSlim he podido comprobar que los problemas de metabolismo y salud más graves siempre parecen estar causados por ESTRÉS ACUMULADO en el sistema nervioso EXCITADO del cuerpo de una persona.

Así que, si al hacer la prueba usted resultó tener un sistema nervioso EXCITADO, esta información le ayudará a tranquilizar su sistema nervioso de forma que pueda mejorar su metabolismo y salud para así lograr sus metas. Si después de contestar -NO- a las cinco preguntas de la prueba usted resultó tener, como yo, Frank Suárez, un sistema nervioso PASIVO, entonces le toca aprender esta información para que pueda ayudar a su pareja o a sus seres queridos que están siendo afectados por un sistema nervioso EXCITADO.

He observado en miles de casos que no parece existir ninguna condición de salud que no se pueda mejorar cuando se aplican estas técnicas que compartiré con usted para TRANQUILIZAR EL SISTEMA NERVIOSO EXCITADO.

Su cerebro funciona como un computador que de forma automática y continua (trabaja veinticuatro horas al día y siete días a la semana) regula y controla TODO lo que pasa en su cuerpo incluyendo la creación de energía, que es lo que llamamos el metabolismo.

El cerebro es parte del sistema nervioso de su cuerpo y desde ahí se regula el ritmo del corazón, la digestión, la calidad de sueño, la sexualidad, las hormonas, la desintoxicación, su estado de ánimo y todos los otros múltiples sistemas que componen su cuerpo. Cuando al sistema nervioso se le ha acumulado un EXCESO DE ESTRÉS, permanece más activo el lado EXCITADO del sistema nervioso y se reduce la función del lado PASIVO que todos tenemos.

Sistema Nervioso Pasivo   Sistema Nervioso Excitado

Estado de Relajación   Estado de Alerta
y Descanso   Listo Para Pelear o Correr

El sistema nervioso EXCITADO, cuando está más estimulado de la cuenta y se le acumula el ESTRÉS, puede producir una variedad increíble de manifestaciones desagradables y de extrañas condiciones de salud para las cuales su médico no le tendrá ninguna solución. Son condiciones y enfermedades tales como: la obesidad, acumulación de grasa abdominal, mala digestión, mala calidad de sueño, artritis, pérdida de hueso, presión alta (hipertensión), estreñimiento, caída del cabello al peinarse, dolor en la espalda, depresión, irritabilidad, ansiedad, déficit de atención, insomnio, un sueño poco reparador, mala circulación, problemas de la tiroides, diabetes, pérdida de interés en su pareja sexual, impotencia en el hombre y hasta cáncer.

145

ENERGÍA Y SALUD

PASIVO

EXCITADO

Estado de Relajación
relajación, descanso;
buena calidad de sueño;
buena digestión;
presión arterial regulada;
hígado desintoxica bien;
sistema inmune eficiente
que combate los virus,
bacterias, parásitos, hongos
e infecciones;
bajo riesgo de cáncer

Estado de Alerta
¡PELEAR o CORRER!
Tendencia a tener:
cuerpo tenso, estreñimiento;
mala calidad de sueño;
presión arterial alta;
mala digestión, calambres;
dolor en la espalda;
caída del cabello al peinarse;
exceso de hongo candida;
alto riesgo de cáncer

SISTEMA NERVIOSO EQUILIBRADO

Si resulta que usted tiene un sistema nervioso EXCITADO sepa que, para controlar el metabolismo, mejorar la salud y la energía de su cuerpo es vital TRANQUILIZAR EL SISTEMA NERVIOSO EXCITADO.

Las distintas acciones que he descubierto que funcionan para tranquilizar el sistema nervioso EXCITADO están explicadas en mis videos educacionales gratuitos en MetabolismoTV en YouTube. La información sobre todo lo que usted puede hacer para tranquilizar el sistema nervioso EXCITADO de su cuerpo está contenida en estos cortos videos educacionales.

Si usted ve estos videos que le recomiendo a continuación y hace cada una de estas recomendaciones que le hago, verá que adelgaza con facilidad, mejora su calidad de sueño, mejora su nivel de energía e incluso mejorará hasta su estado emocional. Cuando usted aplica los conocimientos sobre cómo tranquilizar el sistema nervioso EXCITADO en efecto está llevando su cuerpo hacia un punto de mayor EQUILIBRIO. Al hacer esto, su METABOLISMO y su nivel de energía sólo podrá mejorar.

En los centros NaturalSlim hemos podido comprobar con cientos de miles de personas ayudadas que todas las condiciones de salud deficiente (obesidad, diabetes, depresión) o de enfermedades crónicas (artritis, presión (tensión) alta, cáncer) sólo ocurren cuando existe un desbalance en el SISTEMA NERVIOSO que es el sistema que controla el cuerpo y el metabolismo. Al usted ajustar su estilo de vida y consumir alimentos de acuerdo con su tipo de sistema nervioso las mejorías en salud no se harán esperar.

Los videos que le recomiendo ver en MetabolismoTV para educarse sobre cómo tranquilizar el sistema nervioso, para así lograr mejorar su metabolismo, su energía y su salud son los siguientes:

Videos de MetabolismoTV para Tranquilizar El Sistema Nervioso	
Episodio #	Título del episodio (video)
1043	Trucos para tranquilizar el sistema nervioso
828	Los jugos de vegetales salvan vidas
951	Conexión a tierra
979	Respira y adelgaza
1281	Magnesio al rescate
1196	Cuánto magnesio debo tomar
1340	Potasio, ¿cuánto? ¿por qué?

Como vimos en los videos, tenemos que hidratarnos de acuerdo con el tamaño de nuestro cuerpo, llevar la alimentación correcta para nuestro sistema nervioso, hacer respiraciones profundas, conexión a tierra, tomar el sol y proveerle a nuestro cuerpo el potasio y el magnesio que necesitan a través de la alimentación, la suplementación y tomando jugos de vegetales.

Si usted no ha visto los videos, le recomiendo que se detenga aquí y lo haga. Esta información que le presento en cada video es vital para que asegure su éxito y pueda restaurar su metabolismo.

Al seguir las recomendaciones que le he hecho en este libro tales como hidratar su cuerpo de forma adecuada, hacer la Dieta 3x1 para reducir los alimentos Tipo E (Engordan) y educarse sobre los problemas de tiroides, sobre el hongo candida, sobre los alimentos que son agresores de su cuerpo (que veremos a continuación) y otras muchas otras recomendaciones que le he compartido, de seguro usted mejorará su metabolismo, su nivel de energía y su salud.

Usted NO puede fallar al aplicar estos conocimientos para mejorar su cuerpo simplemente porque lo que le he compartido en este libro son VERDADES. LAS VERDADES SIEMPRE PRODUCEN BUENOS RESULTADOS de la misma forma que las MENTIRAS producen siempre MALOS RESULTADOS.

Le invito a que se mantenga informado(a) sobre los últimos descubrimientos suscribiéndose gratis a mi canal de videos educacionales MetabolismoTV en YouTube. Recuerde que ¡La Verdad...Siempre Triunfa!

Sobre el Déficit de Atención e Hiperactividad

Desgraciadamente muchos niños son diagnosticados con las enfermedades mentales de moda, "Déficit de Atención" o "Hiperactividad", unas supuestas enfermedades mentales que están basadas en opiniones y para las cuales no existe ninguna prueba científica (análisis de laboratorio, radiografía, electrocardiograma, etc.) confiable. Debe también saber que la teoría sobre los "desbalances químicos del cerebro" que los promotores de estas enfermedades proponen nunca se ha podido probar.

Me temo que las víctimas de estos diagnósticos [81] psiquiátricos muchas veces son niños que por razones hereditarias tienen un sistema nervioso EXCITADO y que sus padres, por desconocimiento, les permiten tener una dieta que contiene sustancias estimulantes como azúcar, dulces, grasa y sal. En algunos casos a estos niños les proveen refrescos carbonatados (Coca-Cola, Sprite, etc.) que en realidad son "dulces líquidos", ya que uno de estos refrescos contiene hasta tres cucharadas de azúcar.

Es triste que tengamos que terminar drogando a nuestros niños con medicamentos psicotrópicos como Ritalin, Adderall, Concerta y otros, que son equivalentes a las drogas callejeras como la cocaína, simplemente por no saber cuál es el tipo de alimentación que les calmaría su sistema nervioso EXCITADO. Cuando el sistema nervioso está demasiado EXCITADO la persona o el niño no puede concentrar su atención porque el cuerpo está en un estado de total descontrol nervioso.

---

[81] diagnósticos: la palabra diagnóstico se forma de *diag-* que quiere decir "a través de" y *gnosis* que quiere decir "conocimiento". Un diagnóstico es una decisión que un médico o profesional de la salud toma basada en su conocimiento de la condición o enfermedad y lo que él observa en el paciente.

Si usted tiene niños con este tipo de problemas de déficit de atención o hiperactividad por favor, revise la dieta y los otros factores que pueden producir un estado EXCITADO del sistema nervioso como: infección con el hongo candida albicans (candidiasis), intolerancia al gluten (la proteína del trigo, pan, pizza), alergias[82] a colorantes o preservantes, intoxicación con metales pesados, contaminación con pesticidas, problemas hormonales, dieta alta en azúcar u otras causas reales médicas, nutricionales o ambientales que pudieran ser ocultadas por un diagnóstico que no está basado en pruebas científicas comprobables como el déficit de atención o la hiperactividad.

Puede obtener más información al respecto de las posibles causas reales de los problemas de comportamiento o aprendizaje en el sitio de Internet de la doctora Mary Ann Block, www.blockcenter.com. También puede enterarse de los derechos que tienen los padres en www.cchrint.org (en inglés) o en www.cchrlatam.org (en español).

Ruta al Metabolismo Ultra Poderoso

ᴏᴏEl Sistema Nervioso Excitado puede tranquilizarse haciendo lo siguiente:
- Hidratarse correctamente, según la fórmula para calcular los vasos de agua de acuerdo con el peso de su cuerpo.
- Llevar la alimentación correcta, de acuerdo con su tipo de sistema nervioso.

---

[82] alergias: una alergia es una respuesta específica del sistema inmune, que es el sistema de defensa en nuestro cuerpo. Es una reacción específica a ciertos alimentos o sustancias que desarrolla una reacción inmediata como picor, mucosidad, dolor de cabeza, u otras manifestaciones.

- Respirar profundo, de la manera mostrada en los videos.
- Hacer conexión a tierra para descargar el sistema nervioso.
- Tomar el sol, de la forma explicada en los videos.
- Beber jugos de vegetales frescos.
- Suplementar el cuerpo correctamente con el magnesio y el potasio que necesita.
- Evitar la gente tóxica.

ᘐᘐ Responda las siguientes preguntas

1. Describa las manifestaciones que puede causar el tener un Sistema Nervioso Desequilibrado, sin tranquilizar.

2. Asumiendo que usted tenga un Sistema Nervioso Excitado, ¿qué acciones específicas ha decidido hacer para tranquilizarlo?

Détox de Carbohidratos Refinados

Ahora que ya usted conoce cuál es el tipo de sistema nervioso de su cuerpo, EXCITADO o PASIVO, puede comenzar a alimentarse según la proporción de la Dieta 3x1, para restaurar su metabolismo. Sin embargo, hay un obstáculo que usted derribar si desea garantizar el éxito en su nuevo estilo de vida.

Como vimos, los Alimentos Tipo E (ENGORDAN, ENEMIGOS DEL CONTROL DE LA DIABETES) que son los carbohidratos refinados, y almidones, entre otros, tienen el poder de causarnos una adicción. Llevamos tanto tiempo abusando del consumo de Alimentos Tipo E, que la mayoría de las personas padecen de una adicción muy fuerte a estos alimentos. Es tan fuerte la necesidad de refrescos carbonatados, chocolates, dulces, pan, tortillas o cualquier otro Alimento Tipo E, que simplemente tienen que consumir alguno de estos alimentos a diario, sino sienten que les falta algo o que no pueden funcionar. Si tratan de no consumirlos sienten mucha ansiedad y se les afecta negativamente su estado emocional.

Si diariamente usted siente ansiedad o un fuerte antojo por algún alimento en específico, dé por hecho que está experimentando una relación adictiva con ese alimento. Lo que sucede es que cuando consumimos un exceso de carbohidratos refinados el cerebro aumenta su producción de serotonina[83]. La serotonina funciona como un calmante y por un periodo de tiempo nos sentimos relajados y se nos quita la ansiedad. Así que el cuerpo se vuelve adicto a el efecto de la

---

[83] serotonina: una sustancia que produce el cerebro que tiene un efecto antidepresivo y se considera responsable de causar un buen estado de ánimo.

serotonina y, cuando estamos bajo estrés o ansiosos, nos pide Alimentos Tipo E para sentir este efecto.

Si no manejamos esta adicción por los Alimentos Tipo E, difícilmente podrá ser exitoso en su intento de llevar el estilo de vida de la Dieta 3x1, sencillamente porque su cuerpo no se lo permitirá, al exigirle que le supla de los alimentos a los que está adicto.

Así que debemos desintoxicar al cuerpo de su adicción por los Alimentos Tipo E. Sepa que es importante retirarse de la adicción de forma gradual, para no causar una crisis al cuerpo. También debe saber que durante el proceso de desintoxicación de carbohidratos refinados se pueden experimentar reacciones físicas desagradables, como ocurre cuando tratamos de romper la adicción a cualquier tipo de sustancia. Para conocer más información sobre cómo es que nuestro cuerpo crea dependencia a los carbohidratos refinados, le recomiendo que vea el Episodio #829 en MetabolismoTV.

Para no causarle una crisis de estrés al cuerpo, comenzamos con un día de preparación del cuerpo en el que comenzamos por consumir grandes cantidades de agua. También durante este día, usted puede consumir Alimentos Tipo E, pero en menores cantidades de lo que usted usualmente lo hace. Así creamos el ambiente necesario en el cuerpo para romper la adicción.

Al siguiente día, comienza nuestro PERIODO DE DESINTOXICACIÓN DE 48 HORAS, en que sólo consumiremos proteínas; es decir, sólo carnes, quesos y huevos, de acuerdo con nuestro tipo de sistema nervioso. Así que, por las siguientes 48 horas eliminaremos totalmente el consumo de cualquiera de los carbohidratos refinados (pan, arroz, tortillas, papa, pastas, azúcar, etc.) y también eliminaremos totalmente el consumo de los carbohidratos naturales (vegetales, ensaladas, etc.).

Durante estos dos días de retirada lo que se busca es romper la adicción, quitándole al cuerpo TODAS las fuentes de carbohidratos. Así que durante los días de retiro total de los carbohidratos no se consumen ni ensaladas, ni vegetales, ni jugos, ni endulzantes, ni azúcar o sustitutos de azúcar en el café, ni leche, o nada que contenga carbohidratos. De igual forma, al cocinar sus proteínas, debe hacerlo sin vegetales (como cebolla, etc.) o salsas, ya que son carbohidratos.

<u>Solamente se consumen carnes</u> como pollo, pavo, pescado, res, cerdo; <u>quesos y huevos</u>. Debe escoger cuáles consumirá de acuerdo con su tipo de sistema nervioso. Por ejemplo, si usted tiene un sistema nervioso EXCITADO, usted debe consumir carnes blancas, bajas en grasa y sal, huevos que no sean fritos y quesos bajos en grasa, como el queso fresco que llaman queso del país o queso panela. Si, por el contrario, su sistema nervioso es PASIVO, puede consumir todo tipo de carnes y quesos, aunque contengan grasa.

Es importante que durante estos dos días usted <u>no pase hambre</u>. Debe consumir diferentes combinaciones de carnes, quesos y huevos, según su tipo de sistema nervioso, pero sin límite de cantidad. Durante estos dos días, si siente hambre entre comidas, está bien que meriende, pero sólo carnes, quesos o huevos. Usted debe sentirse saciado y no pasar hambre, ya que le producirá un estrés adicional al cuerpo si lo hace.

Así como en el día preparatorio, el consumo de agua es vital durante estos dos días de desintoxicación de los carbohidratos refinados. El cuerpo, estará bajo cierto nivel de estrés durante estos dos días de détox ya que usted le está quitando los alimentos a los que está adicto. Así que producirá cortisol, que es la hormona del estrés. El consumo de agua le ayudará a remover esta hormona y tranquilizar el sistema hormonal.

Una ayuda grandísima que se puede utilizar es consumir una dosis diaria de una a dos cucharaditas de un producto a base de magnesio, que distribuimos en NaturalSlim, llamado MagicMag. El mineral magnesio tiene un efecto relajante y anti-estrés, tanto sobre el sistema nervioso, como sobre el sistema hormonal del cuerpo. Así que le ayudará a desintoxicar su cuerpo, sin demasiado sufrimiento. El magnesio MagicMag que ofrecen los centros NaturalSlim, es un magnesio más absorbible que los otros siete tipos de magnesio. Si en su país no lo puede conseguir, puede usar cualquier otro tipo de magnesio, excepto el óxido de magnesio, que resulta ser el peor que se absorbe. Si puede encontrar el MagicMag, mejor, ya que hemos visto que cuando se utiliza este magnesio, la relajación es más completa, se mejora hasta la calidad de sueño y se reduce la resistencia a la insulina.

Es muy común que durante este periodo de retirada de los carbohidratos refinados usted experimente reacciones como migraña, dolor de cabeza, picores en la piel, flujo vaginal, diarrea o dolores musculares. Lo que sucede es que su cuerpo está gravemente infectado del hongo candida albicans, del cual hablaremos en detalle más adelante. Este hongo depende totalmente de los carbohidratos para su sustento. Sin carbohidratos el hongo no tiene cómo sobrevivir. Por eso, cuando existe una infección del hongo candida y se retiran todos los carbohidratos de la dieta, el hongo se queda sin su alimento y empieza a morirse y pudrirse dentro del cuerpo por la falta de alimento. Cuando se pudre, el cuerpo se llena de los ácidos y los tóxicos que desprenden los hongos y se producen todas esas manifestaciones. Generalmente las manifestaciones no duran más de un día, pero debo decir que pueden ser bastante desagradables.

Recapitulando, el proceso completo de DÉTOX DE CARBOHIDRATOS REFINADOS tiene una duración de tres días: un día preparatorio y luego dos días de desintoxicación sin consumir ningún carbohidrato. Además de eliminar los antojos, deseos o adicciones a los Alimentos Tipo E, el proceso de desintoxicación prepara su sistema hormonal para quemar la grasa, reduciendo la producción de la hormona insulina (hormona que le engorda) y aumentando la producción de la hormona glucagón (hormona que le adelgaza). Así que luego de completar su proceso de desintoxicación de los carbohidratos refinados estará usted listo para comenzar su alimentación al estilo de la Dieta 3x1 y asegurar su éxito.

Ruta al Metabolismo Ultra Poderoso

ᖙᖙEl proceso de Détox de Carbohidratos Refinados le ayuda a garantizar el éxito en el proceso de restauración del metabolismo.

- El proceso dura tres días: un día de preparación y 48 horas de la desintoxicación.
- Durante los dos días de détox sólo se consumen carnes, quesos y huevos, según el tipo de sistema nervioso.

- No hay límite de cantidad en las comidas durante estos dos días y no se debe pasar hambre.

∞Responda las siguientes preguntas

1. Haga una lista de los alimentos específicos que puede consumir durante los dos días de desintoxicación, según su tipo de sistema nervioso.

2. Describa qué alimentos confeccionará para su desayuno, comida y cena, durante su desintoxicación de 48 horas y que apliquen a su tipo de sistema nervioso.

Dormir Mejor o Fracasar

Existen algunas verdades sobre el metabolismo que la experiencia de la vida nos ha enseñado y que si se ignoran causarán que fracasaremos en lograr nuestras metas. Para lograr un Metabolismo Ultra Poderoso usted debe estar dispuesto o dispuesta a "dormir mejor o fracasar".

Trabajando en los centros NaturalSlim con cientos de miles de personas para ayudarles a vencer el metabolismo lento descubrimos una verdad que se puede resumir en la siguiente regla invariable: **usted tendrá tan buena energía y salud como la calidad de sueño que usted tenga cada noche al dormir.**

Aquellos de nosotros que tenemos un sistema nervioso pasivo rara vez tenemos dificultades para disfrutar de un sueño profundo y reparador. Sin embargo, entre los que tienen un sistema nervioso excitado es bastante común que no disfruten de una calidad de sueño óptima. Cuando el sistema nervioso excitado se activa en exceso, el cuerpo entra en su fase de alerta y se prepara para "pelear o correr", lo cual a su vez desactiva el sistema nervioso pasivo, que es el que nos permite disfrutar de un sueño refrescante y reparador.

Las personas cuyos cuerpos tienen un sistema nervioso excitado demasiadas veces duermen de forma interrumpida, con una o varias interrupciones del sueño para efectuar viajes al baño para orinar, y teniendo un sueño poco profundo que les hace despertarse y perder el sueño al sentir hasta el menor ruido externo. Cuando el sueño es poco profundo y hay interrupciones al dormir la persona no logra un sueño reparador y se levanta sintiéndose todavía cansada por la mañana. En ese momento en que usted se despierta por la mañana, abre los ojos y siente un cansancio profundo sepa que su metabolismo está en mal estado.

Mientras menos horas de sueño profundo y reparador tenga una persona peor serán los resultados con su proyecto de mejorar el metabolismo. Para adelgazar, controlar la diabetes, incluso para recobrar la energía y la salud se hace importantísimo el lograr un periodo de sueño restaurador. Lograr un buen dormir, profundo, refrescante y reparador, por suficientes horas cada noche (siete horas como mínimo) es vital para poder mejorar el metabolismo y la salud del cuerpo.

A algunas personas que ignoran estas verdades sobre la importancia de lograr dormir para restaurar la energía del cuerpo, les parece que dormir es un "desperdicio del tiempo". Son personas que viven ocupadísimas creando activamente su vida y trabajo por lo cual algunos quisieran lograr dormir lo menos posible para así "aprovechar el tiempo". La mayoría son personas que llevan tantos años viviendo acostumbradas a experimentar un estrés diario grave, más la falta de un buen sueño, que equivocadamente consideran completamente normal el tener un sueño interrumpido de mala calidad o un periodo de sueño demasiado corto.

La realidad es que uno puede llegar a acostumbrarse a casi cualquier situación en la vida. La prueba de esto es que casi todos nosotros hemos conocido a alguna pareja matrimonial de esas que viven la vida peleándose y criticándose mutuamente; sin embargo, se han acostumbrado a su relación infernal y ya la consideran normal. Lo mismo pasa con la mala calidad de sueño. La persona puede llegar a acostumbrarse a largas noches de sueño interrumpido, a tener pocas horas de sueño y a cargar con un cansancio continuo que les obliga a consumir estimulantes como café o cigarrillos para mantenerse alertas.

Cuando el sistema nervioso permanece en un estado de excitación la persona no logra conciliar un sueño reparador y el cansancio se acumula. Para lograr dormir hay que primero poder activar el sistema nervioso pasivo. Si este sistema pasivo no se activa el estado de excitación nerviosa no permitirá que se logre un sueño reparador.

Para comprender cuán importante es el tema del sueño, es de mucha ayuda entender el ciclo[84] de la vida. Un ciclo es una secuencia de acciones que ocurren tras la otra y que al terminar la secuencia ocurren nuevamente en el mismo orden. Por ejemplo, las plantas nacen, crecen y mueren. Nosotros nacemos, crecemos y algún día moriremos. A esta secuencia de nacer, crecer y morir se le llama el ciclo de la vida y ninguna planta ni organismo vivo puede escapar este ciclo. Todo lo que está vivo tiene que en algún momento nacer, crecer y morir.

De hecho, en su cuerpo todas las células también son parte del ciclo de la vida. Por lo cual cada célula de las que componen su cuerpo tuvo que haber nacido, luego estuvo creciendo y finalmente terminará muriendo.

El cuerpo humano, que es parte de los organismos vivos, también está siendo parte del ciclo de la vida por lo cual su cuerpo está en una continua actividad de nacimiento, crecimiento y muerte celular que le mantienen en un continuo proceso de renovación. La piel que tiene su cuerpo hoy ya no

---

[84] ciclo: es una serie de fases, estados o acciones que ocurren una tras la otra y que, al terminar la secuencia, ocurren nuevamente en el mismo orden. Algunos ejemplos son el ciclo menstrual, el ciclo solar, el ciclo de las estaciones.

es la piel con la que usted nació, porque cada seis semanas su cuerpo ha renovado y sustituido las células que crean su piel.

Hay otro ciclo muy importante del que participa nuestro cuerpo humano, que se llama el ciclo circadiano[85]. El ciclo circadiano es el reloj interno del cuerpo. Usted sabe que el sol sale por la mañana pasa el día, atardece y entra la noche. De la misma forma en nuestro cuerpo tenemos un reloj interno, que controla ciertas funciones diarias de nuestro cuerpo, especialmente nuestra habilidad para dormir, que se llama el ciclo circadiano.

Este ciclo controla las horas de producción de muchas hormonas en el cuerpo, especialmente la producción de la hormona cortisol, que es la hormona del estrés y la producción de la hormona melatonina que es la hormona que nos ayuda a dormir.

La producción de la hormona cortisol comienza a activarse a eso de las seis de la mañana. Esta hormona tiene que activarse porque nos prepara para darnos energía para comenzar el día. Así que sube su producción desde las seis de la mañana y a eso de las once de la mañana llega a su punto máximo. Entonces baja su producción para no causar tanta excitación y permitirnos descansar en la noche. Su punto más bajo de producción es entre las diez y las once de la noche.

Por otra parte, la hormona melatonina detiene su producción desde la mañana, para que podamos despertarnos y comienza a subir su producción a eso de las nueve de la noche. La hormona melatonina ayuda en muchos procesos

---

[85] ciclo circadiano: la palabra circadiano viene del latín *circa* que significa "alrededor de" y de *dies* que significa "día". Así que el ciclo circadiano se refiere a los cambios que ocurren a los seres vivos en intervalos regulares de tiempo y que se repiten diariamente.

del cuerpo, pero principalmente es la hormona que nos da sueño, para garantizar que durmamos y que el cuerpo pueda llevar a cabo todos sus procesos de reparación. La producción de la hormona melatonina depende mucho de la cantidad de luz a la que estamos expuestos. Por eso, cuando cae la noche y se va la luz del sol, sentimos cómo nos da sueño naturalmente. El cuerpo comienza a producir la melatonina a eso de las nueve de la noche y su punto más alto de producción es entre la media noche y las tres de la mañana.

Este ciclo de dormir puede verse afectado por nuestras costumbres. Por ejemplo, tal vez usted haya notado que, si decide quedarse despierto luego de las diez a once de la noche, llega un momento en que se le quita el sueño y entonces está muy despierto. Esto ocurre porque ha detenido la producción de la hormona melatonina al estar recibiendo mucha luz y ha obligado al cuerpo a producir más hormona cortisol para tener energía y mantenerse despierto.

Así que la hora más recomendable para irse a dormir es entre las nueve y once de la noche, ya que en este periodo de tiempo es cuando menos producción de cortisol hay en su cuerpo y ha comenzado la producción de la hormona melatonina para ayudarle a dormir.

Es importante saber que el proceso de dormir y el sueño son parte integral del proceso renovador del cuerpo. Por eso, una persona que duerme pocas horas o que tiene un sueño interrumpido de mala calidad envejece más rápidamente. Observe que si usted tuvo una malísima noche donde no pudo lograr un sueño reparador usted sentirá claramente la diferencia en el nivel de energía del cuerpo y en la claridad mental al próximo día.

La literatura científica demuestra que la mala calidad o escaso tiempo de sueño tiene un impacto muy negativo sobre el sistema nervioso y hormonal. Ya sabemos que el estrés le engorda porque el estrés obliga a su cuerpo a producir un exceso de la hormona del estrés llamada cortisol que a su vez le aumenta los niveles de glucosa (azúcar de la sangre) y le hace engordar, sobre todo en el área abdominal.

Si no se logra dormir bien, los niveles de cortisol se mantienen demasiado altos y eso le evitará adelgazar. Cualquier persona que haya tenido una noche de mal sueño, si hace el experimento de tomarse la medida de glucosa con un glucómetro, verá que sus niveles de glucosa en ayuna amanecen muchas veces por encima de 100 miligramos por decilitro. Los niveles de glucosa en ayuno de una persona que duerme bien y que no padece de diabetes siempre estarán por debajo de 100 mg/dl.

Entonces, para lograr un metabolismo ultra poderoso usted tiene que buscar la forma de lograr un sueño reparador que le ayude a renovar el cuerpo.

Si usted está teniendo un periodo de sueño poco reparador, interrumpido o de pocas horas le convendría aplicar todas las recomendaciones que vimos en el capitulo titulado CÓMO TRANQUILIZAR EL SISTEMA NERVIOSO y los videos de MetabolismoTV sobre el tema. Estas recomendaciones ya las hemos probado con miles de personas y le garantizo que funcionan.

Existen también otras recomendaciones que le ayudarán a evitar que el exceso de estimulación al sistema nervioso le evite lograr un sueño reparador. Son recomendaciones como las siguientes:

1. Haga lo posible por encontrar sus Alimentos Agresores con la ayuda de un glucómetro. Consumir Alimentos Agresores le causa una sobre estimulación del sistema nervioso excitado y eso le afectará la calidad del sueño. Encontrará cómo hacerlo en un capítulo más adelante.

2. Asegúrese de dormir en un cuarto totalmente oscuro. La entrada de luz le dificultará tener una buena calidad de sueño. Puede también utilizar una máscara para dormir que le tapa los ojos y le ayuda a conciliar el sueño.

3. Evite los ruidos o los ambientes ruidosos mientras duerme. Se consiguen unos tapones que se colocan en los oídos para bloquear el sonido y así ayudarle a dormir sin interrupciones del sueño por ruidos.

4. Evite ver la televisión o trabajar con su celular o computadora hasta una hora antes de dormir. Estos equipos electrónicos emiten la llamada "luz azul" que estimula el sistema nervioso excitado y le afectan su calidad de sueño.

5. Le recomiendo también que cuando se vaya a acostar a dormir apague su wifi de internet de la casa y que deje su celular lo más lejos posible de la cabecera de la cama, para que las ondas electromagnéticas no le sobreexciten su sistema nervioso. El daño que hacen las ondas electromagnéticas al cuerpo humano está comprobado científicamente. Puede ver el Episodio #1227 de MetabolismoTV donde le explico más ampliamente este tema.

6. Un buen baño caliente relaja el cuerpo por lo cual activa el sistema pasivo que es el que le permite dormir.

7. La actividad de leer un buen libro antes de dormir le ayudará a dormir. Asegúrese de leerlo en un libro impreso en vez de en un computador o tableta electrónica para que evite la estimulación de la "luz azul".

8. Además, en la medida de lo posible, recuerde irse a dormir a la hora correcta, aprovechando el reloj interno de su cuerpo y la producción de la hormona melatonina alrededor entre las nueve y once de la noche. Así evitará que su cuerpo produzca más hormona cortisol fuera de hora y le ayudará a tener un sueño reparador.

Para lograr tener un metabolismo ultra poderoso se hace esencial lograr dormir un sueño que sea relajante y reparador. Al seguir estas recomendaciones usted tendrá la oportunidad de activar el sistema nervioso pasivo de su cuerpo que es el que le garantiza una buena calidad de sueño. Dormir bien le evitará fracasar en sus intentos por lograr sus metas.

Ruta al Metabolismo Ultra Poderoso

ᨆTener un sueño realmente reparador es vital para mantener la salud y restaurar el metabolismo.

- Mientras dormimos ocurren todos los procesos de renovación del cuerpo y evita que envejezcamos.
- Dormir mal hace que amanezcamos con un exceso de glucosa en la sangre que nos hace engordar y afecta el metabolismo.

∞ Responda las siguientes preguntas

1. Describa cuáles son los hábitos comunes que tiene usted actualmente a la hora de dormir.

2. ¿Cuántas horas duerme usted regularmente? ¿Duerme profundo o tiene muchas interrupciones en su sueño durante la noche?

3. Describa qué acciones llevará a cabo para garantizar que tenga un sueño realmente reparador y que duerma al menos siete horas diarias.

EL HONGO CANDIDA ALBICANS

Una de las mayores causas del metabolismo lento es la infección del cuerpo con el hongo candida albicans. El hongo candida albicans es una de las más de 150 especies de hongos que habitan en el cuerpo humano. Se llama así porque este hongo es de color blanco. La palabra *candida* proviene del latín *candidus* que quiere decir blanco brillante; y la palabra *albicans* viene del latín *albus* que también significa blanco.

Todos los seres humanos tenemos hongo candida albicans en nuestro cuerpo, especialmente en el intestino, en la flora[86] intestinal y en las mujeres además en la flora vaginal. En condiciones normales, este hongo no invade ni causa enfermedades. Pero si usted descuida su alimentación consumiendo un exceso de carbohidratos refinados, que es su alimento favorito, el hongo candida se reproducirá agresivamente por todas las partes de su cuerpo.

Como todos los cuerpos humanos nacen con el hongo candida como parte de su flora intestinal y vaginal, la medicina tradicional no le da mucha atención a este asunto hasta que el hongo se ha proliferado tanto en el cuerpo que se produce la condición llamada candidiasis. La medicina tradicional considera que el hongo candida solamente es un problema para los pacientes que están en un estado terminal como cáncer y el síndrome de inmunodeficiencia adquirida.

---

[86] flora: conjunto de organismos como bacterias, algunos virus, parásitos y hongos que viven dentro del cuerpo en las paredes del intestino y de la vagina en las mujeres. La mayoría de estos organismos ayudan en diferentes procesos del cuerpo y son inofensivos. Sin embargo, algunos de ellos en condiciones específicas, pueden causarle daño al cuerpo como, por ejemplo, el sobre crecimiento del hongo candida, que puede llegar a invadir todo el cuerpo y causar daños, cuando una persona consume un exceso de carbohidratos refinados.

Precisamente por esto le llamé LA EPIDEMIA SILENCIOSA, porque no se le presta atención hasta que ya es una condición grave, mientras que mucho antes de llegar a este punto, el hongo candida albicans ya está haciendo estragos en el cuerpo y causándole un metabolismo lento.

Como ya mencioné, el alimento favorito del hongo candida son los carbohidratos refinados. Al pasar muchos años de su vida consumiendo carbohidratos refinados, usted estuvo alimentando a este hongo sin saberlo, ayudándolo a crecer desmedidamente. En este punto, ya el hongo se sale de la flora y viaja a través de la sangre hacia todos los órganos del cuerpo. Ya está tan bien alimentado que se ha reproducido ferozmente y el sistema inmune de su cuerpo no lo puede controlar. Esto es a lo que se le llama una infección sistémica.

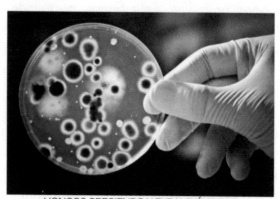

HONGOS CRECIENDO Y EXPANDIÉNDOSE

Las personas con infecciones sistémicas de este hongo siempre tienen un metabolismo lento y no logran adelgazar bajo ningún régimen de dieta o ejercicio. Si bajan de peso lo hacen a un ritmo tan lento que generalmente se desaniman. Esto sucede porque el hongo candida produce 78 tóxicos distintos que crean un ambiente ácido y muy tóxico dentro del cuerpo que básicamente apaga el metabolismo. El sobre crecimiento del hongo candida en el cuerpo es una de las razones principales por las que a muchas personas no les funciona ningún esfuerzo que hagan por adelgazar. En mi experiencia, nada produce un aumento del metabolismo y de la habilidad para adelgazar más marcado que el hacer un programa de limpieza del hongo candida albicans del cuerpo.

Aunque las pruebas de laboratorio para detectar los niveles del hongo candida en el cuerpo son muy costosas y realmente no existe una prueba que realmente pueda medir el tamaño y el grado de la infección que tiene el cuerpo de una persona, hay una manera muy sencilla de saber cuán infectado está nuestro cuerpo de este hongo.

Los tóxicos que produce el hongo candida en el cuerpo hace que sintamos una serie de síntomas o achaques para los que la medicina tradicional no tiene explicación. De acuerdo con cuántos de estos síntomas estemos padeciendo podemos identificar cuán infectados estamos de este hongo. Algunas de las manifestaciones o síntomas más comunes que tienen las personas debido al sobre crecimiento del hongo candida en su cuerpo son:

☐ acné
☐ alergia en ambientes húmedos
☐ alergias a algunos alimentos
☐ alergias a ciertas prendas o joyería de metales
☐ cansancio continuo
☐ cistitis (infecciones urinarias en la mujer)
☐ diarreas constantes o frecuentes
☐ dolor o ardor vaginal al tener sexo
☐ dolores de cabeza o migrañas
☐ dolores menstruales fuertes
☐ dolores musculares
☐ estreñimiento
☐ fatiga o debilidad
☐ flujo o picor vaginal

☐ frío en las extremidades
☐ gases estomacales o intestinales en exceso
☐ infecciones de oído
☐ infecciones urinarias
☐ irregularidad o trastornos en la menstruación
☐ irritabilidad o depresión
☐ picores en la piel (especialmente en la noche o después de bañarse)
☐ problemas con gases

digestivos
☐ resequedad excesiva en la piel
☐ sabor a metal en la boca
☐ sarpullido o manchas en la piel al tomar sol
☐ sensibilidad a la luz solar, ojos que lagrimean
☐ sensibilidad al olor de cigarrillos, perfumes o químicos
☐ sinusitis

Por supuesto, usted podría atribuir muchos de esos síntomas a otra variedad de distintas CAUSAS o PADECIMIENTOS MÉDICOS que su cuerpo tiene. Precisamente esta confusión es la que ha mantenido a la medicina en controversia con el tema de las infecciones de hongo candida en pacientes que no están en un estado terminal ni cercanos a la muerte, como pasa con los pacientes de cáncer. A los médicos se les hace difícil pensar que este hongo candida pueda causar tantas manifestaciones parecidas o iguales a las de otras enfermedades reconocidas, sin que se pueda comprobar. Mientras, la población en general sigue sufriendo más cada día por esta EPIDEMIA SILENCIOSA.

Puedo entender el escepticismo de los médicos con este tema del hongo candida, ya que ellos han sido adiestrados en el rigor científico de acumular evidencias. No obstante, lo único que le puedo decir es que los cientos de miles de personas que han hecho nuestro programa de limpieza de hongos dan testimonio firme (y muchísimos los tenemos firmados) de que después de la limpieza de hongos, más de la mitad de sus achaques (síntomas, dolores, alergias, sinusitis, migrañas, gases) se les desaparecieron junto con la inflamación que tenían sus cuerpos. A todas estas personas les mejoró el metabolismo de forma notable, una vez hicieron el programa de limpieza de hongos de NaturalSlim.

Algo importante que hemos descubierto, relativo a todo este problema de las infecciones con el hongo candida, es que lo único que logra que la infección del hongo se controle a largo plazo, es que la persona reciba una EDUCACIÓN que le permita ENTENDER cuáles han sido sus malas decisiones y el pobre estilo de vida que le llevaron a permitir que el hongo candida se apoderara de su cuerpo. ¡No se puede controlar algo que no se entiende! Si usted no se educa y aprende a adoptar un estilo de vida más conducente a la salud, no hay esperanzas, porque al poco tiempo volverá a comer un exceso de pan, harinas, arroz, dulces y otros carbohidratos refinados, lo cual de seguro permitirá la infección nuevamente.

Debe saber que no existe una manera posible para eliminar el 100% del hongo candida albicans del cuerpo humano, porque es uno de los organismos residentes normales de la flora (intestinal y vaginal). Lo que hace la limpieza del hongo candida es REDUCIR LA COLONIA INVASORA de hongos, para llevarla a un punto en el que el mismo sistema inmune de la persona sea capaz de controlar su crecimiento invasivo. Digamos que intentamos reducir la colonia de hongos de un 100% a un 10% y, si la persona se ha educado sobre cómo evitar que regrese la infección, habremos triunfado restaurando el metabolismo y empoderando a la persona.

Hay tres factores importantes que consideramos vitales a la hora de manejar la infección del hongo candida albicans:

1. Preferimos usar **un agente natural antihongos** en vez de un medicamento que le pueda causar daño al hígado, como pasa con los medicamentos antihongos recetados (Nystatin, Diflucan, Amphotericin B, Candicindin y muchos otros).

2. Durante la limpieza del hongo, queremos proveerle al cuerpo suficientes **bacterias buenas** (probióticos naturales) para que el sistema inmune se fortalezca con una flora intestinal saludable.

3. Queremos **educar a la persona** para que no siga cometiendo los mismos errores en su selección de alimentos y en su estilo de vida. Esos errores de juicio que permitieron que su metabolismo se debilitara y que su cuerpo fuera terreno fértil para una infección grave de hongo candida. Nos interesa manejar el problema de una vez y por todas, mejorando el estilo de vida y los hábitos de la persona.

Como le expliqué, TODOS tenemos al hongo candida como huésped en nuestro cuerpo, porque es uno de los habitantes normales de la flora intestinal y vaginal. Cuando ha existido un exceso de consumo de los carbohidratos refinados y almidones, el cuerpo se convierte en un criadero de hongos porque se le crea al hongo candida un ambiente rico en su nutriente favorito, que es la GLUCOSA. Una vez que el hongo ha continuado expandiéndose por el cuerpo, se convierte en una infección sistémica, o lo que los médicos en los peores casos de sus pacientes terminales llamarían una candidiasis. Los hongos crean todo tipo de síntomas tales como alergias, fatiga, flujo vaginal, migrañas, sinusitis, infecciones de oído, infecciones en la piel y hasta depresión.

En NaturalSlim hemos tenido casos de personas que estaban tomando medicamentos antidepresivos por años, a quienes se les desaparecieron sus episodios de depresión una vez terminaron su limpieza del hongo candida. El ambiente altamente tóxico que crea una candidiasis de seguro afecta el cerebro, el sistema nervioso y el estado emocional de una persona. Lo único que me queda decirle es que EN SUS MANOS ESTÁ el hacer algo al respecto. Llegó la hora de restaurar su metabolismo dándole el ambiente libre de tóxicos que su cuerpo necesita para funcionar de la manera correcta.

Ruta al Metabolismo Ultra Poderoso

ळ La infección de hongo candida en el cuerpo afecta el metabolismo y el funcionamiento general del cuerpo.

- El hongo candida se alimenta principalmente de carbohidratos refinados.
- Cuando nos alimentamos de carbohidratos refinados en exceso, el hongo candida se esparce por todo el cuerpo causando una infección sistémica.
- El hongo candida albicans produce 78 tóxicos distintos que crean en el cuerpo un ambiente sumamente ácido y tóxico que reduce el metabolismo.
- Es necesario hacer una limpieza de hongo candida para reducir la colonia de este hongo en nuestro cuerpo y restaurar el metabolismo.
- Además de la limpieza es vital moderar nuestro consumo de Alimentos Tipo E para evitar una infección sistémica del hongo nuevamente.

∞Responda las siguientes preguntas

1. Escriba aquí todas las manifestaciones que usted padece, de la lista presentada en este capítulo. ¿Cuántas son en total?

2. De los síntomas que padece, ¿hay alguno o algunos que ha sentido por mucho tiempo? ¿Qué ha hecho para mejorarlo(s)? ¿Cuáles han sido los resultados?

3. ¿Qué decisión ha tomado y qué acciones tomará con respecto a la predominación del hongo candida en su cuerpo?

EL CENTRO DE CONTROL DEL METABOLISMO

Ya sabemos que la creación de energía ocurre dentro de las células, específicamente en la mitocondria. Sí, dentro de los miles de millones de células del cuerpo ocurre la combustión que mueve el metabolismo. Ahora bien, existe una glándula en el cuerpo que controla o dirige la actividad del metabolismo del cuerpo. Del funcionamiento óptimo de esta glándula y de las hormonas que produce, depende si tenemos un metabolismo eficiente y ultra poderoso o si tenemos un metabolismo lento. Esta glándula tan importante se llama la glándula tiroides.

La glándula tiroides es una glándula que está localizada en la base del cuello y tiene la forma de una mariposa con las alas abiertas. Desde esta glándula se controla el metabolismo del cuerpo porque la tiroides produce las 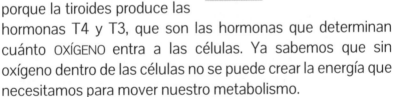 hormonas T4 y T3, que son las hormonas que determinan cuánto OXÍGENO entra a las células. Ya sabemos que sin oxígeno dentro de las células no se puede crear la energía que necesitamos para mover nuestro metabolismo.

Es por esto por lo que cuando una persona padece o tiene problemas con su glándula tiroides comienza a padecer de metabolismo lento. Al mal funcionamiento de la tiroides se le conoce como **hipotiroidismo**. El hipotiroidismo es una condición en la cual la glándula tiroides produce una cantidad insuficiente de las hormonas que controlan el metabolismo, la temperatura y la energía del cuerpo. Esta condición se caracteriza por síntomas como depresión, caída del cabello, frío en las extremidades, estreñimiento, resequedad en la piel, dificultad para adelgazar, cansancio continuo, problemas digestivos e infecciones continuas.

La glándula tiroides produce una hormona llamada T4. Se llama así porque tiene cuatro átomos del mineral yodo. Esta hormona T4 no es una hormona activa sino de almacenamiento. A través de la acción de una enzima [87] llamada deiodinasa, el cuerpo convierte la hormona T4 en la hormona T3 y se le llama así ya que luego de la transformación, pasa a tener tres átomos de yodo, en vez de los cuatro que tenía originalmente.

La hormona T3 es una hormona activa y es la que regula la entrada de oxígeno a las células, produciéndose la energía y aumentando la temperatura del cuerpo. La hormona T4 sería como el equivalente de tener petróleo y la T3 sería como tener la gasolina, que es el producto activo y utilizable del petróleo.

Hay otra hormona muy importante llamada TSH, del inglés "Thyroid Stimulating Hormone" (hormona estimulante de la tiroides). Esta es una hormona mensajera que segrega el cerebro para darle la orden a la tiroides de que produzca más T4, para convertirla en T3 y mantener funcionando el metabolismo y la temperatura del cuerpo. Cuando el cerebro detecta poca actividad de la hormona T3 en las células entonces produce más hormona TSH para estimular a la glándula tiroides a producir más hormona T4 que luego pueda ser convertida en T3. Es un sistema donde el cerebro

---

[87] enzima: las enzimas son proteínas que participan en lograr cambios y transformaciones de otras sustancias. Por ejemplo, hay una enzima que transforma el colesterol y lo convierte en la hormona estrógeno. Hay distintas enzimas que se utilizan para poder digerir las grasas, las proteínas y los carbohidratos. Hay enzimas involucradas en todos los procesos del cuerpo.

monitorea constantemente las cantidades de T3 disponibles y ordena a la glándula tiroides que produzca más T4 a través de su producción de TSH.

Este sistema es el CENTRO DE CONTROL DE MANDO DEL METABOLISMO. Sepa que garantizar el buen funcionamiento de su glándula tiroides le ayudará a estar saludable y con un metabolismo realmente óptimo. Sin embargo, esta glándula es muy delicada y se le puede hacer daño con mucha facilidad. Como vimos, el consumo de sustancias enemigas como la soya y otros alimentos con altas cantidades de goitrógenos como el maní (cacahuates), la yuca y el repollo (col) pueden hacerle daño. Adicional a estos alimentos, tristemente debo decirle que también el pan le hace daño.

Sé que esto puede ser una mala noticia para usted, pero lo que sucede con el pan, además de que es muy alto en carbohidratos refinados, es que en su proceso de manufacturación se le añade un mineral llamado bromuro (bromato de potasio), con la intención de que el pan tenga esa consistencia esponjosa y suave que tanto nos gusta. Sin el bromuro, la consistencia del pan es una dura y seca. El problema principal del bromuro es que es casi igual en su composición al mineral yodo, del cual se componen las hormonas de la tiroides. Entonces, cuando la tiroides está produciendo estas hormonas, utiliza el bromuro en lugar del mineral yodo. Esto resulta en unas hormonas T4 y T3 que son súper deficientes y no hacen su trabajo como deberían.

Originalmente, al pan se le añadía yodo para darle su suavidad, pero el yodo se volvió muy escaso y costoso, por lo que los fabricantes lo sustituyeron por bromuro sin saber el daño que le causaría a nuestro metabolismo. Así que, si usted es amante del pan, de la pizza y de los otros productos a base de harina de trigo debe tener cuidado ya que pueden contener bromuro y, además de afectarle la tiroides, también se le ha asociado con la depresión y el cáncer, por lo que ha sido prohibido su uso en muchos países, excepto en los Estados Unidos y varios países de Latinoamérica.

Otras sustancias que afectan el funcionamiento de la glándula tiroides lo son los pesticidas, el mercurio y el fluoruro. Se sabe que el mercurio es un metal altamente tóxico que también compite y desplaza el yodo de las células del cuerpo. Sólo un poco hace daño, sin embargo, las amalgamas que se usan en los trabajos dentales contienen mercurio. Por otra parte, el fluoruro se utilizaba para hacer que la tiroides funcionara más lenta en las personas que padecían de hipertiroidismo. Literalmente, reduce el funcionamiento de la glándula tiroides, pero en muchos países añaden el fluoruro al agua potable que llega a las casas y también lo contienen la mayoría de las pastas de dientes.

Algo que definitivamente es sumamente dañino para el funcionamiento de la glándula tiroides es el consumo desmedido de Alimentos Tipo E (carbohidratos refinados, almidones). Observe que la mayoría de las personas con obesidad o sobre peso también padecen de hipotiroidismo y esto es sólo a quiénes se lo han diagnosticado como tal.

Existen miles de personas que tienen problemas con el funcionamiento de su glándula tiroides pero no se les ha dado un diagnóstico médico de hipotiroidismo ya que no se refleja en los resultados de las pruebas de laboratorio. La realidad es que, si la persona padece de varias de las manifestaciones de las que veremos a continuación, tiene un hipotiroidismo al que llamamos hipotiroidismo subclínico[88].

Los síntomas más comunes que sienten las personas que tienen problemas con su glándula tiroides son los siguientes:

- ☐ colesterol alto
- ☐ caída del cabello al peinarse
- ☐ cansancio continuo
- ☐ depresión
- ☐ dificultad para adelgazar
- ☐ estreñimiento
- ☐ frío en las extremidades
- ☐ infecciones recurrentes
- ☐ insomnio
- ☐ pérdida del interés en el sexo
- ☐ pérdida de la memoria
- ☐ problemas digestivos
- ☐ resequedad en la piel
- ☐ retención de líquidos

Si usted siente uno o varios de estos síntomas de seguro está teniendo problemas con su glándula tiroides y con su metabolismo y salud en general. La tiroides hace varias funciones muy importantes tales como:

1. **Absorbe el yodo que contienen los alimentos.** De hecho, las células de la tiroides son las únicas células que absorben el yodo de forma eficiente.

2. Toma el yodo de los alimentos y lo convierte en las hormonas T4 (tiene cuatro átomos de yodo) y T3 (tiene tres átomos de yodo).

---

[88] hipotiroidismo subclínico: un tipo de hipotiroidismo que padecen muchas personas que no se detecta en las pruebas de laboratorio de la tiroides que miden las hormonas (TSH, T4, T3). Este tipo de hipotiroidismo subclínico es muy prevaleciente entre las personas con obesidad que padecen de metabolismo lento. Hay médicos de vanguardia que lo reconocen y tratan. Hay otros médicos que no le dan ningún crédito y prefieren medicar a su paciente con un antidepresivo que de todas maneras crea más obesidad y descontrol en la diabetes.

3. **Regula los procesos y la temperatura del cuerpo.** Las hormonas T4 y T3 que produce la tiroides regulan la velocidad de todos los procesos del cuerpo y la temperatura del cuerpo. En ese sentido la tiroides sería equivalente al pedal acelerador de su carro y también al termostato (regulador de temperatura) de un acondicionador de aire.

4. **Creación de energía y regulación del ritmo metabólico.** La tiroides regula el ritmo al cual las células del cuerpo queman o utilizan los nutrientes para producir energía.

5. **Reduce el colesterol.** Si mejora la tiroides, se reduce el colesterol, y si empeora, aumenta el colesterol. Una de las causas del colesterol alto es tener hipotiroidismo.

6. **Regula el almacenamiento y la quema de grasa.** Desde la tiroides se controla la habilidad del cuerpo, tanto de romper y utilizar las grasas almacenadas, como la de crear y almacenar nueva grasa, como pasa con la obesidad.

7. **Aumenta la utilización del oxígeno.** Cuando hay hipotiroidismo la persona experimenta fatiga o debilidad por falta de oxígeno en las células.

Por estas razones, cuando la tiroides no funciona adecuadamente, como pasa entre las personas que consumen carbohidratos refinados en exceso, TODO el funcionamiento del cuerpo se ve afectado.

La buena noticia es que lo contrario también es cierto. Cuando una persona trabaja para restaurar su metabolismo, no solamente adelgaza, sino que también se mejora la función de su tiroides. Aproximadamente el 50% de las personas que reciben nuestra ayuda para restaurar el metabolismo en NaturalSlim, padecen de la tiroides. Los problemas de hipotiroidismo y de obesidad están muy relacionados.

Si usted sospecha que está padeciendo de hipotiroidismo subclínico, la única manera de detectar si seguramente lo padece es tomando la temperatura de su cuerpo. La glándula tiroides tiene a su cargo la regulación de la TEMPERATURA DEL CUERPO. Es como si fuera el termostato (regulador de temperatura) de su cuerpo. El cuerpo humano, para estar saludable, tiene que operar muy cercano a la temperatura NORMAL que es 37 grados Celsius o 98.6 grados Fahrenheit.

Cuando su cuerpo tiene una temperatura un poco más alta de lo normal (37° C o 98.6° F) se llama fiebre. Si esto ocurre enseguida vamos al médico. Curiosamente, cuando nuestra temperatura se torna bastante fría, NADIE DICE NADA Y SE IGNORA. Bueno, tanto el hipotiroidismo como el metabolismo lento y la depresión emocional, o la falta de energía que muchas veces los acompañan, solamente ocurren cuando la temperatura del cuerpo, por problemas de hipotiroidismo, se reduce por debajo del punto crítico (36.5° C o 97.8° F).

Cuando su cuerpo genera poco calor y se pone frío, lo que significa es que su tiroides está demasiado deficiente, por lo cual falta oxígeno en las células y su cuerpo se enfría, tal como si fuera un fuego que se apaga para convertirse en cenizas. Si usted se identifica con varios de los síntomas del hipotiroidismo subclínico, pero se le ha dicho que no tiene ningún problema de la tiroides, y siente curiosidad por saber la verdad, TÓMESE LA TEMPERATURA DEL CUERPO.

Los termómetros más exactos son los termómetros de cristal, pero lamentablemente ya no se producen. Así que al momento de adquirir un termómetro digital asegúrese de comprar el que más lento tome la temperatura. Usted verá que en las tiendas mercadean termómetros que dicen ser muy rápidos. Pero para que la temperatura sea lo más exacta posible debe adquirir el termómetro digital que más lentamente haga el proceso y así obtendrá un resultado más preciso.

PASOS PARA TOMAR LA TEMPERATURA E IDENTIFICAR EL HIPOTIROIDISMO SUBCLÍNICO

1. Debe tomar la temperatura una hora después de haber comido.

2. La temperatura debe tomarse tres veces al día. Si tiene un termómetro de cristal, debe dejar el termómetro debajo de la lengua de tres a cuatro minutos. Si es un termómetro digital, recuerde que debe escoger el que más lento calcule la temperatura para que sea más preciso.

3. Luego de tomarse la temperatura una hora después de cada comida, anótela.

4. Al final del día, se deben sumar las tres temperaturas y sacar un promedio.

5. Debe hacer este proceso por tres días consecutivos para poder observar si padece de hipotiroidismo subclínico.

Ejemplo Usando un Sistema de Grados Fahrenheit			
comida	temperatura	suma	el promedio del día es
desayuno	96.5°	96.5°	288.9
comida	95.4°	+ 95.4°	------- = 96.3° F
cena	97°	+ 97°	3

Ejemplo Usando un Sistema de Grados Celsius			
comida	temperatura	suma	el promedio del día es
desayuno	35°	35°	106.5
comida	35.5°	+ 35.5°	------- = 35.5° C
cena	36°	+ 36°	3

Otro factor que afecta grandemente a la tiroides es el estrés. De hecho, el estrés es lo que más afecta esta glándula. La mayoría de las mujeres que hoy en día tienen problemas con su tiroides empezaron a tenerlos justo después de algún evento traumático emocional o doloroso. Por ejemplo, después de un divorcio aparatoso, o después de un parto que fue doloroso y lleno de estrés, incluso, después de un accidente automovilístico o después de la pérdida de un ser querido. De igual manera, si usted sufre de estrés interno en el cuerpo, por alguna condición de salud o por un sistema nervioso desequilibrado, también afectará su tiroides.

Por otro lado, la tiroides tiene unas necesidades específicas de algunos nutrientes, vitaminas y minerales que, si no se cubren y existe una deficiencia de alguno de estos elementos necesarios, hacen que falle en su función. Para poder funcionar adecuadamente la tiroides no puede tener deficiencias de ninguna de las siguientes sustancias, vitaminas y minerales: yodo, zinc, magnesio, cobre, manganeso, selenio y el aminoácido L-Tirosina. Si cualquiera falta, su tiroides no podrá producir hormonas eficientes que le mantengan el metabolismo funcionando óptimamente.

En fin, debemos cuidar de nuestra glándula tiroides, que es el junto con el cerebro y el sistema nervioso, son el CENTRO DE CONTROL DE NUESTRO METABOLISMO. Debemos manejar el estrés y calmar nuestro sistema nervioso, tener la alimentación correcta en proporción de la Dieta 3x1 para que no consumamos un exceso de carbohidratos refinados y evitar el consumo de las sustancias que tanto daño le hacen. Esto garantizará que restauremos nuestro metabolismo y mejoremos nuestra salud.

Ruta al Metabolismo Ultra Poderoso

∞La glándula tiroides, en conjunto con el cerebro, componen el centro de control de nuestro metabolismo.

- Las hormonas que produce la tiroides regulan cuánto oxígeno puede entrar a las células para la producción de energía.
- Si la glándula tiroides se ve afectada produce hormonas ineficientes y no llega el oxígeno necesario a las células, por lo que se produce menos energía de la que necesitamos y se apaga el metabolismo.
- Debemos ayudar a nuestra glándula tiroides haciendo lo siguiente:
  - manejando los niveles de estrés interno y externo del cuerpo
  - evitando el consumo de sustancias que afectan su funcionamiento
  - controlando el consumo de Alimentos Tipo E (engordan), alimentándonos en proporción de la Dieta 3x1
  - suplementando nuestro cuerpo con las vitaminas, minerales y aminoácidos que la tiroides necesita para producir hormonas eficientes

• La temperatura del cuerpo lo dice todo. Si sospechamos que padecemos de hipotiroidismo subclínico podemos descubrirlo tomando la temperatura de nuestro cuerpo.

∞ **Responda las siguientes preguntas**

1. Escriba aquí todos los síntomas de hipotiroidismo que usted padece, que están en la lista presentada en este capítulo.

2. ¿Qué acciones llevará a cabo para mejorar el funcionamiento de su glándula tiroides y su metabolismo?

LOS ALIMENTOS AGRESORES

En este libro, *Metabolismo Ultra Poderoso*, quiero compartir con usted lo que considero uno de mis descubrimientos más importantes para restaurar el metabolismo y mejorar la salud. Es un descubrimiento que casi podríamos decir que produce milagros en aquellos que lo aplican. Fue algo que descubrí cuando estaba investigando el tema de la diabetes y prediabetes para poder escribir mi libro *Diabetes Sin Problemas*.

Después de muchísimos años experimentando las mejorías increíbles que estaban teniendo las personas con diabetes al participar del programa NaturalSlim, me preguntaba ¿por qué siguen muriendo personas que padecen de diabetes, con amputaciones o ciegas, si existe una forma natural de evitar todos los daños de la diabetes? En esa época me preparaba para escribir un libro que de forma muy sencilla explicara cómo controlar la diabetes y sus daños sin la necesidad un exceso de medicamentos.

Hace más de veinte años yo, Frank Suárez, era sólo un paciente obeso, prediabético y enfermo que vivía medicado. Al haber fracasado con todas las "recomendaciones expertas" que me brindaban los médicos y nutriólogos, me convertí en un investigador independiente que se especializa en un sólo tema, que finalmente me dio buenos resultados, y por lo cual se convirtió en mi pasión: **el metabolismo**. Me di cuenta de que emitir opiniones sobre cómo controlar la diabetes, sin ser médico, fácilmente me traería acusaciones de la clase médica que podría resentirse por mi intromisión en un tema de una enfermedad como la diabetes que sólo los médicos dominan.

Como el tema del control de la diabetes es uno que por fuerza requiere de la atención experta de un médico, me di a la tarea de asegurarme de que cada una de mis recomendaciones al paciente diabético o a la persona que cuida de ese paciente diabético estuviera sustentada con la ciencia. No quería que los pacientes diabéticos o los médicos que leyeran *Diabetes Sin Problemas* pensaran que mi libro estaba basado en mis opiniones, por lo cual terminé documentando mi libro de diabetes con más de ochocientas referencias de estudios clínicos[89].

Para asegurarme aun más de que lo que estaría expresando en *Diabetes Sin Problemas* realmente funcionaba para controlar la diabetes sin medicamentos, decidí reclutar a veinticinco pacientes diabéticos medicados y con ellos hacer en NaturalSlim un estudio clínico supervisado por médicos para medir científicamente los resultados de mis recomendaciones. El estudio con los veinticinco diabéticos duró trece semanas y pudimos comprobar y evidenciar, bajo supervisión medica, que en realidad el método para restaurar el metabolismo que yo había creado producía resultados impresionantes en los pacientes diabéticos, según lo evidenciaban los análisis de laboratorios.

Entre los veinticinco pacientes diabéticos que participaron, observamos cómo a siete de los once que usaban insulina inyectada, sus médicos tuvieron que eliminarle totalmente la insulina, porque ya no la necesitaban. A los otros cuatro que todavía necesitan utilizar insulina, sus médicos tuvieron que reducir sus dosis diarias a sólo una tercera parte o menos de la dosis que utilizaban al empezar el

---

[89] estudios clínicos: los estudios clínicos son publicaciones de estudios científicos que han llevado a cabo médicos e investigadores científicos de las universidades y recogen las evidencias científicas sobre un tema relativo a la medicina o la salud.

estudio. Además de lograr adelgazar, resultó que veintiuno de los veinticinco pacientes diabéticos reportaron reducciones de sus dosis de medicamentos que fueron ordenadas por sus propios médicos, incluyendo otros medicamentos para la diabetes más los de la tiroides y la hipertensión. En fin, este estudio clínico que se hizo en NaturalSlim, fue publicado en las revistas científicas por médicos investigadores del Recinto de Ciencias Médicas de la Universidad de Puerto Rico, bajo el título METABOLIC CORRECTION AS A TOOL TO IMPROVE DIABETES TYPE 2 MANAGEMENT.

Le he contado esta travesía de mi investigación sobre los misterios del metabolismo del cuerpo para introducirle al tema de los ALIMENTOS AGRESORES (AA) y darle la oportunidad de pueda entender cómo hice este descubrimiento, que puede utilizar a su favor para lograr un Metabolismo Ultra Poderoso. Me cuido de nunca exagerar en mis opiniones relativas a los temas del metabolismo. Pero considero que el descubrimiento de los Alimentos Agresores es tan importante que puedo comunicarle, con toda certeza, la siguiente aseveración:

Al aprender a detectar y luego remover de su dieta los Alimentos Agresores (AA), que son distintos para todas las personas, usted tendrá la oportunidad de resolver problemas de salud que de ninguna otra forma, tratamiento o medicamento podían resolverse.

Le explico lo que son los ALIMENTOS AGRESORES (AA) y cómo los descubrí. Mientras estuvimos haciendo el estudio clínico médicamente supervisado con los veinticinco diabéticos que visitaban semanalmente nuestras facilidades de NaturalSlim en Puerto Rico vimos cómo cada semana los participantes del estudio seguían adelgazando y cada vez necesitando menos y menos medicamentos recetados.

El propósito del estudio clínico con pacientes diabéticos de NaturalSlim era demostrar que al reducirse los alimentos Tipo E (Engordan) con la ayuda de la Dieta 3x1 y buena hidratación, la diabetes se podía reversar y muchos de los medicamentos para la diabetes se harían innecesarios. Esto era lo mismo que habíamos experimentado con los pacientes diabéticos que participaban del programa NaturalSlim, pero esta vez queríamos demostrarlo con evidencias de laboratorios y bajo supervisión médica.

Durante el estudio, semana tras semana, estábamos viendo puros MILAGROS entre los veinticinco pacientes diabéticos participantes: menos medicamentos, eliminación de la insulina, hombres diabéticos impotentes a quienes les había regresado la potencia sexual, recuperación de la vista en algunos que la estaban perdiendo y otras mejorías de salud que pudieran ser consideradas milagros.

El médico que contratamos para supervisar el estudio, el Dr. Fernando Álvarez, estaba impresionado con los resultados ya que, en su práctica médica de más de veinte años, nunca había visto diabéticos que se mejoraran tanto ni tan rápido con sólo restaurar el metabolismo.

Los resultados de mejorías impresionantes que estábamos experimentando semana tras semana con estos veinticinco diabéticos usando técnicas sencillas de reducir los Alimentos Tipo E y buena hidratación para reducir los niveles de glucosa, me comprobaron lo que ya sospechaba: Verdaderamente <u>no existe ninguna intención de los</u> <u>organizaciones médicas o farmacéuticas de evitar las muertes</u> <u>ni los daños de la diabetes sin medicamentos.</u> En realidad, **la gente enferma es un buen negocio** y se hace obvio que si los pacientes se curan o se controlan sin medicamentos se destruiría el imperio médico y farmacéutico.

Con este estudio clínico queríamos demostrar y documentar las evidencias de cuánta mejoría de salud se podía lograr mejorando el metabolismo y lo estábamos logrando. Como el problema principal, tanto de la diabetes como de la obesidad, son los NIVELES EXCESIVAMENTE ALTOS DE GLUCOSA, les pedimos a los veinticinco diabéticos del estudio que nos reportaran semanalmente sus niveles de glucosa (azúcar de la sangre).

Los niveles de glucosa se miden con la ayuda de un glucómetro que es un instrumento de medición que utilizan los pacientes diabéticos que permite medir con exactitud los niveles de glucosa en la sangre.

Pude observar que algunos diabéticos podían reducir sus niveles de glucosa a un nivel totalmente normal (no diabético) con sólo eliminar el arroz, que es parte esencial de la dieta típica de los puertorriqueños. Observé que otros diabéticos podían dejar de usar insulina cuando dejaban de comer pan, galletas o harina de trigo.

Por ejemplo, uno de los veinticinco pacientes diabéticos del estudio llevaba más de diez años necesitando inyectarse insulina a diario. Al dejar de consumir arroz, sus niveles de glucosa regresaron al nivel normal (no-diabético). Por alguna razón el ARROZ disparaba su glucosa a niveles altísimos y eso era lo que lo obligaba a utilizar insulina. Luego de dejar de comer el arroz que acostumbraba a comer todos los días,

las medidas de glucosa se normalizaron (niveles normales no-diabéticos) y su médico le ordenó eliminar la insulina totalmente. El ARROZ era para este paciente lo que luego llamé un ALIMENTO AGRESOR.

Otro participante del estudio clínico para el control de la diabetes tuvo que dejar de usar insulina y no sabia explicar cómo lo había logrado excepto que luego al analizar lo que había estado consumiendo esa semana se dio cuenta de que esa semana había estado tomando su café mañanero sin la crema sustituta de la leche que por años acostumbraba a usar. La crema sustituta de la leche que usaba para aderezar su café cada mañana se le había terminado y por falta de tiempo no la había podido reemplazar. Al comunicarme eso fui a investigar cuáles eran los ingredientes que se usaban para fabricar esa

crema sustituta de la leche y observé que su principal ingrediente era el MAÍZ (sólidos de maíz). Le pedí que hiciera la prueba de volver a tomarse el café con esa crema sustituta de la leche y al hacerlo quedó horrorizado porque su glucosa subió a niveles diabéticos y nuevamente necesitaría insulina para reducirla.

Hice más pruebas con este paciente, que amablemente se prestó a ayudarme a investigar este tema y descubrimos que cualquier producto que contuviera MAÍZ le disparaba la glucosa. La reacción de su cuerpo al MAÍZ era tan violenta que cualquier alimento cuyos ingredientes tuvieran MAÍZ le descontrolaban la glucosa hasta por varios días. Había descubierto que el MAÍZ en todas sus formas era un ALIMENTO AGRESOR para su cuerpo.

En fin, seguí investigando el tema de los ALIMENTOS AGRESORES con cientos de personas (diabéticos y no-diabéticos) que aprendieron a usar un glucómetro para detectar y remover aquellos alimentos que les agreden. Siempre que el cuerpo humano se ve afectado por el estrés, la glucosa se dispara hacia un nivel mucho más alto en respuesta al estrés. Sabemos que el estrés engorda y también sabemos que engorda simplemente porque al subir los niveles de glucosa el cuerpo convierte esa glucosa en grasa para almacenar.

Los ALIMENTOS AGRESORES son alimentos que le causan ESTRÉS al cuerpo por lo cual causan una reacción del sistema nervioso EXCITADO (vea el capítulo TODOS NO SOMOS IGUALES) y a su vez eso obliga al cuerpo a prepararse como para "pelear o correr", lo cual aumenta la glucosa en la sangre.

Los ALIMENTOS AGRESORES son alimentos que su cuerpo, por razones hereditarias, rechaza violentamente, por lo cual consumirlos le causan a su cuerpo un tipo de reacción alérgica que le produce un estrés grave al sistema nervioso. Como ya usted sabe el estrés engorda, ya que cualquier tipo de estrés siempre impacta al sistema nervioso de su cuerpo y siempre resultará en una GLUCOSA ALTA.

La GLUCOSA ALTA es el factor común que existe entre la obesidad y la diabetes. Además, puede fácilmente ser la causa de cáncer, hipotiroidismo, depresión, insomnio, ceguera, daños a los riñones, ataques al corazón y muchas otras condiciones de salud.

Descubrí que cada persona, por cuestiones de diferencias hereditarias, tiene Alimentos Agresores Distintos. Lo que es un AA para mí no es un AA para mi esposa ni lo tiene que ser para usted. Incluso, dentro de la misma familia, a algunos hijos les agrede el maíz y a otros el trigo; a mamá le agrede el café y a papá le agreden las almendras y el jitomate (tomate).

En mi caso me agreden el arroz, el trigo, el cerdo, el chocolate, el café (por eso tomo té verde) y los lácteos (quesos, mantequilla que proviene de la leche de vaca). A mi esposa Elizabeth le agreden el maíz, el trigo y los camarones. A mi mamá Irma de 89 años le agreden el arroz, los frijoles y el trigo. En mi familia todos somos distintos y todos tenemos ALIMENTOS AGRESORES distintos.

El error más grande que puede existir en este tema es pensar que pueda existir algún alimento que sea "tan saludable" que no pueda ser un AA para usted. La única forma que he descubierto hasta ahora de detectar los AA es con la ayuda de un GLUCÓMETRO. Por eso grabé varios videos en mi canal MetabolismoTV en YouTube donde explico en detalle cómo detectar sus ALIMENTOS AGRESORES. Después de detectar los AA y removerlos hemos visto mejorías dramáticas tales como estos cinco casos:

1. Un joven de 24 años, de Puerto Rico y que padecía de ataques psicóticos, descubrió que sus ataques psicóticos, que le llevaban a hospitalizarse por semanas en un hospital psiquiátrico, eran causados por consumir arroz. Dejó de comer arroz al descubrir con su glucómetro que le disparaba la glucosa y se le fue la psicosis. Meses después decidió probar sólo un poco de arroz y terminó en el hospital psiquiátrico nuevamente. Finalmente se dio cuenta de que el ARROZ es un AA violento para él.

2. Una corredora de pista y campo mexicana muy delgada vivía frustrada porque, aunque corría diez kilómetros diarios nunca había logrado eliminar su grasa abdominal (panza), que era visiblemente prominente. La panza se le desapareció en menos de dos semanas después de que descubrió que su AA principal era el MAÍZ y dejó de consumirlo.

3. Una joven de Costa Rica que tenía un tumor canceroso en el útero y al descubrir que el TRIGO (pan, galletas, harina, gluten) era su AA, dejó de consumirlo y automáticamente el tumor se empezó a reducir, al punto que su médico oncólogo (especialista en cáncer) le dio de alta.

4. Un señor de México muy delgado tenía la presión (tensión) arterial altísima aun con medicamentos y se temía que sufriera un ataque al corazón en cualquier momento. Hizo pruebas con su glucómetro probando todos los alimentos que acostumbraba a consumir. Finalmente descubrió que su AA era el JITOMATE. Empezó a evadir el jitomate y la presión se normalizo a tal punto en dos meses que su medico primero le redujo y luego le quitó el medicamento para la presión alta.

5. Un joven de Colombia padecía de ataques de ansiedad que le hacían imaginarse que estaba siendo perseguido. Este joven estaba por perder su trabajo cuando vio uno de mis videos sobre los AA en mi canal de videos MetabolismoTV. Compró su glucómetro, vio los videos donde explico cómo detectar los AA y descubrió que tenia varios AA como el maíz y el trigo. Pero el AA más violento que le disparaba los ataques

de ansiedad era el CAFÉ y la CAFEÍNA. Supo que su AA era la cafeína porque el ataque de ansiedad le afectaba si se tomaba una taza de café o si se tomaba una Coca-Cola que también contiene cafeína.

Por lo que he observado es rara la persona que no tiene algún AA que está consumiendo sin darse cuenta de que le causa destrucción a su cuerpo. Cuando la glucosa (azúcar de la sangre) sobrepasa la medida de 130 mg/dl (miligramos por decilitro) las células sufren daños a veces irreparables (vea el libro *Diabetes Sin Problemas*).

Los tres alimentos que hemos descubierto que parecen ser los ALIMENTOS AGRESORES más comunes en la población son lo que en NaturalSlim llamamos el "TAM". El TAM viene de unir las primeras letras de Trigo, Arroz y Maíz. Sin embargo, hemos visto en la práctica de los centros NaturalSlim que los ALIMENTOS AGRESORES pueden ser alimentos tan variados como: pollo, pavo, cerdo, res, camarones, huevo, jitomate (tomate), pepino, lechuga, zanahoria, cebolla, pimientos, fresas, manzanas, naranja, duraznos, uvas, papa, camote, maíz, trigo, frijoles, chiles, chocolate, almendras, soya y lácteos (queso, yogurt, mantequilla), entre muchos otros. Cada persona es diferente y por lo tanto no a todos nos agreden los mismos tipos de alimentos.

Consumir los ALIMENTOS AGRESORES causan un estrés grave al sistema nervioso del cuerpo, por lo cual llevan los niveles de glucosa a un rango anormalmente alto (más de 130 mg/dl). En la práctica con miles de personas a través de los nueve países donde opera NaturalSlim, observamos que consumir algún ALIMENTOS AGRESOR o varios de ellos puede ser la causa de todas estas manifestaciones, que fácilmente desaparecen una vez los detectamos y removemos de nuestra dieta:

- ☐ ataques de ansiedad, depresión
- ☐ bigote o barba en mujeres
- ☐ candidiasis – hongo candida
- ☐ dolores de cabeza, migrañas
- ☐ dolores de espalda
- ☐ estreñimiento
- ☐ falta de energía

- ☐ grasa abdominal
- ☐ hipotiroidismo con nódulos
- ☐ mala calidad de sueño
- ☐ manos y pies fríos
- ☐ menstruación irregular
- ☐ problemas de digestión
- ☐ se cae el cabello al peinarse

SUBIDAS DE GLUCOSA DESTRUCTORAS DE LA SALUD

¿Por qué le tienen que amputar las piernas a un paciente diabético? ¿Por qué existe tanta ceguera entre los que padecen diabetes? ¿Por qué a los pacientes diabéticos se les dañan los riñones? ¿Por qué las personas con diabetes tienen cinco veces más cáncer que las personas sin diabetes?

La respuesta a todas las preguntas anteriores sobre lo que causa amputaciones, ceguera, daños a los riñones y cáncer a los pacientes diabéticos es una sola:

Niveles excesivamente altos de glucosa (más de 130 mg/dl) que les causan la muerte a las células del cuerpo

Debe saber que la OBESIDAD y la DIABETES tienen una causa común: **niveles excesivamente altos de glucosa.**

Es imposible engordar o estar obeso si antes no sube su glucosa a niveles altísimos. También es imposible ser diagnosticado por su médico como un paciente diabético si antes no sube y se mantiene la glucosa en niveles altísimos. El mismo EXCESO DE GLUCOSA que causa la OBESIDAD es el mismo EXCESO DE GLUCOSA que, al mantenerse alto todo el tiempo, los médicos llaman DIABETES.

Lo que engorda y destruye al cuerpo humano son los NIVELES EXCESIVAMENTE ALTOS DE GLUCOSA. Lo que alimenta un tumor canceroso son los NIVELES EXCESIVAMENTE ALTOS DE GLUCOSA. Las subidas de glucosa que sobrepasan los 130 mg/dl (nivel destructivo de la glucosa) causadas por los ALIMENTOS AGRESORES que usted esté consumiendo sin saberlo le pueden pasar la factura.

Aunque usted no haya sido diagnosticado (nombrado) como paciente diabético, debe saber que, si está consumiendo ALIMENTOS AGRESORES sin saberlo, puede usted llegar a enterarse muy tarde, si permite que siga pasando el tiempo y el daño se continúe acumulando, para finalmente convertirse en una diabetes, en artritis o en cáncer.

Hasta donde sé no existe ninguna explicación anterior sobre cómo un alimento que consideramos "saludable" puede causar una subida anormal de la glucosa (azúcar de la sangre) a niveles destructivos de la salud. Le garantizo que ES VERDAD que existen los ALIMENTOS AGRESORES y que le puede poco a poco destruir la salud. No me tiene usted que creer. Usted mismo puede comprobarlo con la ayuda de un glucómetro. ¡El glucómetro no miente!

Cualquier alimento que cause una reacción de estrés al sistema nervioso de su cuerpo y eleve la glucosa sobrepasando los 130 mg/dl le DESTRUIRÁ POCO A POCO LA SALUD.

LA GLUCOSA SOBRE 130 MG/DL ES DESTRUCTIVA

Usted no tiene que ser diabético para adquirir un glucómetro, aprender a usarlo y aprender a detectar sus propios ALIMENTOS AGRESORES.

A la hora de adquirir un glucómetro debe tratar comprar el glucómetro que utilice las tiras o tirillas de prueba más económicas. El negocio de los glucómetros se parece al negocio de las impresoras, donde casi le regalan la impresora con tal de que usted quede atado a su marca de cartucho de tinta.

Los fabricantes de glucómetros casi le regalan el glucómetro medidor y luego le cobran las tiras carísimas. Donde gana más dinero el fabricante es en las tiras, no en el glucómetro. He visto que las tiendas de descuentos como Wal-Mart traen al mercado unos glucómetros que son económicos y para los cuales se consiguen tiras muy económicas.

LAS REGLAS PARA ENCONTRAR ALIMENTOS AGRESORES

1. EL ERROR PRINCIPAL es pensar que puede existir algún alimento o bebida que no pueda ser un alimento agresor para su cuerpo. ¡Debe sospechar de TODO para tener éxito!

2. Hasta el momento la mejor forma de encontrar un alimento agresor es tomando su medida de glucómetro antes de comer y dos horas después de haber comido, como explican mis vídeos en MetabolismoTV.

3. La investigación refleja que los alimentos agresores verdaderos tienden a ser OBVIOS porque producen grandes subidas de glucosa que se pueden notar a las dos horas.

4. Busque las subidas OBVIAS de glucosa. Ejemplo: antes de comer su glucosa estaba en 80 mg/dl y a las dos horas todavía estaba en 110-120 mg/dl. Ejemplo: antes de comer estaba en 90mg/dl, consumió arroz y a las dos horas estaba en 120-130 mg/dl.

5. Un alimento agresor puede SUBIRLE la glucosa demasiado y también BAJARLE la glucosa demasiado. Hay algunos alimentos agresores que pueden producir tanto estrés a su cuerpo que lo obligan a producir un exceso de insulina, por lo cual reducen anormalmente la glucosa a las dos horas.

6. Nunca clasifique un alimento como alimento agresor si no lo comprueba nuevamente con otra medida de su glucómetro. Si es un verdadero alimento agresor

volverá a agredirle nuevamente y así lo puede comprobar.

7. Permita que su cuerpo se recupere y normalice después de la agresión de un alimento agresor. Espere a que la glucosa se estabilice en sus rangos normales antes de volver a buscar nuevos alimentos agresores. Hay alimentos agresores tan fuertes que pueden desestabilizar su glucosa hasta por veinticuatro horas, como hemos visto que pasa en algunos casos con el maíz y los productos derivados de maíz. Posiblemente sea el efecto agresor del maíz genéticamente modificado.

8. Tome y anote la medida de su GLUCOSA EN AYUNO (al despertar) todos los días y mantenga un récord de las medidas. Verá que la glucosa en ayuna se irá reduciendo cada día más, según va removiendo sus alimentos agresores de la dieta. Si no padece de diabetes y su glucosa en ayuna está en más de 85 mg/dl es casi seguro que está usted consumiendo uno varios alimentos agresores.

¡Le deseo éxito en su cacería de ALIMENTOS AGRESORES! Encontrarlos y removerlos puede salvarle la vida o mejorar su salud grandemente. Lograr esto requiere de disciplina y da trabajo, pero los resultados de seguro le sorprenderán agradablemente.

Para aprender a localizar sus ALIMENTOS AGRESORES, incluso trucos para picarse (pincharse) para extraer una gota de sangre sin que le cause dolor, le recomiendo vea los siguientes videos de mi canal MetabolismoTV en YouTube:

Videos Educacionales Gratuitos En MetabolismoTV

• Episodio # 705: Detectando los Alimentos Agresores
• Episodio # 720: Desenmascarando Tres Alimentos Agresores
• Episodio # 696: Los Alimentos Agresores
• Episodio # 697: Los Alimentos Agresores, parte dos
• Episodio # 942: Los Alimentos Agresores Siempre Avisan

Hay quien le tiene miedo a picarse (pincharse) y prefiere no hacer el esfuerzo por saber exactamente cómo su cuerpo está reaccionando a los distintos alimentos que ingiere. Es decir, prefiere ni enterarse con tal de no tener que picarse (pincharse). Esto es una forma de suicidio lento. Es como la frase de "ojos que no ven corazón que no siente" que sólo refleja una inhabilidad para confrontar un problema o amenaza. Sin embargo, me toca decirle la VERDAD porque si no lo hago dañaré a aquellos que sí interesan saber la verdad y que están dispuestos a confrontar los retos de la vida. En mi práctica de más de veinte años en los centros NaturalSlim he logrado ayudar a cientos de miles de personas a recobrar la salud, a eliminar la dependencia en los medicamentos y en algunos casos lograron hasta detener un cáncer.

Para lograr encontrar los ALIMENTOS AGRESORES de mi propio cuerpo compré un glucómetro económico con 200 tirillas de prueba de las más económicas que pude encontrar y me dispuse a probar TODOS los distintos alimentos que consumí por un periodo de unos 30 días. Abrí un pequeño archivo de notas en mi celular e hice anotaciones de todo lo que comía. Fui midiendo cada uno de los alimentos antes y dos horas después de comerlos. Poco a poco fui descubriendo que la gran mayoría de los alimentos no me agredían. Pero también pude detectar y comprobar con mi glucómetro cuáles son mis ALIMENTOS AGRESORES. Mi esposa hizo lo mismo, al igual que mi mamá de 89 años, que hoy goza de tanta salud que su médico de cabecera simplemente no puede creer tal estado salud en una mujer de su edad.

Desde mi perspectiva no hay ninguna situación del cuerpo o de la salud que no se pueda mejorar o controlar con la ayuda del conocimiento sobre el metabolismo. El tema de los ALIMENTOS AGRESORES es una REALIDAD, independiente de si usted se atreve a confrontarla o no. He visto cantidad de milagros, sanación y recuperaciones a granel después de que se hizo el ejercicio completo de detectar y remover lo que puedan ser los ALIMENTOS AGRESORES de su cuerpo. El enemigo de su salud está oculto dentro de su cuerpo. Con la ayuda de un glucómetro y siendo muy disciplinado, el enemigo oculto se puede desenmascarar y así añadir largos años de vida saludable y vibrante.

Ruta al Metabolismo Ultra Poderoso

ʊʊEl consumo de Alimentos Agresores al cuerpo hace que se mantengan niveles altos de glucosa en la sangre, lo que hace daño al metabolismo.
- Tener niveles altos de glucosa en la sangre hace que el cuerpo cree más grasa y no le permitirá adelgazar.
- También, tener los niveles de glucosa en la sangre por arriba del punto de peligro (130 mg/dl) causa diabetes y hasta cáncer.
- Los Alimentos Agresores más comunes entre la mayoría de las personas lo son el Trigo, el Arroz y el Maíz (TAM).
- Los Alimentos Agresores no son necesariamente todos los Alimentos Tipo E. Cada persona es diferente y

alimentos como carnes también podrían ser agresores a su cuerpo.

- Descubrir y eliminar de la alimentación los Alimentos Agresores a su cuerpo evitará los niveles excesivamente altos de glucosa en la sangre, el estrés interno del cuerpo y le ayudará a restaurar su metabolismo.

∞Responda las siguientes preguntas

1. Haga una lista de los alimentos que usted sospecha pudiesen estar agrediendo su cuerpo. ¿Qué reacciones notables causan en su cuerpo al ingerirlos?

2. ¿Qué acciones llevará a cabo ahora que conoce la verdad sobre los Alimentos Agresores?

El Balance Hormonal

Todos los órganos, glándulas, tejidos, músculos, nervios y huesos del cuerpo son influenciados por las hormonas. Las hormonas a su vez son sustancias muy poderosas que pueden dar órdenes a las células del cuerpo y por lo tanto pueden modificar la estructura del cuerpo.

Nuestro cuerpo produce un sinnúmero de hormonas para llevar mensajes a través de todos sus sistemas. Pero existen varias hormonas muy importantes entre las cuáles debe existir un balance para garantizar el buen funcionamiento de nuestro cuerpo y nuestro metabolismo.

Los cuerpos de las mujeres y de los hombres producen dos hormonas llamadas estrógeno y testosterona. El balance entre la cantidad de ellas en cada cuerpo marcará los rasgos que diferencian los cuerpos femeninos de los masculinos. Por ejemplo, la hormona femenina estrógeno comunica a las células del cuerpo mensajes que crean las facciones femeninas: con senos, sin barba, más grasa y menos músculos; mientras que la hormona masculina testosterona lleva el mensaje contrario de crear cuerpos masculinos: sin senos, con barba, menos grasa y más músculos.

El cuerpo de una mujer siempre es más complejo que el de un hombre debido precisamente a su sistema hormonal. Es un hecho conocido el que los hombres adelgazan con facilidad, pero la mujer pasa muchas más dificultades para adelgazar. Esto se debe a varias razones como las siguientes:

- El cuerpo del hombre tiene más musculatura y por lo tanto consume más energía y quema la grasa con más facilidad.
- El cuerpo del hombre produce mucha hormona masculina testosterona que es una hormona constructora de músculos y quemadora de grasa.
- El cuerpo de la mujer produce mucha hormona estrógeno que es una hormona que acumula grasa en el cuerpo.
- La mujer tiende a tener niveles de estrés emocional más altos que el hombre y por lo tanto produce niveles más altos de la hormona de estrés cortisol, que es una hormona que acumula grasa en el abdomen y en las caderas.

Por estas razones, las mujeres siempre adelgazan más lentamente que los hombres. Una de las razones, el exceso de la hormona estrógeno, tiene que ver con una condición que padecen muchas de las mujeres, sobre todo cuando están sobrepeso. La condición se llama predominación de estrógeno.

La hormona estrógeno, en realidad es un grupo de varias substancias que son vitales en el cuerpo de una mujer. Sin estrógeno no existirían los embarazos, ni las pieles suaves de las mujeres, ni la menstruación, ni los senos en una mujer. El cuerpo de una mujer balancea el estrógeno con otra hormona que se produce durante la ovulación llamada progesterona.

La progesterona es la hormona que como bien refleja su nombre permite la gestación o el quedar embarazada. El cuerpo de una mujer depende de que exista un cierto balance hormonal entre estas dos hormonas, estrógeno y progesterona.

Es conocido que el estrógeno se produce en los ovarios de la mujer, pero pocas personas saben que la grasa del cuerpo también produce estrógeno con la ayuda de una enzima que se llama aromatase. La grasa produce estrógeno y es la razón por la cual los hombres bien obesos desarrollan senos y se feminizan hasta en su tono de voz. La predominación de estrógeno es una condición donde el cuerpo sigue produciendo estrógeno desde la grasa acumulada.

En el cuerpo de las mujeres, se sigue produciendo el estrógeno desde la grasa incluso cuando los ovarios no están funcionando. Cuando el estrógeno no está siendo balanceado en el cuerpo por la progesterona, la cual sólo se produce durante la ovulación, el estrógeno domina el ambiente interno del cuerpo, sigue acumulando más grasa y no permite que la mujer adelgace.

Ese es el problema precisamente de la hormona estrógeno, que acumula grasa y engorda. Esto es un hecho bien conocido ya que hace unos años los criadores de cerdos y de gallinas trataron de aumentar el peso de sus animales suplementándoles la dieta con estrógeno para engordarlos. Esto salió publicado en las primeras planas del país como un escándalo y a raíz de ello mucha gente decidió no seguir consumiendo la carne de pollo. Según tengo entendido, ya no se lleva a cabo esta práctica, pero mucha gente quedó impresionada y se niegan a consumir pollo por miedo a que contenga estrógeno.

La predominación de estrógeno en las mujeres puede causar manifestaciones como las siguientes:

☐ acumulación de grasa en las caderas y en el abdomen

☐ candidiasis recurrente (infecciones de hongos resistentes)
☐ condiciones autoinmunes como: lupus, esclerosis múltiple, fibromialgia
☐ dificultad o lentitud para adelgazar
☐ dificultad para concebir
☐ edema (acumulación de agua)
☐ falta de energía o cansancio continuo
☐ historial de cáncer del seno o uterino
☐ historial de fibromas, adenomas o pólipos vaginales
☐ historial de tener abortos naturales
☐ menstruación dolorosa o calambres
☐ osteoporosis (pérdida de hueso)
☐ vello (pelo) facial
☐ pérdida de libido (interés o apetito sexual)
☐ sangre menstrual en exceso
☐ sensibilidad en los senos
☐ sueño demasiado ligero o dificultad para dormir

Para mantener un balance entre la cantidad de la hormona estrógeno y la cantidad de la hormona progesterona en el cuerpo de las mujeres, recomiendo que la mujer use una crema de progesterona natural. La progesterona natural no sólo mantiene un balance del estrógeno en el cuerpo también tiene las siguientes cualidades:

- ayuda a dormir más profundo y a tener un sueño reparador;
- ayuda a recuperar el hueso perdido por la osteoporosis;
- ayuda a reducir la grasa del abdomen y las caderas;
- sube la libido (interés en el sexo) de la mujer;
- tiene un efecto antienvejecimiento en el cuerpo;
- tiene un efecto calmante y antidepresivo;

La crema se debe usar sólo por veintiún días consecutivos en el mes, para evitar que el cuerpo se acostumbre a ella y deje de tener efecto, además de queremos crear un ciclo como si el mismo cuerpo la estuviese produciendo a través de la ovulación. Si la mujer aún tiene menstruación, debe comenzar a usar la crema de progesterona el primer día de sangrado de su periodo menstrual, por veintiún días, detener su uso al día veintiuno, y entonces comenzar a utilizarla nuevamente cuando comience el primer día de sangrado de su próxima menstruación. Si la mujer ya no tiene menstruación, recomiendo que comience a usarla el primer día del mes calendario hasta el día veintiuno y luego descansar por siete días, hasta el día primero del siguiente mes.

Esta crema se consigue en los centros naturistas e incluso se puede adquirir por Internet. Para las mujeres que han experimentado mucha dificultad en bajar de peso y muy en especial para aquellas que han acumulado mucha grasa en sus caderas y en el abdomen (causado por el estrógeno) la crema de progesterona natural es una excelente ayuda.

También los ovarios de una mujer, de forma natural, producen un poco de testosterona. Como ya sabemos, la hormona testosterona es la hormona masculina. Cuando hay un desbalance entre la cantidad de testosterona y estrógeno que hay en el cuerpo se puede ver que a la mujer comienza a salirle bigote y barba.

Este desbalance en la cantidad correcta de testosterona se produce porque hay un problema en el hígado. Una de las funciones del hígado es que reprocesa y desintoxica al cuerpo de cualquier sustancia que no le haga falta. El hígado también produce una sustancia que se llama globulina fijadora de hormonas. La globulina fijadora de hormonas se llama globulina porque es como un globo. En condiciones normales, el hígado encuentra la testosterona producida por los ovarios y ya que al cuerpo de la mujer no le hace falta, la recubre con la globulina (la mete como dentro de un globo) y convierte la testosterona en una hormona inactiva en el cuerpo de la mujer y así el cuerpo la puede eliminar.

Cuando vemos a una mujer que le está saliendo mucha barba y mucho bigote quiere decir que su hígado no está pudiendo producir la globulina para inactivar la testosterona que producen sus ovarios. Así que la testosterona está quedando libre y activa. La razón principal que se ha descubierto que no permite que el hígado produzca globulina es que hay demasiada hormona insulina en el cuerpo.

La hormona insulina le da el mensaje al hígado de que no produzca globulina. Como ya sabemos, el exceso de insulina en el cuerpo es producido por la cantidad excesiva de consumo de Alimentos Tipo E (carbohidratos refinados, engordan). Así que la solución es restaurar el metabolismo, reducir el exceso de consumo de carbohidratos refinados y adelgazar para que baje la cantidad de insulina en el cuerpo que evita que el hígado produzca la globulina que inactiva la testosterona en el cuerpo de las mujeres. Puede ver más información sobre este tema en el Episodio #1342 de MetabolismoTV.

Ahora bien, el balance hormonal también es vital en los hombres. La deficiencia de la hormona testosterona en los hombres hace que pierdan masa muscular, acumulen grasa, su cuerpo se ponga flácido y se afecta su potencia sexual.

La hormona testosterona se llama así porque se produce en los testículos de los hombres, pero también se produce en los ovarios de la mujer y en las glándulas adrenales de ambos. La testosterona es la responsable de la creación de los óvulos y de los espermatozoides del hombre. También la testosterona participa en el funcionamiento del sistema inmune y en la curación de las heridas. Además, la testosterona controla el deseo sexual.

El cuerpo de un hombre produce mucha testosterona. De hecho, produce de ocho a diez veces más testosterona que las mujeres, lo cual también explica por qué generalmente el hombre tiene más deseo sexual que las mujeres. Los hombres que tienen niveles saludables de testosterona tienen menos riesgo de padecer ataques al corazón.

Se sabe que la hormona testosterona es la que crea músculos fuertes y contribuye a tener un cuerpo bien definido. Por esto mismo cuando el hombre ya va entrando en edad su cuerpo empieza a ponerse más flácido, con menos músculos y con más grasa. La testosterona es una hormona que, al construir músculos grandes y fuertes en el cuerpo de un hombre, también contribuye a reducir la grasa del cuerpo ya que, de los tejidos del cuerpo, los músculos son los que más grasa consumen. Cuando un hombre hace ejercicios de resistencia como levantar pesas, su cuerpo construye músculos y ello crea un aumento en la masa muscular. Los músculos a su vez consumen la grasa del cuerpo y crean un cuerpo delgado y bien definido.

Si un hombre logra aumentar su producción natural de testosterona logrará también un aumento sustancial en su masa muscular y una reducción en la grasa del cuerpo. Al levantarse la producción de testosterona puede que el hombre no baje de peso debido a que los nuevos músculos pesan dos y media veces más que la grasa, pero su cuerpo cada vez será más esbelto y tendrá energía de sobra.

Desde hace más de treinta años la promoción que se ha hecho es de hacer dietas bajas en grasa. Sin embargo, desde que se ha bajado el consumo de grasa, se ha visto notablemente el descenso de la producción de la hormona testosterona en los cuerpos de los hombres y más obesidad entre ellos. El problema es que la materia prima de construcción de todas las hormonas de cuerpo es el colesterol; el colesterol proviene de las grasas saturadas.

La testosterona necesita materiales para construirse y uno de ellos es el colesterol de las grasas saturadas. Pero al bajarse el consumo de grasas saturadas, no se está pudiendo producir la cantidad correcta de testosterona. Si una persona corta la grasa saturada reduce el colesterol, así que baja la producción de testosterona.

Recomiendo que se consuman grasas saturadas de carnes buenas, de animales criados en pastos, mantequilla de buena calidad y aceite de coco. Además, el cuerpo necesita zinc, que se encuentra en las ostras, yemas de huevo, quesos, carne roja, entre otros alimentos, y magnesio para producir las cantidades saludables de testosterona, tanto en el hombre como en la mujer. Recuerde que es muy importante que el consumo de estos alimentos vaya de acuerdo con su tipo de sistema nervioso para que no le cause un estrés adicional al cuerpo.

Además de estos cambios en la alimentación, el hombre puede suplementar su cuerpo con fuentes de testosterona natural como el testosfen, que en estudios clínicos demostró lograr un aumento de hasta 98% en la producción de testosterona del hombre. En NaturalSlim usamos una formulación que desarrollé llamada Testosterin, usando el testosfen mezclado con varios ingredientes dirigidos a crear una mayor producción de testosterona y varios antioxidantes que se utilizan para proteger la producción de óxido nítrico en el cuerpo.

El óxido nítrico es la molécula que permite que los hombres tengan una erección satisfactoria y fue el descubrimiento que dio pie a la creación de los medicamentos para la disfunción eréctil como Viagra. Los clientes hombres de NaturalSlim que usan este suplemento natural para incrementar la producción de testosterona, queman grasa más rápido, acelerando su proceso de adelgazar.

Mantener los niveles correctos de testosterona en el cuerpo del hombre le ayudará a evitar problemas del corazón, tener más musculatura y menos grasa y a tener un mejor funcionamiento sexual. No está demás mencionar que los hombres que están activos sexualmente tienen una mejor disposición de mantener su peso y su figura. En el tema de mejorar el metabolismo y adelgazar, el estado emocional y la actitud general de la persona ante la vida son determinantes. El sexo saludable de la pareja fomenta el sentido de afinidad entre la pareja y es una excelente válvula para deshacerse del estrés. Como sabemos, el estrés produce cortisol que nos engorda y por eso la actividad sexual saludable puede contribuir a que tanto el hombre como la mujer puedan adelgazar sin tanto esfuerzo.

Así que el balance hormonal tanto en el hombre como en la mujer es otra parte esencial para alcanzar y mantener un metabolismo ultra poderoso.

Ruta al Metabolismo Ultra Poderoso

ೲEl balance entre las hormonas del cuerpo garantiza el buen funcionamiento de nuestro metabolismo.

- Las mujeres deben evitar la predominación de estrógeno para que puedan realmente adelgazar y mejorar su salud.
- Los hombres deben mantener niveles adecuados de la producción de testosterona para mejorar metabolismo y salud en general

ೲResponda las siguientes preguntas

1. ¿Qué costumbres o acciones entiende que ha llevado a cabo en su vida que han afectado el balance hormonal de su cuerpo?

2. ¿A qué conclusiones ha llegado y qué acciones tomará luego de descubrir la importancia del balance hormonal del cuerpo?

EL MOVIMIENTO ES VIDA

Como ya sabemos el metabolismo es la suma de todos los movimientos, acciones y cambios que ocurren en el cuerpo para convertir los alimentos y los nutrientes en energía para sobrevivir. Todos los procesos del cuerpo deben tener un movimiento óptimo para que haya un buen funcionamiento y una buena salud en general.

El metabolismo tiene que ver con <u>movimiento.</u> Así que queremos mantener nuestro metabolismo en un movimiento óptimo para estar saludables. Está comprobado que el ejercicio físico aumenta el metabolismo y la vida sedentaria[90] lo reduce. Cuando dejamos de utilizar los músculos, éstos se ponen flácidos. Cuando los usamos, crecen y se fortalecen. El cuerpo se adapta a nuestro estilo de vida.

Los años que llevo ayudando a las personas con metabolismo lento me han enseñado a observar lo que funciona y lo que no funciona. El ejercicio es una gran ayuda y es vital para poder recuperar el máximo de su metabolismo; pero cada cosa en la vida tiene su momento adecuado y el ejercicio no es una excepción a esta regla. Si observa, no he hecho la recomendación de ejercitarse

---

[90] vida sedentaria: también conocida como sedentarismo, es el estilo de vida más cotidiano. Incluye poco ejercicio y suele aumentar el régimen de problemas de salud, especialmente la obesidad y padecimientos cardiovasculares. Es un estilo de vida frecuente en las ciudades modernas, altamente tecnificadas, donde todo está pensado para evitar grandes esfuerzos físicos.

hasta este punto en su RUTA HACIA EL METABOLISMO ULTRA PODEROSO y veremos ahora por qué.

La lógica dicta que para poder hacer ejercicio una persona necesita gastar energía, pero ¡las personas con el metabolismo lento tienen muy poca energía! Precisamente, lo que quiere decir tener un metabolismo lento es tener poca energía porque el metabolismo es lo que produce la energía del cuerpo. Las personas que padecen de un metabolismo lento siempre están cansadas y se sienten débiles. Es ilógico pedirle a una persona débil y cansada que utilice la poca energía que tiene para irse a un gimnasio a hacer ejercicio. Es como irse a gastar dinero teniendo una cuenta bancaria sin fondos.

Cuando una persona de metabolismo lento, que está sobrepeso u obesa, se envuelve en un régimen de ejercicio físico se expone a fracasar en su intento porque está llevando al cuerpo más allá del límite de sus capacidades. Los gimnasios tienen un porcentaje altísimo de miembros que a las pocas semanas de haber empezado su régimen de ejercicio se desaparecen y no regresan más. Son personas que están débiles, cansadas y que realmente no tienen la energía necesaria para sobrevivir los ejercicios por mucho tiempo sin que se desplomen de agotamiento. Son personas que tienen un metabolismo lento.

La solución a este problema es aplicar la secuencia correcta. En la vida las cosas tienen secuencia, tienen un orden. La secuencia correcta de acciones es: mejorar la nutrición y el metabolismo para así obtener más energía y luego invertir esta nueva energía en una rutina de ejercicios que aumente aún más el metabolismo.

| Se **restaura** el metabolismo | → | Aumenta la producción de **energía** | → | La **energía** se utiliza para hacer ejercicio |

Veamos la secuencia que ya está usted siguiendo: ya usted conoce los distintos factores que le producen un metabolismo lento; ya se está hidratando de acuerdo con el peso de su cuerpo; conoce la diferencia entre los Alimentos Tipo A (adelgazan) y los Tipo E (engordan) y está aplicando su Dieta 3x1 – ya su metabolismo y energía vienen mejorando y usted sólo puede seguir mejorando. En el transcurso de este proceso, donde usted ya está tomando acciones para mejorar el metabolismo, usted experimentará un aumento en la energía de su cuerpo y ese es el momento adecuado para empezar a mover el cuerpo con una rutina de ejercicio moderado.

La otra causa común de fracaso en un nuevo régimen de ejercicio es tratar de hacer ejercicio en el gradiente o intensidad incorrecta. Un gradiente es un nivel, grado o potencia de algo. Por ejemplo, las distintas temperaturas de una estufa son gradientes de temperatura. En la vida los gradientes son importantes. Uno primero gatea, después camina y finalmente corre. Son gradientes de acción de distinta intensidad y son necesarios.

Si una persona pretende irse a correr un maratón después de haber pasado los últimos veinte años de su vida trabajando frente a un computador en la oficina y sin tener mucha energía es seguro que va a añadir otro fracaso a su lista de fracasos anteriores.

La clave es empezar a hacer ejercicios suaves en un gradiente adecuado como caminar, nadar, ir a un gimnasio, hacer ejercicios a base de rutinas de baile, levantar pesas u otro que no sea estresante para un cuerpo que está acostumbrado a una vida sedentaria. Cualquier tipo de ejercicio es mejor que no hacer ningún ejercicio. Sin embargo, los mejores dos ejercicios que han demostrado mejores resultados con menor cantidad de esfuerzo lo son el ejercicio de intervalos y el trampolín rebotador.

El ejercicio de intervalos es una forma de ejercicio de alta intensidad y de muy corta duración, que ha demostrado levantar la eficiencia del metabolismo mejor que otras formas de ejercicio. Consiste en hacer periodos muy cortos (uno a dos minutos consecutivos) de ejercicio intenso (hasta lograr un agotamiento muscular), seguidos de periodos intercalados de descanso algo más largos (dos a tres minutos).

Lo que se ha descubierto es que, al llevar a los músculos al punto de agotamiento, se produce la llamada hormona de crecimiento, que es una hormona regeneradora y fortalecedora de la musculatura, que también quema grasa y tiene cierto efecto anti-vejez. A la hormona de crecimiento se le conoce en inglés como "HGH" ("Human Growth Hormone"), y a veces usted verá anuncios que ofrecen suplementos, que reclaman que ayudan a aumentar esta hormona, aunque no existen estudios científicos que confirmen ese reclamo. La hormona de crecimiento se ha utilizado médicamente para los niños que han tenido un desarrollo corporal deficiente, ya que causa un crecimiento muscular y desarrollo hasta de la estatura de sus cuerpos.

Cuando usted logra agotar los músculos del cuerpo haciendo algún ejercicio intenso, por un corto tiempo, esta hormona se produce de forma natural, y por las próximas veinticuatro a treinta y seis horas, su cuerpo seguirá quemando grasa y restaurando la capacidad del metabolismo.

| 3 MINUTOS
Caminando | 1 MINUTO
Corriendo | 3 MINUTOS
Caminando | 1 MINUTO
Corriendo |

El concepto de ejercicio intenso de corto tiempo, combinado con periodos de descanso permite que, en sólo quince a veinte minutos de ejercicio, usted logre quemar más grasa, construir más musculatura y crear más fuerza física, que en una o dos horas de caminar largas distancias o que incluso correr largas distancias.

Hacer ejercicios de intervalo tres a cuatro veces por semana, dándole a su cuerpo una rutina adecuada de un día de ejercicio (quince a veinte minutos) y otro día de descanso sin ejercicio, de seguro le ayudará a adelgazar y continuar en el proceso de restauración de su metabolismo.

En mi libro *El Poder del Metabolismo*, recomendé los ejercicios de bajo impacto que se pueden hacer en un trampolín rebotador. Este tipo de ejercicio ha demostrado que mejora grandemente el metabolismo y tiene el beneficio adicional de que es un ejercicio de bajo impacto, que no arriesga a la persona a sufrir daños en sus rodillas o espalda, como pudiera pasar cuando una persona decide trotar, correr o levantar pesas como forma de ejercicio físico.

Hacer quince minutos rebotando en un trampolín casero, tiene un efecto muy estimulante al metabolismo, al punto que uno pasa una o dos horas sudando justo después de haber hecho sólo quince minutos de rebotes sobre el trampolín. El sudor del cuerpo ocurre solamente cuando el metabolismo se activa y el cuerpo se calienta, por lo cual, el sudor es un indicio claro de un metabolismo restaurado o activado.

El truco con el trampolín rebotador es evitar comprar los modelos ultra baratos que venden las tiendas tipo Wal-Mart y otras tiendas de descuento, que en realidad son modelos de equipos de muy baja calidad, que incluso pueden ocasionar que alguien sufra un accidente mientras rebota, por lo inestable de su estructura para soportar el peso de la persona.

Ahora, en las tiendas de deportes, a veces encontramos unidades de trampolines que, aunque tienen un mayor costo, son unidades bien manufacturadas, que utilizan tubería y resortes de buena calidad, por lo cual permiten hacer los ejercicios de rebote con seguridad y sin que el trampolín se sienta inestable al rebotar en él. Los modelos de trampolines de buena calidad se sienten pesados, tienen una barra estabilizadora para apoyarse con las manos y traen un estuche para guardarse.

Existe una compañía americana que vende los trampolines por internet, que provee un trampolín de buena calidad (tengo uno que utilizo para ejercitarme desde hace años) que, además de ser de buena calidad, se puede doblar para guardarse y trae un video musical con rutinas de entrenamiento para principiantes, nivel intermedio y rutinas avanzadas de rebote. Esta compañía se llama "Urban Rebounder" (www.urbanrebounding.com).

Nunca he visto un ejercicio que ayude a la gente a adelgazar más rápido que el pequeño trampolín para rebotar. Estuve muchos años investigando los tipos de ejercicios que podían ayudar a las personas con sobrepeso u obesidad, tomando en consideración que estas personas no poseen grandes cantidades de energía o fuerza.

Observé que algunos ejercicios definitivamente no son apropiados para las personas con sobrepeso, porque son ejercicios que pueden causar impacto a las rodillas o a la espalda, como el trotar o alzar pesas. Otros ejercicios tienen la desventaja principal de que son aburridos, como caminar en una máquina trotadora o levantar pesas. Algunos requieren de espacios o equipo muy especializado, como correr bicicleta o nadar en una piscina.

El pequeño trampolín rebotador es un ejercicio de bajo impacto que cualquier persona sobrepeso u obesa puede hacer. No se requiere mucha fuerza, porque el mismo trampolín ofrece la resistencia del rebote. Según estudios que he visto, este trampolín rebotador tiene el beneficio principal de que ejercita TODO el cuerpo, ya que la acción de rebotar, y de ir en contra y luego a favor de la gravedad del planeta, estimula y ejercita a todas las células del cuerpo, sin excepción.

Con este tipo de ejercicio, TODAS las células se ejercitan. Las células del cuerpo, con su acción en conjunto, son las que generan el metabolismo o la energía del cuerpo. Cuando todas ellas se ejercitan se estimulan a levantar el metabolismo.

Comenzar a hacer ejercicios en el gradiente correcto le garantizará el éxito. Sólo espere a sentir la energía que necesita para hacerlo. Se ha demostrado que no hacer ejercicio degenera la salud del cuerpo. No sé lo que usted prefiere, yo prefiero "morir con las botas puestas", pudiendo mover mi cuerpo y en salud. La vida con síntomas, dolores en el cuerpo, achaques y dependencia en una variedad de medicamentos, no es muy agradable. Usted puede decidir vivir la vida en salud. El ejercicio físico le ayudará a lograrlo.

Ruta al Metabolismo Ultra Poderoso

Estar en movimiento y hacer ejercicio físico garantizará que tengamos mejor salud y que se restaure por completo nuestro metabolismo.

- Se debe comenzar a hacer ejercicio en la secuencia correcta, luego de comenzar a aplicar la hidratación, la alimentación según su tipo de sistema nervioso en la proporción de la Dieta 3x1 y cuando nos sintamos con energía. Al aplicar las recomendaciones de este libro sentirá energía, deseos de moverse y hacer ejercicios.
- Es importante comenzar a hacer ejercicios en gradientes para así no lastimar nuestro cuerpo.
- Escoja el ejercicio que más le guste, cualquier movimiento es mejor que nada a la hora de restaurar su metabolismo.

Responda la siguiente pregunta

1. ¿Qué ejercicio o ejercicios ha decidido usted comenzar a hacer luego de que se sienta con energías para hacerlo?

EL AYUNO INTERMITENTE PARA DESATORAR EL METABOLISMO

Al usted aplicar las recomendaciones de este libro, que son verdades comprobadas sobre cómo crearle un metabolismo ultra poderoso a su cuerpo, sin lugar a duda obtendrá resultados favorables.

Pero también debe saber que existe un obstáculo de tipo hormonal que afecta el metabolismo de algunas personas, por lo cual durante varias semanas empiezan a adelgazar bien y de pronto, sin ninguna aparente razón, paran de adelgazar. La persona se siente como si su progreso hubiera chocado con una pared. En otras palabras, su progreso se atora. A este obstáculo se le llama RESISTENCIA A LA INSULINA.

Consumir un exceso de alimentos Tipo E (alimentos que engordan) crea un exceso de glucosa en la sangre. Siempre que en su cuerpo exista un exceso de GLUCOSA (azúcar de la sangre) combinado con un exceso de INSULINA el resultado siempre será que su cuerpo creará un exceso de GRASA. Esto es así porque la formula básica para crear grasa es así:

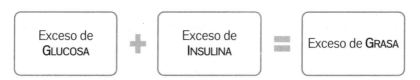

| Exceso de GLUCOSA | ✚ | Exceso de INSULINA | ═ | Exceso de GRASA |

La insulina es la hormona que reduce la glucosa en la sangre y lo logra permitiendo que las células del cuerpo utilicen esa glucosa como combustible, en vez de almacenarla en forma de grasa. Cuando las células ya tienen un abasto suficiente de glucosa, la insulina se utiliza para almacenar la glucosa excedente en forma de grasa. Por eso es por lo que decimos que la insulina le engorda.

Pero también debe saber que mientras exista un exceso de insulina circulando en su cuerpo la grasa acumulada no tendrá ninguna forma de salir del cuerpo. Podríamos decir que el exceso de insulina le cierra la puerta de salida a la grasa. La razón por la cual la gran mayoría de las personas con diabetes engordan es precisamente debido a que tienen circulando en su cuerpo un EXCESO DE INSULINA que evita que se pueda adelgazar. Mientras exista un exceso de insulina su cuerpo solamente puede acumular grasa, nunca eliminarla.

Muchas de las personas que están tratando de adelgazar ya hicieron el esfuerzo y redujeron su consumo de Alimentos Tipo E (Engordan) por lo cual desde el principio empezaron a notar que se les estaba reduciendo la talla de ropa. Pero algunos de ellos observan que su cuerpo llega hasta un punto donde simplemente se niega a ceder la grasa acumulada.

Todas estas personas comenzaron a adelgazar siguiendo la Dieta 3x1, buena hidratación, limpieza de hongo candida y otras recomendaciones de este libro, pero esos que de momento se atoraron y dejaron de adelgazar desconocen que padecen de RESISTENCIA A LA INSULINA. Cuando existe resistencia a la insulina las personas se atoran y al dejar de adelgazar se desaniman. Algunos hasta abandonan sus esfuerzos simplemente porque ya no saben qué más hacer para desatorar su progreso.

La RESISTENCIA A LA INSULINA es el resultado de haber tenido por demasiado tiempo un consumo excesivo de Alimentos Tipo E, que al aumentar grandemente la glucosa en la sangre también forzaron a su cuerpo a producir un EXCESO

DE INSULINA. Cuando las células del cuerpo experimentan un exceso de insulina, que es continuo por meses o años, se desarrolla una RESISTENCIA A LA INSULINA. Como los excesos de insulina no permiten que el cuerpo reduzca sus reservas de grasa a usted se le hará dificilísimo o imposible adelgazar.

Cualquier persona que posea un teléfono celular (móvil) puede entender cómo exactamente se creó en las células de su cuerpo la RESISTENCIA A LA INSULINA. Permítame explicarle utilizando una comparación que puedo hacerle entre las células de su cuerpo y su teléfono celular.

Debe primero saber que la INSULINA es una hormona y que las hormonas en cierta forma son muy parecidas a una LLAMADA A SU CELULAR. Las hormonas, al igual que las llamadas que usted recibe son MENSAJES que le ordenan a las células que hagan alguna acción.

El mensaje de la hormona insulina a las células es uno que equivale a "te ordeno que dejes entrar a la glucosa en tu interior". Es decir, la insulina le ordena a cada célula que ingiera la glucosa que está en la sangre y la utilice como combustible para el metabolismo. Es una orden parecida a la que le dan las madres a sus hijos menores para lograr que se sienten a comer y que no se levanten de la silla hasta que hayan terminado de hacerlo.

Tener un exceso de insulina sería parecido a tener usted un exceso de llamadas a su celular. Si por ejemplo usted recibe de veinte a cuarenta llamadas diarias a su teléfono celular podría decirse que usted recibe un abundante tráfico de llamadas diarias. Pero ¿qué haría usted si todos los vendedores de su país, por un error involuntario, hubieran obtenido su número de celular como posible cliente y usted estuviera recibiendo todos los días una avalancha de trescientas a quinientas llamadas? ¿Qué haría usted para evitar tener que contestar tantas llamadas de tantos vendedores que le acosan? ¿Apagaría su teléfono celular? ¿Solicitaría un número de teléfono celular distinto?

Ciertamente, si a usted se le forzara a todos los días a recibir un volumen de llamadas de tal magnitud su teléfono celular sería totalmente inservible como medio de comunicación y usted podría llegar a odiar su teléfono celular y las llamadas desmedidas que recibe.

Bueno, nadie puede contestar y cómodamente atender trescientas a quinientas llamadas por día. Lo mismo les pasa a las células de su cuerpo. Todas las células de su cuerpo tienen en su exterior los llamados receptores de insulina que son como pequeñísimas antenas que reciben la señal o mensaje de la hormona insulina. Estos receptores de insulina hacen lo mismo que su celular, reciben los mensajes o las llamadas de la insulina que le ordena recibir más glucosa.

Cuando existe un EXCESO DE INSULINA que constantemente ordena a las células que permitan la entrada de la glucosa, para protegerse del exceso de insulina, las células apagan sus receptores de insulina. En otras palabras, las células ignoran la señal o mensaje de la hormona insulina igual que usted lo haría si tuviera quinientos vendedores tratando de hablarle cada día.

El exceso de insulina continuo inutiliza los receptores de insulina
y ya las células ignoran la insulina

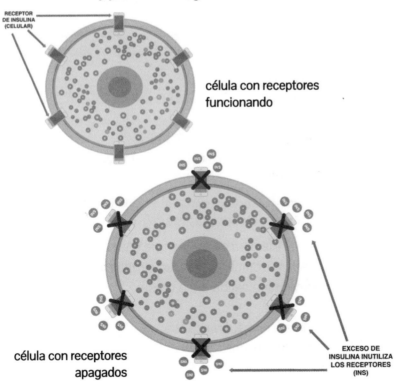

RECEPTOR
DE INSULINA
(CELULAR)

célula con receptores
funcionando

célula con receptores
apagados

EXCESO DE
INSULINA INUTILIZA
LOS RECEPTORES
(INS)

Muchos años de excederse ingiriendo Alimentos Tipo E crean un continuo exceso de glucosa que a su vez obliga al cuerpo a producir un exceso de insulina. Ese exceso de insulina inevitablemente termina por convertirse en una RESISTENCIA A LA INSULINA.

La resistencia a la insulina es algo que se puede medir con un análisis de laboratorio muy económico que mide lo que llaman INSULINA EN AYUNA. La insulina es vital a la vida ya que sin insulina el cuerpo no podría utilizar la glucosa y las células morirían. Pero si existe un exceso de insulina en la sangre eso evitará que el cuerpo pueda reducir la grasa, debido a que la insulina en exceso le detiene la salida a la grasa. Por lo tanto, si usted sospecha que ha dejado de adelgazar debido a la resistencia a la insulina, puede pedirle a su médico que le ordene una prueba de laboratorio de INSULINA EN AYUNA.

Niveles de Insulina en Ayuna	
En un atleta o persona de muy buena salud	3 a 6 mIU/L (es lo mismo que 21 a 42 pmol/L)
Promedio de la población general con tendencia a obesidad	10 a 14 mIU/L (es lo mismo que 70 a 97 pmol/L)
mIU/L = unidades mili-internacionales por litro • pmol/L = picomole por litro	

Cualquier nivel de insulina en ayuna que sea mayor de 8 mIU/L (56 pmol/L) le hará difícil adelgazar simplemente porque la insulina no permitirá la salida de la grasa.

La resistencia a la insulina causa:
- altos niveles de colesterol
- cansancio continuo

- dificultad para concentrarse
- exceso de hambre
- grasa abdominal resistente
- presión alta, ya que hace que el cuerpo retenga el sodio, lo cual sube la presión

Hay una forma de comer que se ha puesto de moda durante los últimos años y se llama AYUNO INTERMITENTE. En realidad, el ayuno intermitente no es una dieta, es una forma de estructurar las horas del día en las que usted le da comida a su cuerpo y las horas del día en las que no le da comida a su cuerpo.

El ayuno es un periodo del día en el que usted no ingiere ningún alimento sólido. Tomar agua, café o jugos verdes o de vegetales, que son líquidos naturalmente bajos en carbohidratos, no le rompe el ayuno. En mi investigación sobre el metabolismo descubrí que el ayuno intermitente puede ser una excelente herramienta para vencer la resistencia a la insulina.

Debido a que el exceso de insulina fue lo que causó la condición de resistencia a la insulina el ayuno intermitente funciona para reactivar los receptores de insulina. Desde los tiempos bíblicos distintas culturas han utilizado el ayuno para depurar[91] el cuerpo. Cuando una persona está enferma de forma natural a su cuerpo se le reduce el hambre y empieza a crearse una limpieza interna del cuerpo que en efecto es producto de un ayuno involuntario.

Para efectos de entender el ayuno intermitente hay que pensar en términos de dos periodos del día:

---

[91] depurar: limpiar o purificar.

1. Periodo de Alimentar el Cuerpo
2. Periodo de Limpiar y Reparar el Cuerpo – Ayuno

Las horas en las que nuestro cuerpo duerme son parte de nuestras horas de ayuno. Por eso podemos decir que en efecto cada uno de nosotros hace un ayuno diario mientras duerme.

La clave para que se pueda romper la RESISTENCIA A LA INSULINA es aumentar gradualmente el tiempo del ayuno mientras reducimos, también de forma gradual, el tiempo de comer.

He sabido de cientos de personas que fracasaron en su intento de hacer un ayuno intermitente simplemente porque no prepararon su cuerpo para el esfuerzo. Todo el mundo puede hacer un ayuno intermitente, pero para lograrlo hace falta preparar el cuerpo.

Hay eventos que requieren de bastante práctica antes de poderse ejecutar. Si un atleta se prepara para una gran carrera de cientos de kilómetros tendrá, por fuerza y por lógica, que primero condicionar su cuerpo con un régimen de práctica y ejercicio físico diario antes de lanzarse a una carrera que le puede agotar fácilmente si no está físicamente preparado.

Para empezar a hacer ayuno intermitente y realmente lograr romper la resistencia a la insulina hace falta hacer lo siguiente:

1. Preparar el cuerpo para el ayuno con unas dosis abundantes de potasio y magnesio que son los dos minerales esenciales que permiten que su cuerpo pueda almacenar suficiente glucosa en el hígado como

para que el hígado le sirva como tanque de reserva. El potasio debe usarse a base del peso del cuerpo. La formula que usamos es de dos cápsulas de potasio (cada una tiene 99 miligramos de potasio) por cada 11kg (25lb) de peso. Si por ejemplo una persona pesa 77kg (170lb) sabríamos que le toca ingerir catorce cápsulas de potasio al día:

en kilos: 77kg dividido por 11 = 7 x 2 = cápsulas de potasio
en libras: 170lb dividido por 25 = 7 x 2 = cápsulas de potasio

Si la persona pesa 110kg (243lb) entonces serían veinte cápsulas de potasio al día. No hay peligro por parte del potasio para las personas que no padecen de los riñones. Infórmese correctamente sobre los beneficios y las dosis del potasio en MetabolismoTV y aclare sus dudas. Vea el Episodio #545: Miedo al potasio.

2. Debe saber que sin el magnesio el potasio no puede funcionar. Magnesio y potasio son un dúo inseparable. El magnesio debe usarse a tolerancia intestinal. Se aumenta la dosis de forma gradual hasta que se produce una diarrea (por el exceso de magnesio) y en ese punto se reduce la dosis a su punto anterior. Existen ocho clases de magnesio. La que mejor funciona es el citrato de magnesio. No pierda su tiempo comprando el óxido de magnesio que resulta ser la forma de magnesio que menos se absorbe. La información sobre cómo detectar su cantidad correcta de magnesio está disponible para usted en MetabolismoTV. Vea el Episodio #1196: Cuánto magnesio debo tomar.

3. Haga todo lo posible por limpiar la infección del hongo candida albicans antes de empezar a hacer su ayuno

intermitente. Hay muchas personas que dejan de adelgazar y se atoran solamente debido a que tienen sus cuerpos gravemente infectados del hongo candida. Toda una vida de consumir un exceso de Alimentos Tipo E, que son los alimentos que favorecen la reproducción del hongo candida, crea dentro de su cuerpo una colonia invasora de este hongo cuyos tóxicos le crean un metabolismo lento.

Cuando el cuerpo está muy infectado del hongo candida y usted trata de hacer un ayuno intermitente puede pasarla bastante mal. Al mantener un ayuno por doce o más horas los niveles de glucosa se reducen y el hongo empieza a morirse dentro de su cuerpo por falta de glucosa. En ese punto el exceso de hongos muertos y en descomposición le crean un ambiente extremadamente tóxico en la sangre y usted puede experimentar los desagradables síntomas de DESINTOXICACIÓN (dolor de cabeza, diarrea, mareos, picor en la piel, etc.).

Experimentar estos síntomas de desintoxicación del hongo candida le pueden hacer pensar que es el ayuno intermitente lo que le está produciendo esos síntomas desagradables, pero la verdad es otra. No es el ayuno el que le produce los síntomas, es la infección de hongos y la muerte de la colonia causada por la reducción en los niveles de glucosa. Por eso es por lo que dentro del sistema NaturalSlim siempre hacemos que nuestros miembros primero limpien la infección del hongo candida antes de intentar el ayuno intermitente para vencer la resistencia a la insulina. No es lógico tratar de vencer la resistencia a la insulina si antes no se ha removido la infección de hongo candida del cuerpo que es una causa principal de metabolismo lento. Vea el Episodio #721 ¿Cómo curar el hongo candida efectivamente?

4. Vaya subiendo las horas de ayuno de forma gradual. Cualquier periodo de doce horas o más sin ingerir alimentos sólidos ya es un periodo de ayuno. La idea es ir poco a poco aumentando las horas de ayuno diario (periodos sin alimentos) mientras se reducen las horas de ingerir alimentos. Queremos darle la oportunidad al cuerpo a que se adapte gradualmente al periodo reducido de alimentación mientras se va aumentando el periodo de ayuno. Uno de los errores más comunes es no darle suficiente tiempo al cuerpo para que se adapte y esto puede hacer que usted fracase en su intento de utilizar el ayuno intermitente como método para romper la resistencia a la insulina.

Paso Gradual #	Horas ayunando sin alimentos sólidos	Horas para ingerir alimentos	Horas del día
1	12	12	24
2	14	10	24
3	16	8	24

Si usted reduce las horas de alimentar el cuerpo de forma gradual notará que su cuerpo se adaptará fácilmente, e interesantemente usted no sentirá hambre durante el ayuno. Si, por el contrario, usted se lanza sin darle un buen proceso preparativo al cuerpo, terminar fácilmente como la gran parte de las personas que empiezan el ayuno intermitente. Duran un par de semanas y se descalabran, simplemente porque sus cuerpos no estaban preparados para el ayuno intermitente. Hacer un ayuno intermitente con éxito es como correr en un maratón; usted necesita prepararse adecuadamente para lograr el éxito.

Se ha descubierto que cuando usted pasa doce horas o más sin comer su cuerpo empieza automáticamente a limpiarse y a repararse internamente. Cuando el cuerpo siente que se han reducido los niveles de insulina, una de las reparaciones internas que hace en las células es la de reactivar los receptores de insulina.

Si existe un exceso de insulina el cuerpo apaga los receptores de insulina para protegerse del exceso; pero si por el contrario existe una escasez de insulina (causada por el periodo de ayuno), el cuerpo responde haciendo lo necesario para activar sus receptores de insulina y utilizar su alimento principal que es la glucosa. Esta activación de los receptores de insulina es una forma que tiene su cuerpo de aprovechar la poca insulina que haya disponible en el momento.

5. Mantenga su buena hidratación (a base del peso de su cuerpo) todo el tiempo durante el ayuno intermitente y utilice la Dieta 3x1 para proporcionar sus platos de comida durante el periodo de ingerir alimentos. Si hace esto, más las cuatro recomendaciones anteriores, su éxito estará garantizado y logrará desatorar su cuerpo rompiendo la resistencia a la insulina. Hemos probado que estas cinco acciones funcionan en cientos de miles de miembros del sistema NaturalSlim.

En la gran mayoría de los casos estas cinco recomendaciones anteriores le permitirán romper la RESISTENCIA A LA INSULINA para lograr adelgazar y llegar hasta su meta. Ciertamente con la ayuda experta de uno de los Consultores Certificados en Metabolismo de un NaturalSlim usted podría beneficiarse de otras ayudas adicionales que mejoran el nivel de resultados para romper la RESISTENCIA A LA INSULINA. Hay ayudas para mejorar la función de la tiroides, desintoxicar el cuerpo del hongo candida, lograr un balance hormonal para hombres y mujeres, más la importante ayuda de mejorar la calidad de sueño.

Es mucho lo que la experiencia de tantos años nos ha permitido aprender sobre el metabolismo. Por ejemplo, en nuestra práctica hemos podido comprobar, con cientos de miles de personas, que una persona tendrá tan buenos resultados recuperando su metabolismo, energía o adelgazando como sea su calidad de sueño. Las personas que no logran disfrutar de un sueño reparador y se levantan cansadas por la mañana no logran sus metas y se desaniman. Por eso le damos mucha atención a ayudar a los miembros de NaturalSlim a lograr un sueño reparador. Pero si usted no tiene acceso o no desea la ayuda que ofrecemos en NaturalSlim, al aplicar estos cinco pasos tendrá una buenísima oportunidad de efectivamente romper la RESISTENCIA A LA INSULINA que le evita llegar a su meta personal.

El obstáculo de la RESISTENCIA A LA INSULINA se puede vencer efectivamente si usted prepara al cuerpo de la forma adecuada. La gran mayoría de las personas que han tratado el AYUNO INTERMITENTE han fracasado en las primeras semanas simplemente porque no hicieron los pasos necesarios para ayudar al metabolismo de su cuerpo a lograrlo. Usted puede lograr el éxito si hace lo correcto y prepara a su cuerpo para el periodo de ayuno.

Ruta al Metabolismo Ultra Poderoso

ᗝᗝLa Resistencia a la Insulina no permite que se mejore el metabolismo ni que se pueda adelgazar.

- El exceso de insulina en el cuerpo, producido por el exceso de consumo de carbohidratos refinados, hace que se apaguen los receptores de insulina de las células.
- Practicar el Ayuno Intermitente ayuda a romper la resistencia a la insulina en el cuerpo para que se pueda adelgazar.
- Se deben seguir los cinco pasos recomendados para tener un ayuno intermitente exitoso y se restaure el metabolismo.

ᗝᗝResponda las siguientes preguntas

1. Describa a continuación los pasos que ya está llevando a cabo en su Ruta Hacia un Metabolismo Ultra Poderoso.

2. Describa cómo llevaría a cabo su Ayuno Intermitente si entiende que padece de Resistencia a la Insulina.

El Camino A La Recuperación

L os datos que he compartido con usted en este libro llevan como propósito lograr mejoras de energía y salud. Las mejorías se logran a través de la aplicación de los conocimientos que hemos adquirido sobre cómo funciona el metabolismo del cuerpo.

Metabolismo Ultra Poderoso reúne las últimas técnicas y descubrimientos que he hecho para restaurar el metabolismo. Recordemos que el METABOLISMO es la fuente de la ENERGÍA del cuerpo y que esa energía que produce el metabolismo de las células de su cuerpo sirve principalmente para causar los MOVIMIENTOS que llamamos LA VIDA y LA SALUD. La secuencia es así:

La característica principal de la VIDA es el MOVIMIENTO. Si usted quiere saber si algo está vivo o si está muerto solamente tiene que observar si ese algo tiene MOVIMIENTO o no. Si tiene MOVIMIENTO ESTÁ VIVO y si no lo tiene está MUERTO. Observe que todas las condiciones de mala salud resultan en una pérdida de movimiento (artritis, cáncer, obesidad, etc.) mientras que todas las condiciones de BUENA SALUD contienen abundante MOVIMIENTO (ejercicio, bailar, gimnasia). Al restaurarse el metabolismo se restaura la ENERGÍA y esa energía, cuando es abundante, permite una gran cantidad de MOVIMIENTO que representa LA VIDA y LA SALUD.

Cuando usted observa a un niño muy joven y nota que está rebosante de energía y que simplemente nunca parece cansarse está observando de cerca lo que es un estado de Metabolismo Ultra Poderoso. Los adultos vamos perdiendo energía y movilidad. Los niños parecen tener energía inagotable.

Al aplicar los conocimientos de este libro usted se pone en el camino a la recuperación del potencial óptimo del metabolismo de su cuerpo. Si hace las cosas correctamente tendrá un aumento notable en los niveles de energía de su cuerpo. Tendrá muchos más deseos de hacer ejercicio y de disfrutar de la vida. La vida requiere de tener la suficiente energía disponible como para logra sus metas.

Debe saber que su cuerpo se puede restaurar a un estado óptimo de energía abundante y vibrante. Pero es un proceso gradual. No pasa de la noche a la mañana.

Todas las células que componen su cuerpo están vivas y no se puede reparar una célula que está defectuosa. Es decir, aquellas células de su cuerpo que nacieron débiles porque usted no comía los alimentos correctos, porque usted no hidrataba adecuadamente su cuerpo o porque usted había descuidado su estilo de vida no se pueden reparar. Las células que ahora mismo componen su cuerpo estarán en el estado de buena salud o mala salud en que cada una ellas actualmente están. Las células de su cuerpo son parecidas a un árbol que si nació torcido no habrá nada que usted pueda hacer para enderezarlas. La única forma de recuperar la salud total del cuerpo es logrando que las nuevas células que nazcan tengan disponibles los elementos necesarios (vitaminas, minerales, grasas, proteínas, carbohidratos) que ellas necesitan para crear NUEVAS CÉLULAS saludables.

Si usted va a construir una casa y lo único que tiene como materia de construcción es barro, de seguro toda su casa será construida de barro. Pero si usted va a construir una casa y tiene a su disposición materiales de buena calidad como cemento, piedra, mármol y acero usted podrá construir una  mansión de muy alta calidad. Así mismo pasa con las células de su cuerpo. Si usted desde hoy empieza a darle buenos alimentos a su cuerpo, que sirven como materiales de construcción para crear nuevas células, su cuerpo le construirá nuevas células que estarán muy saludables.

Con lo que usted le provea al cuerpo hoy en términos de alimentos y materiales de construcción de células su cuerpo no puede reparar las células que ya se habían fabricado con los materiales que usted antes le proveía a su cuerpo. Sin embargo, su cuerpo sí puede crearle nuevas células saludables que reemplacen a las células defectuosas que antes habían nacido.

Lo que quiero comunicarle con esto es que el camino a la recuperación toma un tiempo, pero es un camino seguro donde su cuerpo solamente puede mejorar según se van sustituyendo aquellas células que estaban defectuosas y débiles por nuevas células que tienen un metabolismo saludable.

Cada parte del cuerpo tiene su propio ciclo de vida. Algunas células tienen una corta vida y se reemplazan rápidamente y otras células tienen una vida bastante más larga, por lo cual tardan más tiempo en reemplazarse.

El largo de vida de cada tipo célula en su cuerpo es distinto y saberlo le permitirá calcular cuánto tiempo le puede tomar recuperar el máximo de la salud celular de cada parte de su cuerpo. Un cuerpo saludable está compuesto de células saludables. Un cuerpo enfermo, débil y sin energía está compuesto de células que están en mal estado y habrá que esperar que esas células sean reemplazadas por las nuevas que han sido bien alimentadas para finalmente lograr tener un cuerpo totalmente saludable.

Vivimos en una cultura de alta tecnología donde esperamos que todo sea instantáneo, pero dentro del cuerpo humano las células no funcionan así. Cada célula nace, crece y muere en su tiempo predeterminado y si la célula nació débil tendrá que crecer y llegar a su muerte natural estando todavía débil. Cada tipo de célula del cuerpo tiene una duración de vida específica y esta tabla a continuación le ayudará a estimar el tiempo de recuperación o lo que sería la extensión o la duración de su camino a la recuperación.

Duración de la Vida de las Células		
Órgano o Glándula	Tiempo	Notas
ojos	2 días	Cada dos días tenemos "ojos nuevos". Por eso a las personas que reducen los niveles de glucosa les mejora la vista.
intestino	3 días	Cada tres días tendremos un intestino nuevo donde se reemplazan las células defectuosas por células nuevas.
piel	6 semanas	Cada seis semanas se regenera totalmente la piel.
hígado	8 semanas	Cada ocho semanas se regenera y se reconstruye el hígado.
sistema nervioso	8 meses	Cada ocho meses las células del sistema nervioso y del cerebro son reemplazadas por células nuevas.
huesos	15 meses	Cada quince meses los huesos se renuevan y son totalmente reemplazados por células nuevas de huesos.

Fuente: Libro Healing is Voltage del Dr. Jerry Tennat

En conclusión, si uno logra sostenerse suficiente tiempo en el camino a la recuperación, llevando un buen estilo de vida, la alimentación correcta para su tipo de sistema nervioso, los nutrientes necesarios (vitaminas y minerales) y buena hidratación acompañada de un régimen de ejercicio y mientras se evitan a esas "personalidades tóxicas" que a veces crean estrés innecesario. es SEGURO que usted logrará recuperar el máximo posible de su nivel de energía y salud.

En realidad, el camino a la recuperación es más un maratón de larga distancia que una carrera de corta duración. Siguiendo este patrón he visto que TODA PERSONA puede mejorar si se mantiene en el camino y no se deja caer en las tentaciones de la adicción al dulce o a los carbohidratos refinados. Con la información de este libro, **Metabolismo Ultra Poderoso**, y los videos que he creado para usted en mi canal de MetabolismoTV en YouTube, le espera un camino de mejoría continua si realmente desea lograrla.

Ruta al Metabolismo Ultra Poderoso

ॐ**Las células ya afectadas de nuestro cuerpo no pueden repararse. La solución es hacer las cosas de la manera correcta para que las nuevas células del cuerpo nazcan saludables.**

- Cada tipo de célula del cuerpo tiene una duración de vida específica.
- Debemos mantenernos persistentes en nuestro nuevo estilo de vida para proveer el tiempo suficiente al cuerpo para que cree nuevas células saludables.

ॐ**Responda la siguiente pregunta**

 1. Calcule cuánto tiempo le tomará la creación de nuevas células saludables en todo su cuerpo. ¿Qué acciones llevará a cabo ahora que conoce la duración del camino a la recuperación?

PROGRAMA PERSONAL PARA UN METABOLISMO ULTRA PODEROSO

Mientras usted estuvo leyendo el libro, respondió ciertas preguntas en cada capítulo. Algunas de estas preguntas estaban marcadas con el siguiente símbolo ⚡. Las respuestas a estas preguntas completarán su **Programa Personalizado**. Usted puede completar su programa aquí, reescribiendo las respuestas a las preguntas en la secuencia más adelante, o puede entrar a MetabolismoUltraPoderoso.com, desde su celular o computadora, crear su perfil y responder las preguntas. Al final se le enviará a través de correo electrónico su Programa Personalizado.

PASO #1: **Establezca su meta correcta.**
• Mi meta en talla de ropa o medida de cintura es:

• Mi meta de salud es:

PASO #2: **Hidrate su cuerpo** con la cantidad correcta de agua, de acuerdo con el peso de su cuerpo.
• Según el peso de mi cuerpo, debo consumir _ _ _ _ _ _ vasos de agua diariamente.

PASO #3: **Identifique cuál es su tipo de Sistema Nervioso.**
• Mi Tipo de Sistema Nervioso es

PASO #4: **Comience a alimentarse en la proporción de la Dieta 3x1 y de acuerdo con su tipo de Sistema Nervioso.**
• Describa cómo aplicará la Dieta 3x1 a su desayuno, comida y cena de acuerdo con su tipo de Sistema Nervioso.

PASO #5: **Tranquilice su Sistema Nervioso.**
• Describa las acciones que llevará a cabo para ayudar a su Sistema Nervioso y tranquilizarlo.

PASO #6: **Haga la desintoxicación de carbohidratos refinados** para que pueda romper la adicción y garantizar su éxito.
• Prepárese para su Détox. Describa qué alimentos confeccionará para su desayuno, comida y cena, que apliquen a su Tipo de Sistema Nervioso, durante su desintoxicación de carbohidratos refinados.

PASO #7: **Asegúrese de mejorar su calidad de sueño.**
• Describa qué acciones llevará a cabo para asegurar que realmente tenga un sueño reparador y duerma al menos siete horas diarias.

PASO #8: **Haga la limpieza del hongo candida albicans.**
• Describa qué decisiones tomó respecto a la proliferación del hongo candida en su cuerpo y qué acciones tomará al respecto.

PASO #9: **Identifique si su glándula tiroides está funcionando bien o si está padeciendo de hipotiroidismo subclínico.**
• Describa las acciones que llevará a cabo para mejorar el funcionamiento de su glándula tiroides.

Paso #10: **Identifique qué alimentos pueden estar agrediendo su cuerpo.**

• Describa las acciones que llevará a cabo para manejar el tema de los Alimentos Agresores.

Paso #11: **Identifique si está padeciendo de algún desbalance hormonal.**

• Describa qué acciones llevará a cabo para manejar el desbalance hormonal en su cuerpo.

Paso #12: **Comience a hacer ejercicios.**

• ¿Qué ejercicio o ejercicios comenzará a hacer y con cuánta frecuencia?

PASO #13: **Comience a hacer Ayuno Intermitente.** *Este es un paso opcional, si entiende que está padeciendo de Resistencia a la Insulina.

• Describa cómo llevará a cabo el Ayuno Intermitente si padece de resistencia a la insulina.

PASO #14: **Determine cuánto tiempo le tomará renovar todas las células de su cuerpo.**

• Describa cuánto tiempo le tomará a todo su cuerpo recuperarse y qué acciones llevará al respecto.

Si entiende que necesita ayuda adicional, por favor, comuníquese con uno de nuestros Consultores Certificados en Metabolismo en su NaturalSlim más cercano. Puede ver una lista completa de los lugares en los que ofrecemos servicio hacia el final de este libro.

REFERENCIAS Y AYUDAS ADICIONALES

SUPLEMENTOS NATURALES DE AYUDA PARA EL METABOLISMO

LIMPIEZA DE HONGO CANDIDA, CANDISEPTIC KIT

El hongo candida albicans empezó a tomar prominencia como un factor causante de metabolismo lento, desde que el doctor C. Orian Truss publicó sus primeros artículos al respecto de este hongo. De hecho, gran parte del éxito que ha tenido el sistema NaturalSlim para ayudar a miles de personas a adelgazar, aun cuando ya muchas de ellas habían fracasado en sus dietas anteriores, se debió al programa de limpieza del hongo candida. La restauración del metabolismo depende de que se logre limpiar del cuerpo a este hongo. Tal como lo describían el doctor Truss y luego el doctor alergista, William Crook, en su libro "The Yeast Connection", el hongo candida crea un ambiente tóxico dentro del cuerpo que reduce el metabolismo y es causa de obesidad, además de una gama impresionante de otros síntomas.

Luego de su limpieza de hongo inicial, siempre recomendamos que todos nuestros miembros hagan, a modo de mantenimiento, una limpieza de hongos, por lo menos cada seis meses, porque hemos visto que esto les ayuda a mantener el metabolismo y el peso de sus cuerpos. Además, a los pacientes diabéticos, la limpieza periódica de hongos los mantiene con menos necesidad de medicamentos.

La limpieza del hongo candida puede producir unas manifestaciones no muy agradables, lo que se conoce como el "síndrome Herxheimer", en honor al médico que describió el estado tóxico que ocurre cuando mueren los organismos parasíticos dentro de un cuerpo. Esto hay que saberlo para estar preparados.

Cuando los hongos mueren, debido a la acción funguicida (mata hongos) del programa anti-candida, en efecto, se pudren dentro del cuerpo, y esto genera tóxicos que pueden causar algunas manifestaciones desagradables temporeras, tales como dolor de cabeza, picores en la piel y otros (vea el capítulo EL HONGO CANDIDA ALBICANS).

La limpieza trae muchos beneficios, mejora grandemente la eficiencia del metabolismo y ayuda a adelgazar, además de que se desaparecen una cantidad enorme de síntomas extraños. Sin embargo, hay que saber que no vale la pena tratar de limpiar al hongo candida si primero no hidrata su cuerpo y empieza a alimentarse con la Dieta 3x1. Tratar de matar al hongo candida, mientras se mantienen niveles altos de glucosa, es una pérdida de tiempo, esfuerzo y dinero.

La estrategia básica para reducir los hongos del cuerpo es primero debilitarlos, reduciéndoles su abasto de glucosa (su alimento favorito) para entonces matarlos. Ya se descubrió que el hongo candida depende de tener un abasto abundante de glucosa para su reproducción e invasión de los tejidos.

Descubrimos que, cuando una persona logra reducir la cantidad de hongo candida en su cuerpo, su metabolismo se acelera y puede entonces adelgazar mucho más rápido y con resultados más permanentes; o sea, no tiende a quedar con una tendencia a "rebotar" (bajar de peso para luego subir de peso nuevamente). Es por esto por lo que una pieza integral del programa NaturalSlim, para ayudar a las personas a adelgazar, es la limpieza del hongo candida.

No existe una forma de eliminar el 100% del hongo candida, porque este hongo es un habitante normal de la flora intestinal y también de la flora vaginal. La meta del programa de limpieza de hongos es REDUCIR LA COLONIA DE HONGOS, para así reducir los tóxicos que produce, y restaurar el metabolismo.

Como hay personas que no son miembros del sistema NaturalSlim y otros que no necesitan nuestra ayuda porque no padecen de obesidad, pero que desean combatir la infección de este hongo en sus cuerpos, creamos el CANDISEPTIC KIT, que es un programa que contiene tres suplementos naturales para reducir la infección del hongo candida.

Este programa de limpieza de hongos CANDISEPTIC KIT, trae instrucciones de cómo utilizarse y tarda veintiocho días en hacerse, debido a que hay que ir subiendo las dosis diarias de los suplementos naturales funguicidas que matan el hongo, gradualmente, según se explica en las instrucciones. La idea de ir subiendo las dosis de forma gradual es aminorar las manifestaciones desagradables que se pueden producir según se van muriendo los hongos dentro del cuerpo.

El programa regular anti-candida que utilizamos para las personas que son miembros del sistema NaturalSlim, utiliza suplementos naturales más potentes (distintos al CANDISEPTIC), por lo cual, aunque logra una limpieza más completa, tiene el potencial de producir reacciones desagradables que pueden ser más graves y requiere de asistencia. Por esta razón, sólo lo entregamos bajo supervisión de uno de nuestros Consultores en Metabolismo, en los centros NaturalSlim, y sólo a los miembros a quienes monitoreamos en las consultas semanales. No obstante, el CANDISEPTIC KIT, aunque es de una potencia más limitada puede ser de gran ayuda, por los beneficios que trae limpiar el cuerpo de hongos, para restaurar el metabolismo. Para reducir efectivamente al hongo candida, no basta con matarlo, también hay que reemplazar la flora intestinal que de forma natural lo combate y evita que el hongo regrese a invadir al cuerpo.

Los síntomas de diarrea que muchas veces ocurren después de un tratamiento con antibióticos son causados por la muerte de las bacterias buenas que forman la flora intestinal natural del cuerpo. Es por esta razón que el programa anti-candida CANDISEPTIC KIT, contiene un suplemento de bacterias naturales llamadas probióticos que ayudan a reemplazarle al cuerpo las bacterias buenas naturales que forman la flora intestinal y vaginal.

El hongo candida albicans es un parásito que infecta gravemente a las personas que han abusado del consumo de carbohidratos refinados, a las personas que padecen de obesidad y a los pacientes diabéticos. Reducir la colonia de hongos con la ayuda de una dieta que reduce los carbohidratos refinados, como la Dieta 3x1, más reducir la colonia de hongos que infectan al cuerpo con la ayuda de suplementos naturales como el programa CANDISEPTIC KIT, es una ayuda maravillosa a la hora de recuperar el metabolismo.

El Coco-10 Plus

Desde hace más de veinte años, los centros NaturalSlim ayudan a miles de personas a adelgazar, educándoles sobre cómo mejorar el metabolismo de sus cuerpos. La gran mayoría de quienes nos visitan padece de obesidad. Un gran número de ellos reclama que ya han tratado de todo en los temas de dietas y ejercicios. Muchos nos cuentan que ya habían logrado bajar de peso y que al poco tiempo volvieron nuevamente a engordar. Todos padecen de un metabolismo lento que no les permite adelgazar, y si adelgazan haciendo dietas, al poco tiempo vuelven a engordar.

Uno de los suplementos que más ayuda nos brinda para restaurar el metabolismo a miles de personas, es el aceite de coco orgánico, en nuestra formulación llamada Coco-10 Plus. Esta fórmula, en la que se combinan las propiedades del aceite de coco orgánico con los beneficios al metabolismo de la coenzima CoQ10, es un poderoso aceite que acelera el proceso de reducir la grasa del cuerpo.

Aún después de más de veinte años de estar utilizando el aceite de coco en NaturalSlim, una gran mayoría de los médicos y de los nutricionistas desconocen los beneficios de esta maravillosa sustancia. Esto sucede mientras la propaganda masiva oficial por reducir las calorías y reducir la grasa, solamente resultó en lograr que la población aumentara su consumo de carbohidratos refinados y almidones, los Alimentos Tipo E, que son los mismos alimentos que crean las epidemias de obesidad y de diabetes. Definitivamente, en el tema de tratar de reducir la obesidad o de intentar controlar la diabetes contando calorías, pudiera decirse que "el tiro salió por la culata".

Los llamados triglicéridos de cadena media del aceite de coco son grasas saturadas que aceleran el metabolismo, ayudan a adelgazar, le quitan el hambre a una persona y estabiliza los niveles de glucosa en la sangre. Una cantidad impresionante de estudios clínicos ofrecen evidencia de que las grasas saturadas, en especial los triglicéridos de cadena media del aceite de coco no presentan ningún peligro para la salud, sólo beneficios.

Es interesante observar que el consumo de aceite de coco reduce sus niveles de triglicéridos (grasas en la sangre). Tener un nivel de triglicéridos altos en la sangre es mucho más peligroso que tener el colesterol alto. Curiosamente, aunque el aceite de coco es un triglicérido, tiene la propiedad de que, al ser un aceite de cadena media, se utiliza sin la ayuda del sistema digestivo. Ya se sabe que el aceite de coco tiene la propiedad de reducir los triglicéridos de la sangre. El uso regular del aceite de coco reduce la obesidad abdominal y la resistencia a la insulina, que se caracteriza por una barriga protuberante.

El aceite de coco tiene también una acción antibacterial comprobada. En efecto, el ácido láurico que compone casi el 50% del aceite de coco funciona como antibiótico natural. Como puede ver, el aceite de coco sólo tiene buenos beneficios. Lo que sea que haya oído en contra del aceite de coco, ha sido alguna propaganda generada por algún interés creado, a quien no le conviene que la gente sepa que el aceite de coco puede ser una solución más que eficiente para mejorar el metabolismo y la salud.

Las personas que padecen de obesidad o diabetes, por su condición, tienen infecciones graves en el cuerpo del hongo candida albicans. Debido a que están tan infectados del hongo candida, es IMPORTANTÍSIMO que la dosis del COCO-10 PLUS se suba muy, muy, gradualmente. El aceite de coco orgánico tiene una función funguicida (mata hongos) muy poderosa. Hay que aumentar las dosis diarias de aceite de coco poco a poco, para darle una oportunidad al cuerpo de eliminar los tóxicos que se forman al morir los hongos dentro de su cuerpo. Al morir los hongos, se forman tóxicos dentro del cuerpo (hongos pudriéndose) y generalmente causan síntomas que pueden ser muy desagradables. Son síntomas de desintoxicación tales como dolor de cabeza, picores en la piel, dolor muscular, diarrea, debilidad por exceso de tóxicos y otros que pueden ocasionarse.

El abuso por años del consumo de carbohidratos refinados, de los almidones, del azúcar o del alcohol, contribuyen a crear infecciones sistémicas (que ocupan todas las partes del cuerpo) del hongo candida. Usted debe tratar de proteger su cuerpo de los tóxicos que se forman cuando tratamos de hacer un trabajo de limpieza y desintoxicación para reducir la colonia invasora del hongo candida albicans del cuerpo. El aceite de coco mata al hongo candida, por lo cual se debe subir la dosis diaria gradualmente, para evitarle problemas de síntomas graves de desintoxicación. Si la subida de dosis de cucharadas de aceite se hace demasiado rápido, los síntomas pueden ser tan desagradables que le obliguen a abandonar la idea de tratar de reducir la infección del hongo candida. A continuación, un ejemplo de cómo subir las dosis de COCO-10 PLUS de forma gradual.

Primera semana:
    domingo - ½ cucharada al día
    lunes - ½ cucharada al día
    martes - ½ cucharada al día

miércoles - ½ cucharada al día
jueves - ½ cucharada al día
viernes - ½ cucharada al día
sábado - ½ cucharada al día

Segunda semana:
domingo - 1 cucharada al día
lunes - 1 cucharada al día
martes - 1 cucharada al día
miércoles - 1 cucharada al día
jueves - 1 cucharada al día
viernes – 1 cucharada al día
sábado - 1 cucharada al día

Tercera semana:
domingo - 1 ½ cucharada al día
lunes - 1 ½ cucharada al día
martes - 1 ½ cucharada al día
miércoles - 1 ½ cucharada al día
jueves - 1 ½ cucharada al día
viernes - 1 ½ cucharada al día
sábado - 1 ½ cucharada al día

De 1½ cucharada al día, se subiría la dosis a 2 cucharadas diarias, y así sucesivamente, a base de ½ cucharada de aumento, por cada semana. Se puede seguir subiendo la dosis hasta un máximo de cuatro cucharadas diarias, siempre y cuando el cuerpo lo permita. Si el cuerpo empieza a tener unas diarreas más o menos constantes (pasa cuando mueren demasiados hongos a la vez), es que usted se pasó de la dosis correcta para su cuerpo y debe reducirla. A la mayoría de las personas les va muy bien con dos cucharadas al día. Fíjese que estamos hablando de cucharadas, no cucharaditas.

El Coco-10 Plus ayuda a reducir el hongo candida albicans en el cuerpo, y eso logra que el metabolismo suba, lo cual le ayudará a adelgazar. No obstante, es importante que usted suba la dosis del Coco-10 Plus de forma gradual, para que le dé oportunidad al cuerpo de eliminar las toxinas que se producen al matar el hongo en su cuerpo. El Coco-10 Plus se puede tomar directo por la boca en cucharadas, porque en realidad no tiene sabor alguno. Pero, lo más común es que usted va subiendo la dosis cada semana por una ½ cucharada, que le va añadiendo a una batida de proteínas que se prepara en la mañana.

CONSTIPEND PARA EL ESTREÑIMIENTO

Para cualquier persona, que interese mejorar su metabolismo para adelgazar, es importantísimo que su cuerpo pueda tener un tiempo de tránsito normal, entre el momento en que ingiere alimentos y el momento en que elimina los desechos. En NaturalSlim comprobamos que cualquier persona que padezca de estreñimiento no podrá lograr su meta, hasta que se logre regular su movimiento intestinal. Esto hace mucha lógica cuando nos damos cuenta de que la palabra metabolismo se origina en la palabra *meta* del lenguaje griego que quiere decir MOVIMIENTO. El metabolismo tiene todo que ver con los movimientos del cuerpo. Un intestino congestionado, que no se mueve a la velocidad correcta, es un indicio claro de metabolismo lento.

Lo mínimo aceptable es ir al baño, aunque sea una vez al día y lo ideal sería tener una eliminación natural, dos a tres veces al día. Cuando esto no pasa, las paredes del intestino se van llenando de una capa pegajosa y resinosa que dificulta la absorción de los nutrientes. Especialmente si la persona no acostumbra a consumir suficiente agua a diario, las heces fecales se compactan contra las paredes del intestino y se produce una congestión que, no solamente dificulta la absorción, sino que crea un estado extremadamente tóxico en el cuerpo, que a su vez contribuye a un metabolismo lento.

Cuando el cuerpo está excesivamente tóxico por la acumulación de las heces fecales en las paredes del intestino, el metabolismo se reduce y la persona no logrará adelgazar. En estos casos, muchas veces empiezan a aflorar problemas con hemorroides, con alergias o con la piel, simplemente porque el cuerpo está excesivamente tóxico, debido a la congestión intestinal.

La causa principal de la celulitis o piel naranja en los glúteos (nalgas) o caderas, que angustia tanto a las mujeres, y que crea un mercado millonario para cremas, liposucciones y otra multitud de remedios, lo es el estreñimiento y la acumulación de residuos y heces fecales que impactan las paredes del intestino. En fin, el intestino se convierte en una tubería tapada que acumula tóxicos y además crea un ambiente propicio para bacterias, hongos y parásitos.

No recomiendo el uso repetido y habitual de los laxantes debido a que trabajan a base de irritar al delicado tejido del intestino, como pasa con los suplementos a base de cáscara sagrada. El CONSTIPEND descongestiona, limpia y ayuda a regenerar los tejidos del intestino, sin causar irritación. Si se acompaña con el uso del magnesio en polvo MAGICMAG, se resuelven hasta los casos más difíciles de estreñimiento, dado que la gran mayoría de la población está deficiente de magnesio, lo cual es una de las causas principales del estreñimiento.

Para tener un buen metabolismo, hace falta evitar la acumulación de tóxicos en el intestino, logrando un movimiento intestinal adecuado, y para ese propósito CONSTIPEND puede ser de gran ayuda.

LA PROGESTERONA NATURAL FEMME BALANCE

Para ofrecerles ayuda en el tema de balance hormonal a las mujeres utilizamos la crema de progesterona natural FEMME BALANCE. El metabolismo humano para poder funcionar adecuadamente necesita poder mantener un balance tanto en el sistema hormonal como en el sistema nervioso del cuerpo.

El cuerpo de la mujer está diseñado para garantizar la reproducción de la raza, por lo cual el sistema hormonal de una mujer es mucho más complejo que el de un hombre. El contenido de grasa del cuerpo de la mujer siempre tiene que ser mayor al del hombre, simplemente porque la grasa es la forma más eficiente que existe de almacenar energía que luego pueda ser utilizada por el cuerpo para producir la leche materna. La leche materna es alta en su contenido calórico de grasa por lo cual el cuerpo de la mujer está diseñado para siempre tener más grasa disponible que el de un hombre. Es completamente normal para una mujer que el peso de su cuerpo esté compuesto de un 30% de grasa mientras que el de los hombres ronda el 20%. Así que la mayor proporción de grasa que existe en el cuerpo de una mujer es un asunto de diseño divino. Para colmo se calcula que los cuerpos de los hombres contienen un 25% más músculos (lo que quema la grasa) que el de las mujeres. La tabla de composición, que compara el cuerpo de un hombre con el de una mujer también, refleja que los cuerpos de las mujeres, de forma natural, contienen hasta un 80% más grasa que el de los hombres.

Por estas razones anteriores, la mujer siempre necesita más ayuda para adelgazar que los hombres ya que sus cuerpos están, de forma natural, diseñados para almacenar grasa. Por ejemplo, entre los miembros del sistema NaturalSlim, que reciben nuestras consultas semanales para adelgazar, en promedio 85% son mujeres y sólo 15% son hombres. Las mujeres necesitan mucha más asistencia a la hora de restaurar el metabolismo que los hombres en gran parte por la diferencia hormonal que hace que sus cuerpos produzcan mucha más de la hormona femenina estrógeno (hormona que engorda) que de la hormona testosterona (hormona masculina que adelgaza y construye músculos).

Es fácil observar que la hormona estrógeno engorda. Las mujeres que en algún momento utilizaron pastillas anticonceptivas o medicamentos de reemplazo de hormonas como Premarin y Prempro, entre otros no pudieron evitar engordar. Tanto las pastillas anticonceptivas como las hormonas de reemplazo que se han usado para las mujeres en menopausia están fabricadas a base de la hormona estrógeno. El estrógeno acumula grasa. Además de su efecto acumulador de grasa, ya se sabe que el estrógeno puede ser un causante y agente propulsor (que acelera el crecimiento) del cáncer en los senos. Por esa razón, cuando a una mujer le descubren un cáncer en el seno los médicos siempre recomiendan que se eliminen todas las fuentes de estrógeno.

Para lograr restaurar el metabolismo se hace necesario reducir la obesidad, pero para reducir la obesidad hay que también poder reducir o contrarrestar la predominación de estrógeno. La hormona estrógeno está íntimamente ligada a la obesidad en la mujer. La progesterona natural tiene el efecto de contrarrestar el exceso de estrógeno por lo cual ayuda a las mujeres a adelgazar. Esa ha sido nuestra experiencia en más de veinte años de utilizar el suplemento de progesterona natural FEMME BALANCE en los centros NaturalSlim.

La progesterona natural tiene otros beneficios para la mujer. Por ejemplo, la progesterona natural tiene el efecto de mantener la humedad natural de la piel y logra que la piel de una mujer adquiera un lustre juvenil. En el campo de la estética, donde se hacen tratamientos faciales o corporales, a la progesterona se le considera una hormona anti-vejez.

Un efecto adicional de la progesterona es que levanta la libido (deseo por la actividad sexual) en la mujer. Los maridos de muchas de las mujeres que participan del sistema NaturalSlim para adelgazar que ya suplementan con la crema de progesterona natural FEMME BALANCE comentan que han notado la diferencia.

Un tema para aclarar, en honor a la verdad, es la confusión que existe en el campo médico entre la PROGESTERONA y las PROGESTINAS. La progesterona natural sólo tiene efectos positivos; incluso ayuda a evitar el cáncer de los senos al contrarrestar los excesos de estrógeno. **Las progestinas que fabrica la industria farmacéutica no son iguales a la progesterona natural.** Las progestinas son una forma de PROGESTERONA SINTÉTICA [92] que simplemente no puede ser igual a la progesterona natural porque no podría patentarse.

Las compañías farmacéuticas se sienten obligadas a proteger sus grandes inversiones económicas en el desarrollo

---

[92] sintético(a): un medicamento sintético es uno compuesto de sustancias fabricadas por la industria farmacéutica que no son naturales al cuerpo.

de los medicamentos, por lo cual no pueden utilizar ningún producto natural como parte de sus formulaciones. Un producto natural NO SE PUEDE PATENTAR. Si no se puede patentar no se puede proteger comercialmente de las posibles copias de sus competidores. Por lo tanto, la solución de las farmacéuticas ha sido crear las PROGESTINAS que son unas malas copias sintéticas de la progesterona natural.

Ninguna farmacéutica utiliza PROGESTERONA NATURAL, ellos solamente utilizan PROGESTINAS que son imitaciones químicas y sintéticas de la progesterona natural. Al ser productos químicos que no son naturales al cuerpo, las progestinas causan efectos secundarios y no tienen el efecto protector del cáncer ni ninguno de los otros beneficios que tiene la progesterona natural. Algunos médicos, que no han explorado el tema, comúnmente y por equivocación, llaman progesterona a los medicamentos que fabrican las farmacéuticas hechos con PROGESTINAS. Los medicamentos con PROGESTINAS tienen un malísimo historial porque han sido causantes de cáncer en los senos, por lo cual hubo varios estudios clínicos que tuvieron que ser cancelados al descubrir que las mujeres estaban teniendo demasiados casos de cáncer en los senos al usar las PROGESTINAS. La progesterona natural no tiene nada que ver con las progestinas que resultaron ser causantes de cáncer en los estudios que hubo que cancelar.

Así que utilice la progesterona natural FEMME BALANCE porque funciona. No me agrada la teoría, me gustan los RESULTADOS POSITIVOS. Comparto con usted lo que he aprendido al respecto de estos temas y le invito a explorar por usted mismo o misma sobre la validez de lo que aquí le explico. Se puede restaurar el metabolismo; para lograrlo se necesitan

CONOCIMIENTOS que no necesariamente han estado disponibles anteriormente.

LAS ENZIMAS DIGESTIVAS HELPZYMES

El sistema digestivo del cuerpo transforma los alimentos que ingerimos (proteínas, carbohidratos, grasas, vitaminas, minerales), en nutrientes de formas más simples, que nuestro metabolismo puede convertir en energía. Sin esa transformación que efectúa la digestión, no sería posible la asimilación ni la utilización de los alimentos para permitir la continua creación de energía que mantiene la salud.

El metabolismo de su cuerpo creará la energía del cuerpo de forma eficiente, solamente si la digestión no falla en transformar los alimentos que usted ingirió. Por ejemplo, un pedazo de pechuga de pollo puede ser una buena fuente de proteína. Sin embargo, esa proteína llamada "pechuga de pollo" tiene que primero ser digerida y luego ser transformada de proteína a aminoácido, antes de ser asimilada por las células, para que entonces el cuerpo la pueda utilizar para crear energía. Si falla la digestión, fallará el metabolismo.

Los alimentos que usted escoge y luego consume en su dieta son el combustible de su cuerpo, de la misma forma que la gasolina es el combustible del motor de su carro. Si la gasolina no llegara de forma eficiente hasta el motor su carro, que es el sitio donde ocurrirá la combustión con la ayuda del oxígeno, su carro se quedaría sin energía para mover las ruedas. Igualmente, si los alimentos que usted consume no se digieren y absorben bien, se reducirá la energía que produce su metabolismo y también su salud en general. Hemos comprobado que entre las personas obesas y diabéticas los problemas digestivos (acidez estomacal, reflujo, gases, cansancio o sueño después de haber comido, indigestión, etc.) son muy comunes.

Para restaurar el metabolismo hace falta asegurarse de que los alimentos se digieren y se asimilan correctamente, porque de otra manera, sería como tener problemas con el motor del carro, debido a que hay defectos en el carburador del motor que es el equipo que hace el trabajo vital de distribuirle la gasolina al motor.

Puede ser un desperdicio de tiempo y dinero el tratar de escoger alimentos de buena calidad (orgánicos, integrales, alimentos frescos, etc.) si su cuerpo tiene problemas digestivos, que hacen que no se aprovechen. ¡Para tener un buen metabolismo se necesita también tener una buena digestión!

Hay un dicho común que dice "eres lo que comes" pero, aunque esto suena lógico, en realidad no es una verdad. Más que "eres lo que comes" la realidad es que "eres lo que digieres". Si usted no digiere bien un alimento, el cuerpo no lo podrá utilizar. Pudiera escoger muy bien los alimentos de su dieta, sin embargo, los nutrientes no llegarían a ser asimilados por las células de su cuerpo, si la digestión estuviera afectada.

Cada vez que usted se come algo, y de su cuerpo le avisa que hay problemas digestivos con gases, eructos, flatulencia, acidez estomacal, su cuerpo lo que le está diciendo es: ¡no lo pude digerir! Siento decirle esto, pero todo lo que no se digiere, se pudre dentro del cuerpo.

Muchas de las personas que buscan nuestra ayuda para restaurar su metabolismo, padecen de estos problemas digestivos, por lo cual tuvimos que desarrollar un suplemento especializado de enzimas digestivas, llamado HELPZYMES; para ayudarles con su digestión y así mejorar la eficiencia del metabolismo de sus cuerpos.

El problema de la digestión se agrava cuando la persona padece de hipotiroidismo (tiroides vaga), ya que esta condición de la tiroides, además de un metabolismo lento y obesidad, puede causar que muchas personas no puedan digerir bien sus alimentos, por falta de una buena producción del ácido clorhídrico (HCL[93]) que se produce en el estómago. Se sabe que existe una relación estrecha entre el hipotiroidismo y la producción deficiente del ácido clorhídrico del estómago. El ácido clorhídrico es un ácido fuertísimo que el estómago produce para que usted pueda digerir hasta las proteínas de más difícil digestión.

Muchas de las personas que consumen medicamentos antiácidos, padecen de acidez debido a que su cuerpo no produce suficiente ácido clorhídrico, por lo cual, lo que comen se les descompone dentro del estómago o intestino. Todo lo que se descompone, se pudre y al pudrirse se vuelve ácido. Cuando un alimento se descompone, al no poderse digerir por falta de ácido clorhídrico, produce acidez estomacal, lo que en ocasiones puede confundirse con un "exceso de ácido", cuando en realidad es exactamente lo contrario: falta de ácido clorhídrico suficiente como para poder digerir las proteínas.

La hipoclorhidria[94] es una condición que algunos estiman que afecta a más del cincuenta por ciento de las personas

---

[93] HCL (ácido clorhídrico): ácido que produce el estómago como parte de sus jugos gástricos para poder digerir los alimentos

[94] hipoclorhidria: una condición en la cual el estómago tiene una producción deficiente del ácido clorhídrico (HCL), lo cual causa una indigestión que se convierte en acidez estomacal.

mayores de sesenta años, en la cual la producción del ácido gástrico del estómago es deficiente o bajo.

Es interesante que muchas de las personas que llegan a NaturalSlim con problemas de obesidad y de acidez estomacal, llegan tomando medicamentos antiácidos como Prevacid, Zegerid, Prilosec, Zantac, Protonix y muchos otros. Sin embargo, al pasar sólo un par de semanas, acompañando sus comidas con las enzimas digestivas HELPZYMES, y mientras hidratan su cuerpo a diario con suficiente agua, casi el 100% de ellas ya no necesita seguir usando su medicamento antiácido.

La hipoclorhidria (deficiencia de ácido en los jugos gástricos) ha sido ignorada, principalmente porque es muy difícil de diagnosticar. Convenientemente, al ignorar este problema digestivo, se ha creado para las farmacéuticas un mercado gigante para la venta de medicamentos antiácidos, sin receta y recetados. El público simplemente no conoce este tema, por lo cual viven dependiendo de los antiácidos, mientras sufren de una malísima digestión.

La solución al problema de la acidez estomacal es económica y también permanente, porque incluso las enzimas HELPZYMES, en muchos casos no hay que seguirlas usando permanentemente, una vez se recupera la función normal de la digestión, con la ayuda de la Dieta 3x1, más una buena hidratación. El cuerpo tiene una gran capacidad de recuperación cuando se le trata bien.

Los jugos gástricos del estómago tienen muchas otras funciones, además de las de la digestión. Una de ellas es la de

---

Las manifestaciones son casi idénticas a las del reflujo gastroesofágico para el cual también se promueven otra cantidad de medicamentos.

servir de barrera a los organismos infecciosos o parasíticos que puedan venir escondidos en los alimentos. Tener una buena producción de jugos gástricos, previene las enfermedades infecciosas. Hasta las infecciones con la famosa bacteria "helicobacter pylori[95]", a la cual se le achacan las úlceras estomacales de millones de personas, tiene que ver con la producción deficiente del ácido clorhídrico que compone una parte importante de los jugos gástricos.

Las enzimas digestivas HELPZYMES incluyen una dosis moderada de ácido clorhídrico para ayudar a que la persona pueda digerir sus alimentos. No obstante, los componentes más importantes del suplemento HELPZYMES, son las enzimas que digieren las proteínas, las grasas y los carbohidratos. Una de las enzimas digestivas más importantes es la llamada pancrelipasa, que es una enzima producida por el páncreas (donde mismo se fabrica la insulina). La pancrelipasa, que contiene una combinación de tres enzimas: amilasa para digerir los carbohidratos, tripsina para digerir las proteínas y lipasa para digerir las grasas. Las enzimas digestivas HELPZYMES, están reforzadas con pancrelipasa, porque hemos visto que les mejora la digestión dramáticamente a los que padecen de obesidad o diabetes.

A la hora de formular las enzimas HELPZYMES, me di cuenta de que la industria de suplementos de enzimas digestivas estaba llena de ofrecimientos poco éticos, en el sentido de que algunos fabricantes pretendían ofrecer enzimas digestivas sin que pudieran comprobarse la ACTIVIDAD de dichas enzimas. Pretendían vender enzimas digestivas "por

---

[95] bacteria helicobacter pylori: bacteria que vive exclusivamente en el estómago humano. Es una bacteria espiral (su forma asemeja las aspas de un helicóptero) por lo cual adquirió su nombre "helicobacter". En efecto, su forma espiral le permite penetrar y atornillarse en la pared del estómago, por lo cual se le acusa de ser la causa de las úlceras estomacales.

peso", lo cual, es completamente ilógico, dado que no es el peso ni la cantidad de una enzima lo que logra una buena digestión, sino su actividad comprobada para digerir las proteínas, los carbohidratos o las grasas.

Después de una búsqueda intensa, encontré fabricantes más confiables que podían proveernos con los análisis de laboratorios que certificaban el nivel de actividad digestiva que tenían sus enzimas. Aun en el campo de los productos naturales existe la motivación por el dinero, que muchas veces causa ofrecimientos de productos que prometen una ayuda que no pueden cumplir.

Las personas que no digieren bien sus alimentos llegan a desarrollar un mal olor en el sudor de sus cuerpos, que es causado por las proteínas y otros alimentos indigestos, que hay dentro de su cuerpo. Una vez se arregla la digestión, se desaparece la acidez estomacal, junto con las otras manifestaciones de problemas digestivos, tales como los gases, los eructos, la flatulencia, el sueño excesivo después de comer y el mal olor en el cuerpo. Además, el metabolismo se mejora grandemente, lo cual se nota en una reducción de la grasa corporal, en un mejor nivel de energía y en un mejorado control de la diabetes.

La digestión es un proceso VITAL que determina la diferencia entre una buena o mala salud. Para restaurar el metabolismo y lograr adelgazar, hay que tener una buena digestión.

SUPLEMENTOS NATURALES DE AYUDA PARA EL METABOLISMO

EL POTASIO KADSORB

La mejor forma de suplementar con potasio es tomar jugos frescos de vegetales y de hojas verdes (espinaca, lechuga, etc.), de los que se preparan con un extractor de jugos porque de esa forma el contenido natural de potasio de los vegetales se hace disponible al cuerpo, junto al resto de los nutrientes. Nada funciona mejor que la suplementación con jugos frescos de vegetales.

Si no existe una condición en los riñones (renal), generalmente no habrá una objeción razonable médica que prohíba suplementar la dieta con una dosis pequeña o moderada de cápsulas de potasio. Las cápsulas o tabletas de potasio se fabrican en dosis de 99 miligramos cada una, en la gran mayoría de los países. Un jugo de 8 onzas (237 mililitros) de zanahoria contiene aproximadamente 600 miligramos de potasio (equivalente a seis cápsulas) y un plátano (guineo) de tamaño medio contiene cerca de 400 miligramos de potasio (igual a cuatro cápsulas). Pensar que consumir cuatro o seis cápsulas de potasio al día puede hacerle daño a alguien cuya función renal no tiene problemas, es equivalente a pensar que consumir un jugo de zanahoria o un guineo nos podría hacer daño. No existe ningún peligro en la suplementación con cápsulas o tabletas de potasio mientras la función renal (de los riñones) esté en buen estado.

El consumo total diario recomendado de potasio por persona es de 4,700 miligramos por día, según el Instituto de Medicina Nacional. No obstante, el problema es que la población en general consume demasiado sodio (se estima que sobre 4000 mg diarios) y muy poco potasio (se estima que unos 2300 mg), en vez de los 4700 miligramos recomendados. La gente simplemente no consume suficientes VEGETALES ni ENSALADA VERDE como para cubrir las necesidades de potasio de sus cuerpos. ¡Ese es el problema real!

El potasio es un mineral esencial que mantiene el balance del agua del cuerpo, además de que el cuerpo lo utiliza para neutralizar los ácidos, tanto en la sangre como en el interior de las células. Es también esencial para la construcción de músculos y para la transmisión de las señales eléctricas de nuestro sistema nervioso. Los síntomas de una deficiencia de potasio, llamada hipokalemia (potasio demasiado bajo), pueden ser estos:

☐ ansiedad, nerviosismo
☐ calambres en las piernas
☐ confusión mental
☐ debilidad muscular
☐ depresión
☐ deseo de azúcar o dulces
☐ deterioro en la memoria
☐ espasmos musculares

☐ fatiga
☐ intolerancia al sodio
☐ irritabilidad
☐ piel muy reseca
☐ reflejos lentos
☐ retención de líquidos
☐ síndrome de piernas
   inquietas

Uno de los síntomas que más fácil nos ayuda a detectar de una deficiencia de potasio son los calambres. Esos calambres en las piernas, que pueden llegar a ser tan dolorosos y que, generalmente, son más fuertes en las noches, se solucionan suplementando con cápsulas de potasio, como el KADSORB.

El cuerpo no puede utilizar la glucosa sin la ayuda del potasio. De hecho, cuando el potasio se ha reducido, uno de los efectos que se causa es una subida inusual en la glucosa de la sangre. Las deficiencias de potasio reducen la utilización de la glucosa, por lo cual aumentan los niveles de glucosa en sangre. Por esta razón es que los medicamentos diuréticos que se utilizan para bajar la hipertensión, que también tienen el efecto de reducir el potasio del cuerpo, aumentan la glucosa en los diabéticos y en los no diabéticos. Mientras exista una deficiencia de potasio o del magnesio, que permite que las células utilicen el potasio, no será realmente posible restaurar el metabolismo.

El consumo de potasio en la dieta debería ser mucho mayor que el de sodio, según recomienda el mismo Instituto de Medicina Nacional. No obstante, la proporción de consumo actual entre el potasio y el sodio está al revés de lo que debería ser, por lo cual se puede entender que exista una epidemia de personas que padecen de presión alta. Las referencias sobre la relación entre el consumo excesivo de sodio y la hipertensión son más que claras. Por otro lado, las referencias científicas sobre la habilidad de la suplementación con potasio de reducir la presión (tensión), en pacientes que no tienen problemas renales, tampoco dejan dudas.

Lo correcto, además de pedirles a los pacientes con hipertensión que reduzcan su consumo de sodio, sería ayudar a los pacientes a reducir la presión, suplementando su dieta con potasio para así contrarrestar el exceso de sodio de sus dietas. Ojalá y pudiéramos lograr que todas las personas con hipertensión consumieran mucha más cantidad de vegetales y ensalada verde en sus dietas. Las frutas tienen un buen contenido de potasio, pero en su gran mayoría, con excepción de las fresas y de las manzanas, son demasiado altas en su contenido de fructosa, y eso trae sus propios problemas.

Al igual que pasa con los distintos tipos de magnesio, el potasio también viene en distintas formas (citrato, gluconato, cloruro, etc.), y algunas de las formas de potasio son más absorbibles que las otras. En el caso de NaturalSlim, escogimos el citrato de potasio para nuestro suplemento KADSORB. Resultó que el citrato de potasio demostrado ser el tipo de potasio más absorbible para las células del cuerpo.

Al final del camino, lo que nos interesa es que el potasio, de la forma más eficiente posible, pueda hacer su trabajo regulador del sodio en las células del cuerpo, por lo cual el tema de cuán absorbible es una forma de potasio, en comparación a las otras es de gran importancia. Hay evidencia de que el citrato de potasio incluso puede ayudar a reducir la pérdida de hueso producida por la osteoporosis.

La dosis del suplemento de potasio que hemos recomendado por años para cada miembro del sistema NaturalSlim, está basada en el peso de su cuerpo y es la siguiente:

2 cápsulas de KADSORB por cada 25 libras (11 Kg aprox.) de peso del cuerpo, al día

Por ejemplo, una persona cuyo cuerpo pesa 150 libras (68 Kg) estaría usando unas 12 cápsulas de potasio KADSORB al día. Esa dosis es muy segura, si usted toma en consideración que un servicio de papas fritas, tamaño grande, de los que sirven los restaurantes de comida rápida (fast-food), contiene un total de 862 miligramos de potasio, lo cual sería equivalente a casi 9 cápsulas de potasio. Desgraciadamente, la persona que se come el servicio de papas fritas, además del potasio (que es beneficioso) recibe también un exceso de sodio, acompañado de una drástica subida en su glucosa producida por el almidón de las papas, más una sobredosis de grasa que no necesita.

Cuando tenemos casos de personas con obesidad que también padecen de una hipertensión grave, también les recomendamos que consuman dos vasos de jugos de 8 onzas (237 mililitros) de jugos frescos de vegetales y hojas verdes cada día. ¡Esa recomendación de los jugos de vegetales simplemente produce milagros!

EL MAGNESIO MAGICMAG

El buen funcionamiento del cuerpo humano depende totalmente del magnesio porque el magnesio es esencial para que puedan ocurrir más de trescientos procesos distintos del cuerpo. Por ejemplo, sin magnesio, se hace imposible activar la bomba de sodio/potasio, que es el mecanismo que permite que las células puedan extraer el sodio (sal) de su interior, a la vez que permite la entrada del potasio al interior de la célula, para así permitir que se reduzca la presión arterial. El sodio retiene agua, lo cual aumenta el volumen de líquidos del cuerpo y aumenta la presión arterial, mientras que el potasio hace lo contrario y reduce la presión. Es el magnesio el que permite que el potasio pueda entrar a las células para ahí hacer su trabajo esencial de mantener al sodio fuera del interior de estas.

Cuando un semáforo en una intersección de tráfico se daña, y todos los conductores tratan de pasar a la vez, se forma un desorden que siempre resulta en problemas. El sodio (sal) y el potasio son como conductores que van en distintas direcciones, que confligen. Podría decirse que el magnesio sería el equivalente de un buen policía de tráfico que le pone orden a la intersección, permitiendo que el potasio entre hacia el interior de la célula y que el sodio salga de ella. Sin magnesio no se puede controlar la tendencia del sodio de invadir el interior de las células y de inundarlas de agua.

Además, el páncreas no puede fabricar la insulina y sin magnesio, las células del cuerpo pierden la sensibilidad a la insulina, por lo cual se aumenta la resistencia a la insulina. Nuestra experiencia ha sido que sin magnesio no se puede controlar ni la diabetes ni la obesidad. La razón básica para esto es que, mientras las células del cuerpo estén insensibles a la insulina (resistencia a la insulina), no habrá forma de reducir la glucosa a los niveles normales.

El magnesio es mucho más necesario para los que tienen un sistema nervioso excitado, que para los que tienen un sistema nervioso pasivo. Pero si usted padece de diabetes y muy en especial si también padece de hipertensión, necesita magnesio, para poder controlarles. Todos necesitamos magnesio porque, sin el magnesio, la insulina no se puede fabricar eficientemente por el páncreas, ni tampoco pueden las células del cuerpo estar sensibles a la insulina que su páncreas produce. En otras palabras, para crear la insulina y para que la insulina funcione a nivel celular, se necesita tener suficiente magnesio disponible para las células.

Existen, por lo menos, ocho clases de magnesio distintos (óxido de magnesio, sulfato de magnesio, etc.), y cada uno tiene sus propias características. Pero encontramos que la forma más absorbible de magnesio es el citrato de magnesio, en forma de un polvo soluble en agua. Al ser un polvo soluble en agua, el citrato de magnesio se ingiere en su forma iónica (que quiere decir cargado eléctricamente), que es la forma más absorbible para las células del cuerpo.

Al mineral magnesio le llaman el mineral antiestrés porque es un mineral que relaja el sistema muscular y tranquiliza al sistema nervioso. Por eso, la suplementación con magnesio ayuda grandemente a las personas que tienen dificultad para lograr una buena calidad de sueño. La razón por la cual el magnesio es tan efectivo para combatir el estreñimiento es precisamente debido a que el intestino es un músculo que se relaja y deja salir las heces fecales una vez se suplementa con magnesio. Observe, también, que los medicamentos modernos más importantes que existen para tratar de controlar la presión alta son los llamados "bloqueadores de calcio". Al bloquear los excesos de calcio que se acumulan en las paredes del sistema cardiovascular estos medicamentos logran una relajación que se traduce a una presión arterial más baja y de esta forma controlan la presión alta. Bueno, el magnesio es, de forma natural, el bloqueador de calcio más eficiente que tiene el cuerpo humano. Por eso, en muchos casos se logra reducir la presión arterial cuando se suplementa la dieta con suficiente magnesio; sobre todo si se acompaña con un suplemento de potasio. Por favor, no se le ocurra tratar de controlar su presión arterial o reducir su medicamento para la presión alta sin la ayuda de su médico.

El punto importante aquí es que el magnesio puede ser de gran ayuda para su metabolismo y para su salud, especialmente cuando se acompaña con un estilo de vida saludable, como el que se recomienda en este libro. Las deficiencias de magnesio pueden producir las siguientes manifestaciones:

☐ agitación, nerviosismo
☐ alta presión arterial
☐ ansiedad o nerviosismo
☐ baja energía corporal

☐ baja tolerancia al estrés o irritabilidad
☐ dificultad para dormir, insomnio

- ☐ dolores de cabeza, migrañas
- ☐ dolores de espalda por tensión muscular
- ☐ espasmos musculares y calambres
- ☐ estreñimiento
- ☐ exceso de tensión muscular
- ☐ fatiga o debilidad
- ☐ huesos frágiles, osteoporosis
- ☐ irritabilidad
- ☐ metabolismo lento
- ☐ niveles de glucosa incontrolables
- ☐ ritmo irregular del corazón (arritmia)
- ☐ síndrome premenstrual

Algo que pudimos notar en NaturalSlim es que las personas que suplementan su dieta con magnesio mejoran, según ellos mismos reportan, su estado emocional. Esto hace bastante sentido cuando vemos que hay un estudio que demuestra que el magnesio tiene un efecto antidepresivo natural.

Algo que ayuda es que nuestra bebida MAGICMAG que se prepara disolviendo el polvo de citrato de magnesio en agua fría o en agua caliente (como un té), tiene un buen sabor lo cual es importante. Cuando se prepara con 8 onzas (237 mililitros) de agua caliente, la absorción es todavía mejor. Nuestros miembros se preparan un té caliente de magnesio MAGICMAG por lo menos una hora antes de ir a dormir, lo que les permite que el cuerpo se relaje para lograr un buen sueño. Ahora bien, si usted tiene un Sistema Nerviosos Excitado o padece de hipotiroidismo, le recomiendo que tome el MAGICMAG antes de las seis de la tarde, para que pueda digerirlo bien y le dé el efecto de relajación que le ayuda a dormir. Le recomiendo que vea el Episodio #1033 en MetabolismoTV donde le explico en detalle por qué es importante ingerir el magnesio a la hora correcta.

Las personas que padecen de insomnio o de un sueño interrumpido que les hace amanecer sintiéndose cansados, no logran mantener sus medidas de glucosa en los niveles óptimos y eso no les ayuda a adelgazar. La calidad de sueño tiene mucho que ver con su habilidad de lograr que la glucosa se mantenga en los rangos de normal y no se afecte el metabolismo.

Las dosis para las necesidades de cada persona varían de acuerdo con su condición de salud y a su deficiencia acumulada. Se empieza con una pequeña dosis de una cucharadita diaria y se va subiendo gradualmente hasta tres cucharaditas o más, según la necesidad. Es importante subir la dosis de forma gradual para darle una oportunidad al cuerpo de incorporar el magnesio dentro de las células, que es donde se necesita. Cuando la dosis es excesiva, lo que se produce es una diarrea debido al efecto relajante que tiene el magnesio sobre el sistema intestinal.

La idea es que cada persona va probando las distintas dosis, hasta que localiza cuál es la dosis correcta para su cuerpo, que siempre resulta ser la dosis máxima que se pueda ingerir sin que se produzca una diarrea. Puede que usted le sorprenda que su propia deficiencia acumulada de magnesio sea tan grave que pasen varios días de dosis altas de magnesio antes de que su cuerpo le dé la señal de que ya se sobrepasó de la dosis máxima correcta, causándole una leve diarrea.

Un ejemplo de cómo se irían subiendo las dosis del magnesio MAGICMAG de forma gradual hasta encontrar su dosis correcta sería así:

Día	Dosis utilizada de MagicMag	Observaciones
lunes	1 cucharadita disuelta en agua	Me levanté dos veces
martes	1½ cucharaditas disueltas en agua	Dormí mejor
miércoles	2 cucharaditas disueltas en agua	Dormí mejor
jueves	2½ cucharaditas disueltas en agua	¡Dormí muy bien!
viernes	3 cucharaditas disueltas en agua	Dormí bien, pero amanecí con diarrea
sábado	Regresé a la dosis de 2½ cucharaditas diarias, que es mi dosis correcta	Dormí muy bien y ya no tengo diarrea

Nota: Se puede utilizar agua caliente (como un té) o agua fría para su dosis diaria. Su dosis correcta es la dosis más alta que su cuerpo tolere, sin causarle una diarrea. Se llama "dosis a base de la tolerancia intestinal".

El truco es encontrar su dosis correcta. En el ejemplo anterior, si usted fuera subiendo su dosis diaria de forma gradual hasta llegar a una dosis de tres cucharaditas, y se le produjera una diarrea al próximo día, eso significaría que la dosis de tres cucharaditas sobrepasó su tolerancia intestinal, por lo cual su dosis correcta sería la dosis menor anterior, que era de sólo 2½ cucharaditas al día. Usted podrá observar que, si pasa un día excesivamente estresante o si hace ejercicio físico y suda en exceso, su cuerpo tolerará una dosis más alta de magnesio, porque tanto el estrés como el ejercicio consumen el magnesio del cuerpo.

EL METABOIL 500

Entre las personas que padecen de obesidad, existen muchas condiciones relacionadas a la inflamación del cuerpo. La inflamación del cuerpo es un tipo de reacción de alarma con la que el cuerpo humano responde a las agresiones. Las heridas, raspaduras, quemaduras y traumas que experimentan las células del cuerpo siempre traen consigo el dolor, el calor y la inflamación que enrojece el área afectada. Los problemas del corazón, las enfermedades autoinmunes, la artritis, la obesidad, la resistencia a la insulina y la neuropatía diabética, entre otras, son todas condiciones asociadas a la inflamación de los tejidos del cuerpo.

En la tecnología del metabolismo, reconocemos que cualquier condición que esté causando inflamación al cuerpo evitará que se logre vencer la obesidad. Esto pasa debido a que, en respuesta a la inflamación, el cuerpo produce su propia hormona antiinflamatoria, que es la hormona llamada cortisol.

El cortisol es una hormona que se produce en las glándulas adrenales y cuando se produce un exceso de ella en respuesta a una inflamación, se hace imposible adelgazar, porque el cortisol, aunque tiene un efecto antiinflamatorio, también acumula grasa. La razón por la cual el estrés engorda es precisamente esa, exceso de cortisol.

Por ejemplo, una persona que padezca de un nervio presionado en la espalda, y que esté sujeta a una inflamación y dolor continuo, simplemente no logrará adelgazar, debido a que su cuerpo estará produciendo un exceso de cortisol para contrarrestar la inflamación, lo cual no le permitirá reducir la grasa del cuerpo.

Lo mismo pasa cuando existe una artritis fuerte, incluso cuando ya existe una neuropatía en el paciente diabético que mantiene un nivel de dolor e inflamación continuo.

Todos los medicamentos principales que se utilizan como antiinflamatorios engordan, porque están principalmente basados en la cortisona[96], que es una hormona que acumula grasa e inhibe la habilidad del cuerpo de reducir la grasa. Esto incluye los inhaladores que utilizan los asmáticos, razón por la cual muchos asmáticos ganan peso con demasiada facilidad.

Cuando alguien que está tomando medicamentos a base de cortisona, se une al sistema NaturalSlim, ya sabemos que nuestros consultores en metabolismo tendrán que pasar bastante trabajo restaurando su metabolismo para que pueda adelgazar.

Algo que tenemos a nuestro favor es el hecho de que las dietas que reducen los carbohidratos refinados, como la Dieta 3x1, reducen la inflamación del cuerpo en todas sus manifestaciones. Es por esto, que las personas que nos llegan con obesidad e inflamación, al poco tiempo de empezar a recibir nuestra ayuda, se les reduce la inflamación, por lo cual se les facilita a sus médicos reducirles el uso de los medicamentos antiinflamatorios, que de otra forma no les permitirían adelgazar.

No obstante, cuando hacemos una limpieza de hongo candida en personas obesas se puede producir bastante inflamación por el hecho de que las raíces de los hongos están

---

[96] cortisona: un medicamento antiinflamatorio que producen las compañías farmacéuticas. Se utiliza en inyecciones, tabletas y cremas para reducir la inflamación. El medicamento cortisona es prácticamente idéntico a la hormona cortisol que nuestro cuerpo produce cuando confrontamos estrés y también tiene el efecto de hacernos engordar.

profundamente clavadas en los tejidos. Al ir matando los hongos con el tratamiento anti-candida, las raíces se desprenden de donde estaban clavadas, por lo cual dejan pequeñas heridas y se causa una inflamación temporera, que puede ser bastante fuerte.

Dado a esa situación de la inflamación, que podía producirse durante una limpieza de candida, estuvimos buscando algún suplemento natural que nos ayudara a reducir la inflamación, y encontramos el llamado aceite de onagra[97] cuyo nombre científico es ácido gamma-linoleico o GLA (del inglés "Gamma-Linolenic Acid").

La inflamación se reduce bastante cuando se hidrata el cuerpo, y aún más al reducir los carbohidratos refinados, que son Alimentos Tipo E. Necesitábamos un suplemento natural que nos ayudara a reducir la inflamación que se ocasionaba al hacer el programa de matar hongos (anti-candida). Desarrollamos el suplemento METABOIL 500 compuesto de aceite GLA, para reducir la inflamación y el dolor que podía causar la muerte del hongo y las microscópicas heridas que dejaban sus raíces al morir.

Con el tiempo, descubrimos que el METABOIL 500 también servía para ayudar a reducir la inflamación y el dolor que causaban otras condiciones, como el síndrome premenstrual, la artritis, la neuropatía diabética y otras condiciones inflamatorias, como la esclerosis múltiple. En realidad, nuestro interés principal, era ayudar a reducir la inflamación, para que así el cuerpo pudiera reducir su

---

[97] onagra: una planta de nombre *Oenothera biennis* que se cultiva en ambientes fríos como Canadá, de la cual se extraen semillas de su flor que contienen el aceite natural ácido gamma-linoleico o GLA en inglés. El GLA tiene un efecto antiinflamatorio y reductor del dolor físico y se han hecho muchos estudios clínicos al respecto. Se utiliza mucho en Europa para condiciones inflamatorias.

producción excesiva de la hormona de estrés cortisol, que no le permitiría a una persona adelgazar.

El MᴇᴛᴀʙOɪʟ 500 también aumenta la temperatura del cuerpo, por su efecto potenciador del metabolismo y ayuda a adelgazar, restaurando la función quemadora de grasa del metabolismo, por lo cual lo hemos usado para ayudar a romper esas grasas del cuerpo que se resisten.

Naturalmente, no hay nada milagroso en este aceite GLA del MᴇᴛᴀʙOɪʟ. Lo que pasa es que, cuando se combinan distintos factores que ayudan a restaurar el metabolismo, como una buena hidratación, la Dieta 3x1 y suplementos naturales inteligentemente usados, los resultados no se hacen esperar.

Al igual que pasa con los medicamentos, ningún suplemento natural cura nada; lo que realmente podría decirse que es curativo es el adquirir los conocimientos sobre el metabolismo para poderlo restaurar. Al adquirir conocimientos correctos y asumir responsabilidad por la condición (diabetes, obesidad, otra) que tiene su cuerpo, es usted quien permite que su cuerpo se recupere para que funcione de la manera correcta.

METABOLIC PROTEIN

Para restaurar el metabolismo, controlar la diabetes y adelgazar, hace falta entender que el desayuno es la comida más importante del día. La selección de alimentos para el desayuno que usted utiliza determina, en gran parte, si pasará el resto de su día con unos niveles de energía erráticos (que suben y bajan), o si disfrutará de un nivel de energía adecuado por el resto de su día. Los niveles inestables de glucosa que suben y bajan de forma irregular son producto de sus decisiones sobre selección de alimentos para su dieta, pero muy en especial de lo que sea su desayuno.

El desayuno se llama "desayuno" porque es el momento en el que "se rompe el ayuno" de unas siete a ocho horas sin haber comido nada, mientras el cuerpo duerme. Si el desayuno es deficiente, así mismo será el resto del día. Es totalmente cierto el dicho popular de que "todo lo que empieza mal, termina mal".

METABOLIC PROTEIN es un suplemento de alta tecnología nutricional. Es lo que llaman un reemplazo de comida, porque contiene todas las vitaminas y minerales que el FDA (Administración de Alimentos y Drogas de los Estados Unidos), requiere para ser llamado un reemplazo de comida. Los licuados (en otros países batidas, batidos o malteadas) de proteína comunes no son reemplazos de comida porque no son alimentos completos. Un licuado o batida común de proteínas es un suplemento nutricional para suplementar la dieta normal, pero no se puede utilizar como si fuera una comida completa. METABOLIC PROTEIN es un reemplazo de comida; una comida completa que incluso contiene todas las vitaminas y minerales necesarias para sostener el metabolismo del cuerpo. Generalmente, recomendamos los licuados de proteína METABOLIC PROTEIN sólo para el desayuno, pero se pueden utilizar para reemplazar la comida de la cena, si usted deseara hacer eso.

Si algunos días decide también utilizar el licuado por la noche, asegúrese de no añadirle la dosis de COCO-10 PLUS a su dosis nocturna, ya que el aceite de coco, por ser un tipo de grasa saturada (de las saludables), puede estimularle el metabolismo, al punto que no le permita dormir con facilidad. El COCO-10 PLUS causa una subida rápida del metabolismo y provee energía. Pero usted no querrá esa energía a la hora de dormir, porque le puede quitar el sueño. El suplemento COCO-10 PLUS, que es un aceite líquido del cual normalmente se añade una dosis al METABOLIC PROTEIN, se debe usar durante las horas de la mañana o temprano en la tarde, pero nunca de noche por esta misma razón.

Las batidas de whey (suero de leche) del mercado, además de que no son reemplazos de comida, tienen un problema principal: tienen mal sabor. Esto es un verdadero problema porque ¿cómo podría uno utilizar un licuado de proteínas de whey cada mañana, si se convierte en un sacrificio el tragarlas? Podemos decirle que difícilmente encontrará una batida más sabrosa que METABOLIC PROTEIN. Tanto así, que siempre se ha vendido en los centros NaturalSlim con una política de satisfacción garantizada, que le permite devolver el licuado para crédito completo, si por alguna razón no disfruta de su sabor, y aunque ya haya abierto el frasco para probarla. Nos tomó muchos años de pruebas de distintos sabores y de encontrar los niveles de dulzura más aceptables, pero finalmente se logró un licuado que la gente disfruta por su sabor, aun cuando se prepara mezclando el polvo de proteína de whey sólo con agua.

Los licuados METABOLIC PROTEIN son bajos en carbohidratos. Cada porción contiene solamente de cinco a siete gramos de carbohidratos, por lo cual los niveles de glucosa suben muy poco. No obstante, debido a su contenido de proteínas de whey de alta absorción, estos licuados crean una saciedad (sensación de no tener hambre) por cinco a seis horas.

Están disponibles en tres sabores: vainilla, chocolate y fresa; en México, también hay sabores de plátano y moca. Cada sabor tiene sus fanáticos. Algunas personas le dan otros toques de sabor al licuado de vainilla, añadiendo algún extracto de almendras o canela en polvo. Pudiera también añadírsele unas pocas fresas (son bajas en fructosa). En el tema de los sabores cada cual es dueño y señor. Los sabores son cuestión de gusto personal. METABOLIC PROTEIN, en encuestas que hemos hecho, tiene un nivel de aceptación de más de 95%. En mi libro *Recetas El Poder del Metabolismo*, además de deliciosos platos que le ayudarán a adelgazar, encontrará unas veinticinco recetas diferentes que puede hacer con los licuados METABOLIC PROTEIN.

Muchas de las personas con obesidad y diabetes tienen problemas de tipo digestivo (acidez estomacal, mala digestión, gases, etc.), por lo cual, a los licuados METABOLIC PROTEIN se le añadieron unas poderosas enzimas, que facilitan la digestión y aumentan la absorción de los aminoácidos de las proteínas de whey, a cerca de un 98%. Esto logra que una dosis de METABOLIC PROTEIN provea un aumento del metabolismo por largas horas. El aumento en el ritmo del metabolismo es debido a que los aminoácidos, casi en su totalidad (98%), se hacen disponibles con facilidad a las células como una fuente de energía. Las proteínas comunes sólo se absorben en un

70% o menos, cuando no están acompañadas de enzimas especiales que aumentan su absorción.

Cada porción de los licuados METABOLIC PROTEIN también contiene una dosis alta del aminoácido L-Glutamina. Este aminoácido controla los antojos y elimina los deseos por dulces o azúcar. Cuando usted hace un desayuno con el licuado METABOLIC PROTEIN no es fácil tentarlo con ningún pecadillo porque sus niveles de glucosa y de insulina se mantienen estables. El aminoácido L-Glutamina tiene una variedad de estudios que demuestran sus beneficios a la salud.

La forma más rápida de subir el metabolismo y adelgazar, es utilizar una dosis del COCO-10 PLUS dentro de su licuado METABOLIC PROTEIN. Esto se prepara generalmente, por la mañana en una licuadora o recipiente con tapa, que le permita agitar la mezcla. El COCO-10 PLUS no le cambia el sabor al METABOLIC PROTEIN. La preparación del licuado (batida) que generalmente se utiliza como reemplazo del desayuno es la siguiente:

FÓRMULA PARA PREPARAR EL LICUADO (BATIDA) METABOLIC PROTEIN

- 237 mililitros de agua (8 onzas)
- dosis en cucharadas de Coco-10 Plus
- 1 o 2 bloquecitos de hielo (si le gusta más fría)
- 2 medidores de Metabolic Protein
- canela o extracto de almendras a gusto

Si desea obtener una consistencia más espesa o líquida, puede aumentar o reducir la cantidad del polvo de la proteína de METABOLIC PROTEIN, que utiliza para su batida. Para los diabéticos o las personas con hipoglucemia, esta batida ayuda a mantener unos niveles normales de glucosa en la sangre, lo cual permite mejorar ambas condiciones. Para las otras personas, lo que más se nota al usar esta batida como desayuno, es que se desaparece el hambre y los deseos de consumir dulces o carbohidratos refinados.

La combinación de METABOLIC PROTEIN con COCO-10 PLUS tiene el efecto de proveerle una fuente de energía superior a su cuerpo para levantar el metabolismo. La energía y sensación de bienestar que se siente al usar este licuado es notable. Los extractos de proteínas de whey han tenido estudios clínicos que demuestran distintos beneficios para la salud que pudieran ayudarle, tales como reducir la presión arterial.

No se le ocurra pensar que este licuado le hará adelgazar por sí solo. Nunca han existido ni existirán los suplementos ni licuados que sean milagrosos. Ningún suplemento nutricional natural (batidas, licuados, cápsulas de vitaminas u otro) por sí sólo logrará nada especial para usted, si no lo acompaña de los cambios en su estilo de vida, que mejoren su metabolismo. ¡No hay milagros! Jamás le crea a nadie que le trate de vender la idea de que algún suplemento natural cura algo o mejora algo en su metabolismo sin cambiar la forma en la que se alimenta o sin mejorar la hidratación del cuerpo.

Lo que realmente le ayuda a lograr sus metas es el método de restauración del metabolismo que sugiere este libro, que es la misma tecnología que utilizamos en los centros NaturalSlim.

LAS METABOLIC VITAMINS

El cuerpo humano es un organismo increíble. Es una entidad que siempre hace lo máximo que puede para sobrevivir, aun a pesar de las acciones dañinas que constantemente le ocasionamos. Sin embargo, es un organismo que tiene unas necesidades básicas que son vitales para su funcionamiento. Cuando estas necesidades básicas se le niegan, el cuerpo va perdiendo gradualmente su habilidad de funcionar bien. El metabolismo lento o metabolismo deficiente, que en mi opinión está causando o agravando las epidemias de obesidad y de diabetes, en gran parte es causado por deficiencias de vitaminas, minerales y micronutrientes.

Un grupo de destacados investigadores de la Universidad de Puerto Rico, quienes han hecho aportaciones importantes con descubrimientos sobre el metabolismo del cáncer, describieron con exactitud los efectos destructivos al metabolismo que tienen las insuficiencias y las deficiencias de vitaminas, minerales y micronutrientes. Le llamaron a su publicación *"El fenómeno del hambre oculta: El impacto sobre la salud de la deficiencia o insuficiencia crónica de micronutrientes".* El concepto del "hambre oculta" que tienen las células de su cuerpo por falta de vitaminas, minerales y micronutrientes esenciales me pareció genial y lleva claramente el mensaje.

Los motores de los carros corren con gasolina, aceite y agua. Los cuerpos humanos son bastante más complejos que un carro, y el metabolismo necesita unos treinta tipos distintos de vitaminas y minerales para poder funcionar. Algunas de las necesidades del cuerpo son en cantidades pequeñísimas llamadas microgramos. Un microgramo es igual a un gramo dividido por 1,000,000 de partes, lo cual es una cantidad tan pequeña que se hace imposible de detectar, sin el uso de instrumentos especializados. No obstante, y por dar un ejemplo, si su cuerpo necesita una cierta cantidad de microgramos del mineral selenio y usted no se la provee, su glándula tiroides se verá afectada y su metabolismo se convertirá en un metabolismo lento. La tiroides es la glándula que controla el metabolismo, razón por la cual, las condiciones de la tiroides como el hipotiroidismo, son causantes de obesidad y también de descontrol en la diabetes. En otras palabras, la falta de un simple nutriente (vitamina, mineral), el cual pesa menos que un cabello, reducirá la capacidad de creación de energía de su metabolismo y le evitará adelgazar, haga lo que haga.

Una de las cosas que descubrí cuando abrimos el primer NaturalSlim en el 1998, fue que, mientras existieran insuficiencias o deficiencias nutricionales en el cuerpo de una persona con problemas de metabolismo, no habría oportunidad de tener éxito. Ninguna pastilla milagrosa, ninguna hierba exótica, ningún mineral o vitamina especial logrará vencer un metabolismo lento, mientras existan deficiencias de algunos otros nutrientes vitales.

Las vitaminas que usted escoja para suplementar, sus potencias y la calidad de los nutrientes, hacen una gran diferencia en los resultados. Después de una extensa búsqueda, no encontré ninguna fórmula prefabricada o que ya hubiera sido formulada por algún fabricante de vitaminas, que realmente nos permitiera estar satisfechos. Por lo tanto, tuve que crear una formulación de alta potencia que además tomara en consideración las siguientes siete metas:

1. Las dosis del importante **Complejo B** (B1, B2, B3, etc.) tienen que ser de no menos de 50 miligramos de cada una, para así activar el metabolismo. El grupo completo del complejo B de vitaminas es vital para el metabolismo.

2. Debe tener **todos los minerales** más los **micronutrientes** que activan las enzimas del cuerpo que dominan el sistema hormonal, para ayudar a restaurar el metabolismo.

3. Deben contener las dosis máximas permitidas de las vitaminas solubles en grasa, como las **Vitaminas A y D**, que se utilizan para proteger la vista, para mejorar la absorción del calcio y para potenciar el sistema inmune.

4. El contenido de **Vitamina E** debe ser en su forma natural (no sintética), dado que se ha demostrado que lleva a cabo mejor su función vital de proteger al cuerpo.

5. Necesita una dosis de **Vitamina C** que realmente cubra las necesidades.

6. Hay que ayudar al cuerpo a **desintoxicar** por lo cual, necesita la ayuda de compuestos como el MSM (metilsulfonilmetano) que es una fuente natural de azufre.

7. Las personas con metabolismo lento no digieren bien. Tiene que contener **enzimas digestivas** para poder absorber bien las vitaminas y los minerales.

Cuando llevé todos estos requisitos anteriores a los fabricantes de vitaminas, varios me trataron como a alguien raro. No podían comprender que estuviera exigiendo tantos distintos nutrientes, en dosis tan altas, ni en calidades que obviamente eran más costosas. En realidad, yo estaba tratando de proveerle al metabolismo del cuerpo de una persona todo lo que necesita. Quería garantizar los buenos resultados, porque sabía que, hasta la falta de un micronutriente del cual se utilizan dosis pequeñísimas, podía sabotear la restauración del metabolismo.

En general, la gente que llega a los centros NaturalSlim ya han tratado de todo y han fracasado en múltiples planes de dieta, simplemente porque nunca habían tenido la oportunidad de aprender a restaurar el metabolismo de su cuerpo. Fallarles por ahorrarme unos dólares adquiriendo un suplemento de vitaminas deficiente, no era una opción.

Las vitaminas, los minerales y los micronutrientes adecuados, son un factor de ayuda importante para restaurar el metabolismo. Muchos años de consumir alimentos procesados, comidas fritas, azúcar y carbohidratos refinados, combinados con muy poco consumo de vegetales y ensalada, causan sus estragos al cuerpo y se reflejan en deficiencias que debilitan el metabolismo. El metabolismo se puede restaurar cuando se hace lo correcto para lograrlo. Restaurando la capacidad generadora de energía del metabolismo se puede controlar tanto la diabetes como la obesidad y un sinnúmero más de condiciones de salud.

La fórmula de METABOLIC VITAMINS es, a mi entender, lo más completo que he visto. Es cierto que son unos sobrecitos de dosis diaria que traen una combinación de varias tabletas o cápsulas que pueden parecer mucha cantidad. Las personas que utilizan esta fórmula vitamínica para potenciar su metabolismo consumen un sobrecito completo cada día. Hay que tomar esta fórmula de vitaminas para el metabolismo con comida y nunca con el estómago vacío, porque son compuestos que, aunque son naturales, son concentrados y deben acompañarse con los alimentos. Algunos se quejan de que "son tantas pastillas para tomar cada día", pero una vez empiezan a ver que la ropa les queda más grande y que su nivel de energía les ha aumentado grandemente, dejan de quejarse. ¡Nada habla tan claro como los resultados!

EL PASSIVOIL

Tras el descubrimiento fundamental de que en efecto es el sistema nervioso central el que dirige todo lo que ocurra en el metabolismo de nuestro cuerpo, seguí cada vez profundizando más y más en el alcance de los efectos devastadores que podía causar un sistema nervioso que estaba en exceso excitado.

Para mi horror descubrí que la literatura científica revela que detrás de cada condición de cáncer existe un sistema nervioso sobreexcitado. Lo mismo pasa detrás de cada condición autoinmune donde el cuerpo parece atacarse el mismo como si el sistema nervioso central hubiera sido secuestrado por un loco psicótico.

Al darme cuenta de la importancia vital que tenía el descubrir formas efectivas de activar el sistema nervioso pasivo para contrarrestar el efecto devastador de un sistema nervioso sobreexcitado, exploré todos los campos relacionados al metabolismo y la salud. Un tiempo después descubrí el mundo fascinante de los aceites esenciales.

Los aceites esenciales son versiones altamente concentradas de los aceites naturales de las plantas. Estos aceites se producen usando procesos de destilación que rinden un aceite altamente concentrado y una gran cantidad de ellos tienen propiedades terapéuticas o curativas.

Me interesé especialmente en descubrir cuáles aceites tenían efectos calmantes comprobados sobre el sistema nervioso excitado, o lo contrario, que era saber cuáles aceites esenciales tenían efectos que reforzaban la actividad del sistema nervioso pasivo.

Descubrí que los aceites esenciales, cuando son de una real pureza y potencia, pueden casi de forma instantánea revertir una crisis de sobre estimulación del sistema nervioso excitado. Resulta que los aceites esenciales trabajan a base de actuar a través del sistema olfatorio o de ser absorbidos por la piel. Descubrí en la literatura científica evidencias de cómo un cierto aceite esencial lograba detener el crecimiento de un cáncer en el cerebro, para el cual la medicina tradicional no tenia una solución.

Los aceites esenciales, o aceites aromáticos como se les llamaba antiguamente, se han usado por muchas culturas a través del mundo y por muchos siglos. Los usos de los aceites esenciales han variado entre los propósitos religiosos ceremoniales, tales como el uso del incienso, y los de curar a los enfermos.

Pasé mucho tiempo investigando el tema de los aceites esenciales y examinando minuciosamente la evidencia científica detrás estos aceites. Empecé a recomendarlos a personas que tenían condiciones graves, tumores o cáncer, porque veía mucha esperanza en encontrar alguna forma de activar el sistema nervioso pasivo, que es el que sana el cuerpo o logra tranquilizar el sistema nervioso excitado, que podría decir es el que destruye al cuerpo cuando se mantiene sobre excitado.

Hice cientos de pruebas con mis consultores en metabolismo que se prestaron de conejillos de india para mis experimentos con los aceites esenciales. Incluí por momentos a algunos miembros del sistema NaturalSlim que estaban experimentando situaciones de insomnio severo, estados de severa ansiedad, tumores cancerosos o alguna enfermedad autoinmune con la idea de ayudarles a activar el sistema nervioso pasivo y de una vez comprobar los resultados tranquilizantes que podían tener los distintos aceites esenciales.

En efecto, descubrí que los aceites esenciales podían ser una magnífica herramienta de ayuda para rápidamente tranquilizar el sistema nervioso y con ellos lograr mejorías en el metabolismo y en la salud.

Con la idea de crear una mezcla de aceites esenciales que fueran tranquilizantes al sistema nervioso seguí profundizando en el tema de los aceites esenciales y empecé a descubrir fabricantes y vendedores de aceites esenciales que vendían a precios irrealmente bajos, mientras que otros pocos vendían el mismo aceite esencial, de la misma planta, a precios muy altos. Las diferencias en precio tan drásticamente distintas no hacían ninguna lógica.

Explorando más profundo este tema me di cuenta de que la internet y las tiendas en línea, como Amazon.com, estaban abarrotadas de aceites esenciales falsificados y aceites mezclados con sustancias contaminantes sintéticas. Los verdaderos aceites esenciales, cuando son puros y de alta potencia, son costosos como todo lo que es escaso. Observé cientos de ofertas ilógicas como, por ejemplo, una oferta por un frasco de 120 mililitros (4 onzas) del popular aceite esencial de lavanda, que reclamaba ser puro y de calidad terapéutica (curativa) y que se vendía en Amazon por sólo $15.95 al publico. Sin embargo, un fabricante destilador que extraía aceite de lavanda en Grecia, directamente de las plantas, tenía un costo en la fabrica equivalente a $45.00 en el mismo tamaño de frasco. Así que el suplidor de Amazon de este aceite esencial de lavanda ofrecía el supuesto "aceite puro" por sólo ⅓ parte del costo en la fábrica que lo destilaba en grandes cantidades.

Finalmente compré distintas muestras en Amazon de los aceites esenciales que vendían a precios ridículamente baratos, como $15.95, y las envié al Dr. Robert Pappas, de la organización Essential Oil University. La Universidad de los Aceites Esenciales es una organización que le hace pruebas de laboratorio a los aceites esenciales para exponer a aquellos comerciantes inescrupulosos que juegan con la salud del público, vendiéndoles aceites fraudulentos llenos de químicos sintéticos. Descubrí que todos los aceites que se ofrecían a precios muy económicos eran fraudulentos. El Dr. Pappas me suplió pruebas de laboratorio que demostraban que más del 80% de los aceites esenciales que se ofrecen en internet son fraudulentos.

Después de esta experiencia reveladora de descubrir que el negocio de los aceites esenciales está plagado de fraude y adulteración, y sabiendo que los aceites esenciales realmente sí funcionaban para tranquilizar el sistema nervioso excitado, pasé varios meses localizando fábricas destiladoras que estuvieran dispuestas a proveernos muestras de sus aceites para comprobar su pureza con los laboratorios del Dr. Pappas.

Queríamos unir aceites esenciales de alta pureza para con ellos preparar una mezcla armoniosa de aceites esenciales que llamaríamos PASSIVOIL o aceites para activar el sistema nervioso pasivo.

PASSIVOIL es una mezcla de tres aceites esenciales de pureza garantizada que nuestros miembros del sistema NaturalSlim o cualquier otra persona pueden usarlo en confianza con su familia y hasta con sus niños, cuando quieren ayudarles a tranquilizar el sistema nervioso excitado.

Los aceites esenciales de alta potencia no deben utilizarse totalmente puros en la piel porque pueden causar irritación, por lo cual PASSIVOIL es una dilución en aceite de coco. El aceite de coco es un aceite que rápidamente penetra la piel por lo cual ayuda a transportar la mezcla de aceites esenciales hacia el interior del cuerpo en total seguridad. No se recomienda el ingerir estos aceites ya que la ingestión puede ser peligrosa. PASSIVOIL se usa para untar sobre la piel, o sea de forma tópica, o para inhalar sus esencias, que es la forma mas rápida de llevar el efecto relajante y calmante al sistema nervioso central.

PASSIVOIL puede traer calma y relajamiento a un sistema nervioso en exceso excitado y eso es una gran ayuda a la hora de lograr buenos resultados con el metabolismo de una persona que está pasando por alguna crisis de salud.

EL SUPLEMENTO RELAXSLIM CON ADAPTÓGENOS

Hace unos años tuve el placer de conocer personalmente a un científico ruso, que influenció mi pensar sobre el metabolismo. Este científico, el doctor Zakir Ramazanov, fue un catedrático ruso, especializado en la bioquímica de las plantas y biología molecular. Él había estudiado a fondo las propiedades de distintos extractos de plantas, hierbas y algas.

El doctor Ramazanov escribió y publicó cientos de artículos científicos y varios libros sobre los temas de los adaptógenos y las algas. Zakir Ramazanov tenía varias patentes aprobadas en el campo de la biotecnología, en la bioquímica de las plantas, en la biología molecular y en varios compuestos activos de las plantas.

El doctor Ramazanov fue catedrático en el Technological Institute, en la Universidad de Madrid en España, en Louisiana State University (E.U.A.) y Científico "Senior" de la Academia Rusa de las Ciencias. Sus logros incluyen el haber sido reconocido por su trabajo en el área de la cultivación de organismos naturales en la estación rusa espacial MIR.

Durante la época de la llamada "guerra fría" entre Rusia y Estados Unidos, el doctor Ramazanov trabajó por más de diez años investigando las propiedades de los adaptógenos, para la Academia de Ciencias Rusas. Esa era una época en la que los rusos se interesaban por conocer y dominar las propiedades energizantes del metabolismo de los adaptógenos, con la idea de lograr una ventaja a nivel de eventos olímpicos y a nivel militar sobre sus adversarios principales, los Estados Unidos de América. Prácticamente toda la investigación que hicieron los rusos sobre los adaptógenos se hizo de forma secreta por estos motivos.

Con la ayuda del doctor Ramazanov, que ya había emigrado a los Estados Unidos, y con quién hice una buena amistad, creamos un suplemento que llamamos RELAXSLIM, que contiene una combinación de veintiún compuestos naturales distintos, que han demostrado que mejoran el metabolismo. Son sustancias naturales que reducen los efectos del estrés, reducen el crecimiento del hongo candida albicans, y dan apoyo a la glándula tiroides, lo cual es vital para mejorar el metabolismo.

El RELAXSLIM viene en cápsulas y se usan solamente dos cápsulas en el desayuno y dos cápsulas en el almuerzo. Localizamos sustancias naturales con potencias superiores garantizadas de los compuestos activos para evitar que hubiera que utilizar docenas de cápsulas diarias de menor potencia.

RELAXSLIM contiene las vitaminas y minerales que evitan que el hongo candida albicans continúe creciendo y propagándose de forma descontrolada dentro del cuerpo, que es uno de los problemas de los diabéticos. Son suplementos naturales como la biotina, que es una vitamina del Complejo B. Esta vitamina detiene el sistema reproductivo del hongo candida y controla su crecimiento. Además, se ha visto que la biotina ayuda a reducir los niveles de glucosa en los diabéticos.

Usamos también en este suplemento una dosis relativamente alta de niacina (Vitamina B3). La niacina es una vitamina fungicida, o sea, mata los hongos. También tiene un efecto antidepresivo. Nada de esto es cierto con la niacinamida, que es el tipo de Vitamina B3 que utilizan la mayoría de los fabricantes de vitaminas.

Los fabricantes de vitaminas comerciales sustituyen la niacina (Vitamina B3), que es una vitamina en su estado natural de múltiples beneficios al metabolismo, por la niacinamida que es una creación de la industria para evitar que la niacina cause una reacción al chocar con tóxicos u hongos en el cuerpo.

La niacina es desintoxicante, por eso es por lo que a las personas que tienen el cuerpo lleno de tóxicos les puede ocasionar un enrojecimiento de la piel. Por ejemplo, cuando en el 1986 hubo el accidente nuclear en Chernóbil, Rusia, se le dio altas dosis de niacina (Vitamina B3) a la población para ayudarles a extraer la radiación acumulada en sus cuerpos.

Si usted empieza a utilizar el RELAXSLIM y nota que por ratos la piel de la cara se le pone muy rojiza, sepa que no corre ningún peligro. Solamente su cuerpo se está limpiando de los tóxicos acumulados y en algún tiempo dejará de tener esas reacciones.

El RELAXSLIM contiene hierbas como el guggul y como el adaptógeno ashwagandha, que ofrecen apoyo a la glándula tiroides. Contiene también todas las vitaminas y minerales que son esenciales al cuerpo y a la tiroides para lograr convertir la hormona T4 que produce la tiroides, en la hormona T3, que es la hormona que realmente sube el metabolismo. Contiene un compuesto natural llamado "myricetin" que ha demostrado, en estudios controlados, que aumenta la absorción del mineral yodo por parte de la tiroides. El yodo es esencial para la producción de las hormonas de la tiroides.

El suplemento RELAXSLIM tiene otro beneficio en el hecho de que contiene el adaptógeno llamado rhodiola rosea, el cual tiene un efecto antiestrés, antidepresivo y energizante natural. Este adaptógeno, rhodiola rosea, tiene también el efecto de aumentar la potencia y el apetito sexual, tanto en el hombre como en la mujer. Por esta razón, ha sido utilizado en Rusia como afrodisíaco, por muchas generaciones. En Rusia ha existido una costumbre de regalarle una jarrita con rhodiola rosea a las parejas de recién casados, para garantizar la fertilidad de la pareja.

El RELAXSLIM contiene también otros adaptógenos como el rhaponticum carthamoides (leuza) y el rhododendron caucasicum, que aumentan la energía celular a nivel de todo el cuerpo, incluso mejoran la capacidad intelectual y de aprendizaje.

El suplemento RELAXSLIM ha sido una de nuestras herramientas más efectivas para ayudar a restaurar el metabolismo de las personas con obesidad y personas con diabetes. Nos gusta mucho el hecho de que este suplemento no afecta al sistema nervioso, debido a que no contiene ningún agente estimulante. De hecho, le llamamos RELAXSLIM porque notamos que al mejorar el metabolismo celular y aumentar la energía de las células, lograba ayudar a las personas a adelgazar, pero mientras se mantenía un estado "relax" (relajante) lo cual es ideal.

Sobre todo, para las personas que padecen de hipotiroidismo, por lo cual sufren de un metabolismo lento que les dificulta adelgazar, y para las personas diabéticas cuyos niveles de energía muchas veces no son los mejores, el usar RELAXSLIM les hace una diferencia notable.

Aunque este suplemento puede ayudarle dándole apoyo a los procesos naturales del metabolismo de su cuerpo, debe quedar claro que **no es un medicamento** y no pretende curar, ni tratar ninguna enfermedad o condición. Solamente los médicos están cualificados para tratar las condiciones como la diabetes y las enfermedades asociadas.

Restaurar el metabolismo tiene todo que ver con mejorar la producción de **energía** de su cuerpo. En ese sentido, el suplemento RELAXSLIM puede ser una buena ayuda en combinación a las técnicas de restauración del metabolismo.

EL STRESS DEFENDER PARA EL ESTRÉS

Trabajando por tantos años con personas que padecen de un metabolismo lento, nos dimos cuenta de que el estrés es uno de los mayores enemigos del metabolismo. Para restaurar el metabolismo hace falta controlar los efectos nocivos del estrés.

Muchos vivimos una vida llena de situaciones estresantes que a veces perduran por demasiado tiempo. De hecho, el estrés puede ser tan continuo y rutinario que incluso llegamos a considerarlo normal, cuando en realidad el estrés es cualquier cosa menos algo normal. Presiones económicas, problemas familiares, ambientes de trabajo estresantes más otra cantidad de malas noticias que a diario nos impactan, fuerzan a nuestro cuerpo a producir la hormona del estrés llamada cortisol.

La hormona cortisol crea un conflicto hormonal en el cuerpo, porque interfiere con las hormonas que se producen en la glándula tiroides, lo cual reduce nuestro metabolismo y crea una tendencia a acumular más grasa. El cortisol también hace que el cuerpo reaccione con drásticas subidas y disminuciones de los niveles de glucosa en la sangre, lo que no le permitirá adelgazar ni controlar adecuadamente los niveles de glucosa. Incluso, cuando los niveles de cortisol en la sangre están muy altos, podemos empezar a padecer de insomnio o dificultad para dormir.

La gente que experimenta mucho estrés generalmente duerme mal o se levanta cansada por la mañana. El estrés provoca la producción de cortisol y eso causa estragos, tanto con el sistema hormonal, como con el sistema nervioso del cuerpo.

El estrés mata a las personas. Pero antes de matarlas, a la mayoría les hace engordar, porque les reduce el metabolismo y acumula grasa, sobre todo en el área abdominal (barriga). Para poder controlar la diabetes o adelgazar se necesita estar lo más libre posible de los efectos del estrés y no estar sufriendo de ansiedad. También hay personas cuyos estados de ansiedad les provoca comer dulces o carbohidratos refinados, y si no controlan la ansiedad, tampoco podrán mejorar su metabolismo.

A través de más de veinte años, mientras he ayudado a miles de personas a restaurar su metabolismo y adelgazar, he visto los efectos negativos de situaciones estresantes. Hasta el tener que cuidar a un par de niños indisciplinados, puede disparar por las nubes los niveles de cortisol, a tal punto, que se le descontrolen los niveles de glucosa, engorde o le evite poder adelgazar.

Al suplemento que creamos para manejar el estrés, le llamamos STRESS DEFENDER. Es un suplemento natural muy efectivo que controla los efectos negativos del estrés, logrando que el cuerpo produzca mucho menos cortisol. Hemos tenido a docenas de esposas y maridos agradecidos que han venido a darnos las gracias por el efecto calmante y antiestrés que este suplemento ha producido en su pareja.

El suplemento STRESS DEFENDER en combinación al magnesio MAGICMAG, ha sido nuestra mejor solución natural para esas personas que no logran conciliar un sueño reparador, porque padecen de insomnio, se desvelan o tienen un sueño demasiado interrumpido. Ya sabemos, por experiencia, que si una persona no tiene una buena calidad de sueño no podrá controlar los niveles de glucosa y se le hará prácticamente imposible adelgazar. Para restaurar el metabolismo y para controlar la diabetes, hay que controlar el estrés y eso también incluye mejorar la calidad de sueño.

TESTOSTERIN

Todos los órganos, glándulas, tejidos, músculos, nervios y huesos del cuerpo son controlados por las hormonas. Las hormonas a su vez son sustancias muy poderosas que pueden dar órdenes a las células del cuerpo y por lo tanto pueden modificar la estructura del cuerpo.

Muchos de nosotros hemos oído de atletas y peloteros que se han inyectado hormonas para obtener mayor fuerza y resistencia física. Varios conocidos atletas se han visto tentados por los llamados anabólicos (hormonas que construyen músculos). La tentación es grande porque cuando una persona se inyecta un anabólico sus músculos crecen y se fortalecen y ello logra un rendimiento deportivo superior que le provee una ventaja competitiva inigualable. Aunque sea una forma ilegal e inmoral de competir contra otros atletas la tentación es grande porque todo atleta quiere ser el mejor en su deporte.

En el ámbito de los suplementos naturales existen ciertas sustancias que ayudan a mejorar el sistema hormonal de las mujeres y otras que ayudan al sistema hormonal de los hombres.

Las mujeres que desean adelgazar utilizan la crema de progesterona natural para minimizar los efectos del estrógeno que es una hormona femenina que les engorda. Pero, hasta ahora no teníamos nada para ayudar al sistema hormonal de los hombres que desean adelgazar.

Estuvimos haciendo investigación y descubrimos que se podía mejorar el sistema hormonal de los hombres si se lograba aumentar de forma natural la producción de la hormona masculina testosterona. Los estudios científicos reflejan que después de los 30 años los hombres van gradualmente perdiendo una parte de su producción de testosterona. Por ejemplo, se estima que a los 50 años el cuerpo de un hombre produce aproximadamente un 50% de la cantidad de testosterona que producía cuando joven. A los 60 años se reduce a un 40% y a los 70 años la producción de testosterona puede ser tan baja como un 20% de lo que era originalmente.

Se sabe que la hormona testosterona es la que crea músculos fuertes y contribuye a tener un cuerpo bien definido. Por esto mismo cuando el hombre ya va entrando en edad su cuerpo empieza a ponerse más flácido, con menos músculos y con más grasa. La testosterona es una hormona que, al construir músculos grandes y fuertes en el cuerpo de un hombre, también contribuye a reducir la grasa del cuerpo ya que, de los tejidos del cuerpo, los músculos son los que más grasa consumen.

Cuando un hombre hace ejercicios de resistencia como alzar pesas su cuerpo construye músculos y ello crea un aumento en la masa muscular. Los músculos a su vez consumen la grasa del cuerpo y crean un cuerpo delgado y bien definido. Si un hombre logra aumentar su producción natural de testosterona logrará también un aumento sustancial en su masa muscular y una reducción en la grasa del cuerpo. Al levantarse la producción de testosterona del hombre puede que no baje de peso debido a que los nuevos músculos pesan dos y media veces más que la grasa, pero su cuerpo cada vez será más esbelto y tendrá energía de sobra.

El otro beneficio que se recibe al aumentarse la producción natural de testosterona en el hombre es que puede tener un efecto muy positivo en su salud y funcionamiento sexual. La testosterona es la hormona que mantiene vivo el interés sexual hacia la pareja, además contribuye a la frecuencia y al sano disfrute de la actividad sexual de las parejas. Incluso hay estudios que reflejan que los hombres con niveles más altos de testosterona tienen muchos menos incidentes cardiovasculares.

Creamos un producto llamado TESTOSTERIN con el propósito de ofrecerle ayuda de tipo hormonal a los hombres. Este producto contiene un extracto de origen natural llamado testofen que en estudios clínicos demostró lograr un aumento de hasta 98% en la producción de testosterona del hombre. TESTOSTERIN contiene varios ingredientes dirigidos a crear una mayor producción de testosterona y varios antioxidantes que se utilizan para proteger la producción de óxido nítrico del cuerpo. El óxido nítrico es la molécula que permite que los hombres tengan una erección satisfactoria y fue el descubrimiento que dio pie a la creación del medicamento Viagra.

TESTOSTERIN, además de aumentar la producción de testosterona, logra un aumento en la producción de óxido nítrico. Este aumento del óxido nítrico no solamente es bueno para la actividad y salud sexual del hombre, también tiene el efecto de relajar el sistema cardiovascular y, en las personas con presión alta, puede ayudar a normalizarla relajando de forma natural la tensión de las arterias.

No está demás mencionar que los hombres que están activos sexualmente tienen una mejor disposición de mantener su peso y su figura. En el tema de mejorar el metabolismo y adelgazar, el estado emocional y la actitud general de la persona ante la vida son determinantes. El sexo saludable de la pareja fomenta el sentido de afinidad entre la pareja y es una excelente válvula para deshacerse del estrés. Como sabemos, el estrés produce otra hormona llamada cortisol que nos engorda y por eso la actividad sexual saludable puede contribuir a que tanto el hombre como la mujer puedan adelgazar sin tanto esfuerzo.

Hay varios estudios que reflejan que entre los hombres diabéticos los niveles de testosterona son bastante más bajos que entre los hombres que no padecen diabetes. Una de las consecuencias más funestas de la diabetes es que muchas veces produce impotencia en los hombres. TESTOSTERIN puede ser una gran ayuda para los hombres, sobre todo si el hombre es mayor de 30 años o si padece de diabetes o presión alta.

GLOSARIO:
DEFINICIONES DE LAS PALABRAS Y TÉRMINOS

aceites poliinsaturados: los aceites y las grasas están construidos de moléculas compuestas de átomos de carbón, hidrógeno y oxígeno. Los aceites poliinsaturados contienen una gran cantidad de átomos de carbón que no están unidos a átomos de hidrógeno y por lo tanto reaccionan al oxígeno y pueden oxidarse o pudrirse. Son aceites como el aceite de maíz, el aceite vegetal, de girasol, y de canola, entre otros.

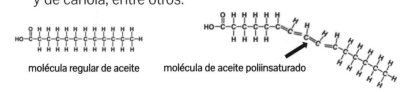

molécula regular de aceite   molécula de aceite poliinsaturado

acetaminofén: el acetaminofén, también conocido en otros países como paracetamol, es un analgésico de mucho uso. Analgésico quiere decir que quita el dolor y se usa para dolores de Cabeza, musculares, fiebre, infecciones de sinusitis y garganta irritada. Se vende bajo distintas marcas tales como Tylenol, Panadol, Mapap, Ofrimev, Feverall, Acephen y Mejoralito, entre otros. Además de estos productos, el acetaminofén está contenido en más de seiscientos otros productos como parte de la formula de muchísimos otros medicamentos.

acidez o alcalinidad: acidez o alcalinidad: se mide con la escala de "pH" que quiere decir "potencial de hidrógeno". Mientras más hidrógeno contenga una sustancia más ácida será, mientras menos contenga más alcalina será. Observe esta escala de pH de distintas sustancias comunes:

SUSTANCIAS	VALOR pH	ALCALINO / ÁCIDO
amoniaco (clorox y otras marcas)	11.9	
leche magnesia	10.5	ALCALINO
pasta de dientes	9.9	
bicarbonato de sodio (baking soda)	8.4	
sangre humana	7.4	
agua pura	7.0	NEUTRAL
orina humana	6.0	
tequila	5.2	
café negro	5.0	
cerveza	4.5	ÁCIDO
vino	3.5	
vinagre	2.9	
refrescos (cola y otros)	2.5	
jugos gástricos de la digestión	2.0	

ácido fítico: es una sustancia que bloquea la absorción de minerales esenciales como el calcio, el magnesio, el cobre, el hierro y especialmente el mineral zinc. El mineral zinc tiene mucho que ver con proteger el sistema inmune, con mejorar la función sexual en los hombres y con evitar el cáncer de la próstata.

molécula de ácido fítico

ácido fosfórico: un tipo de ácido que contienen todos los refrescos (incluyendo los de dieta) como la Coca-Cola y otros, que destruye el oxígeno del cuerpo y reduce el metabolismo. El ácido fosfórico de los refrescos es lo que causa "la sensación como de pequeños alfileres en la lengua" que causan los refrescos carbonatados.

ácido hidroclórico: ácido que produce el estómago para ayudar a digerir los alimentos.

ácido láctico: cuando la glucosa de la sangre, que es un tipo de azúcar, se fermenta se convierte en ácido láctico. El ácido láctico, como todos los ácidos, es una sustancia que puede crear corrosión y daño a los tejidos del cuerpo. Por ejemplo, una persona hace ejercicios físicos y luego le duelen los músculos por varios días. Ello pasa debido a la acumulación de ácido láctico que se genera dentro del cuerpo durante el ejercicio. Se le llama "láctico" porque donde primero se descubrió fue en los productos de la leche y por eso proviene de la palabra "lácteo" (de leche).

ácidos transgrasos: en inglés "trans fatty acids". Los ácidos transgrasos son moléculas de grasa que han sido dañadas y deformadas por el proceso de cambiar los aceites poliinsaturados (maíz, soya, girasol, vegetal) de su estado líquido a un estado sólido. Este proceso de convertir el aceite en grasa sólida se llama hidrogenación y se lleva a cabo calentando el aceite a altas temperaturas mientras se le aplica corriente eléctrica y se le bombea gas hidrógeno. Debido a esto, las moléculas de los aceites transgrasos han perdido su forma molecular normal y han quedado deformes por lo que el cuerpo las trata como si fueran tóxicos. Productos como la margarina están llenos de ácidos transgrasos.

molécula de grasa

molécula de ácidos transgrasos (deforme)

ácido úrico: es un ácido producido por el hígado, los músculos, los intestinos, los riñones al procesar las purinas. Si el hígado ha perdido su capacidad de desintoxicar el cuerpo y eliminar el ácido úrico entonces se producen enfermedades como la gota, por sobreacumulación de ácido úrico en el cuerpo.

adrenales: arriba de cada uno de nuestros dos riñones tenemos una glándula que produce la hormona adrenalina que es una hormona de estrés. Por esta razón se les llama las glándulas adrenales. Las adrenales también producen otras hormonas principalmente la hormona cortisol que, entre otras cosas, acumula grasa en el cuerpo y es la razón por la cual el estrés engorda.

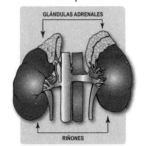

alergias: una alergia es una respuesta específica del sistema inmune, que es el sistema de defensa en nuestro cuerpo. Es una reacción específica a ciertos alimentos o sustancias que desarrolla una reacción inmediata como picor, mucosidad, dolor de cabeza, u otras manifestaciones.

almidón: los almidones son moléculas compuestas de azúcares simples las cuales el cuerpo convierte en glucosa con mucha facilidad. Los carbohidratos que son almidones como la papa o patata, la batata, el camote o la papa dulce, entre otros, están compuestos de almidón. El arroz también es un almidón.

aminoácidos: los aminoácidos son los diminutos componentes que forman las proteínas (carne, mariscos, queso, huevos, etc.). Dependiendo de los tipos de aminoácidos en una proteína es que se puede diferenciar entre los distintos tipos de proteínas, como decir entre los tipos de carnes: cerdo, pollo, pavo, pescado, etc.

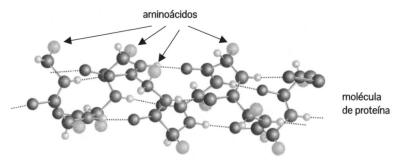

arninoácidos

molécula
de proteína

amoniaco: es una sustancia formada por un gas disuelto en agua, que tiene un olor fuerte y es muy usado en artículos de limpieza. Uno de sus usos más comunes es limpiar cristal, porcelana y acero inoxidable; se vende como detergente.

arterias: son los vasos o conductos por los que la sangre sale del corazón y llega a todas partes del cuerpo. Son el equivalente a lo que sería la tubería del cuerpo por la que pasa la sangre.

arterosclerosis: una condición en la que las paredes de las arterias del cuerpo (corazón, cerebro, etc.) se inflaman, sufren daños y se llenan de una placa de grasa y calcio que va tapando la circulación. La arterosclerosis o aterosclerosis endurece y pone rígidas a las arterias, por lo cual se pierde la flexibilidad para expandirse cuando el  corazón bombea y sube la presión (tensión) arterial. Las arterias, en efecto, también se bloquean y es eso lo que produce un ataque al corazón o un derrame cerebral.

arteria obstruida

artritis: la palabra artritis está compuesta por "-itis" que quiere decir inflamación y "arthros" que quiere decir coyuntura, que es un sitio donde un hueso se encuentra con otro. La inflamación de las articulaciones de los huesos se llama artritis.

átomos: el átomo es la unidad de partícula de materia o sustancia más pequeña que puede existir. La materia sólida, los alimentos y las sustancias están todas compuestas de átomos que las forman al unirse. La palabra átomo procede del griego y significa "no divisible".

ATP: el término ATP quiere decir "adenosine triphosphate" que en español sería trifosfato de adenosina. El ATP es un tipo de energía química que se crea cuando las células del cuerpo, dentro de la mitocondria, convierten los alimentos que ingerimos de forma eficiente en energía con la ayuda del oxígeno. Si el cuerpo de una persona produjera una mayor cantidad de ATP en las células la persona sentiría que tiene fuerza y energía en abundancia ya que su metabolismo se vería favorecido al igual que su habilidad para adelgazar.

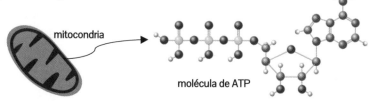

autoinmune: se refiere a una enfermedad en la que el sistema de defensa del cuerpo, que es el sistema inmune, ataca y destruye sus propias células. Se desconoce la causa de las enfermedades autoinmunes, pero todo indica que el cuerpo ha sufrido algún incidente extremo, que es estresante y ha causado alguna intolerancia, o hay algún tóxico, alimento o sustancia, o algún virus que le ataca, que le crea un estado de confusión al sistema inmune, donde se ataca a él mismo, como si fuera su propio enemigo.

bacteria helicobacter pylori: bacteria que vive exclusivamente en el estómago humano. Es una bacteria espiral (su forma asemeja las aspas de un helicóptero) por lo cual adquirió su nombre "helicobacter". En efecto, su forma espiral le permite penetrar y atornillarse en la pared del estómago, por lo cual se le acusa de ser la causa de las úlceras estomacales.

calorías: el término caloría viene del francés, que a su vez se originó del latín "calor". En efecto una caloría es una medida de calor. Fue un término creado por el profesor francés Nicholas Clément alrededor del año 1819, para describir y calcular la conversión de la energía que contenía el carbón al quemarse dentro de una caldera, para lograr calentar el agua al punto de convertirla en vapor y así mover el motor de un tren. Aunque el término caloría se originó en la física de los motores de vapor, el químico estadounidense Wilbur Olin Atwater lo encontró y lo utilizó por primera vez en el año 1875 en relación con sus estudios sobre nutrición y metabolismo humano. Atwater fue el primero que creó las tablas de los valores nutricionales de los alimentos y desde ese entonces el término caloría pasó de medir la energía de una caldera de vapor, a medir la energía que un alimento podría suplirle al cuerpo humano.

carbohidratos: los carbohidratos abarcan una gran variedad de alimentos como pan, harinas, pizza, tortillas, arroz, papa, granos, dulces, azúcar, e incluye los vegetales (verduras) y ensaladas. Cuando decimos "carbohidratos refinados" nos referimos a aquellos carbohidratos que de alguna forma han sido procesados, cocinados, molidos, pulidos o refinados, esto los hace mucho más absorbibles y aumentan con facilidad los niveles de glucosa del cuerpo. A casi todos los vegetales y ensaladas (con excepción del maíz) los consideramos "carbohidratos naturales" (no refinados).

células: las células son las partes más pequeñas del cuerpo que contienen vida. En efecto las células, aunque son pequeñísimas, se alimentan, digieren y respiran al igual que usted. La salud de su cuerpo depende de la salud de las células de su cuerpo.

célula animal

cerebro: es la parte del sistema nervioso donde nuestros pensamientos, percepciones (ver, oler, saborear, oír) y emociones causan cambios en todas las funciones de todas las otras partes del cuerpo. El cerebro también genera los impulsos eléctricos que controlan los movimientos involuntarios, o sea autónomos, tales como respirar, el ritmo del corazón, la digestión y otros.

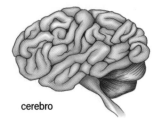

cerebro

ciclo: es una serie de fases, estados o acciones que ocurren una tras la otra y que, al terminar la secuencia, ocurren nuevamente en el mismo orden. Algunos ejemplos son el ciclo menstrual, el ciclo solar, el ciclo de las estaciones.

ciclo circadiano: la palabra circadiano viene del latín *circa* que significa "alrededor de" y de *dies* que significa "día". Así que el ciclo circadiano se refiere a los cambios que ocurren a los seres vivos en intervalos regulares de tiempo y que se repiten diariamente.

ciencia: la palabra ciencia viene del latín *scientia* que quiere decir "conocimiento". La ciencia es un sistema ordenado de conocimientos estructurados que estudia, investiga e

METABOLISMO ULTRA PODEROSO • FRANK SUÁREZ

interpreta los fenómenos naturales, sociales y artificiales. Los conocimientos científicos se obtienen mediante observaciones y experimentaciones.

colesterol: el colesterol es una sustancia natural producida por el cuerpo humano y por los animales. El colesterol es la materia de construcción principal de muchas de las hormonas, como la hormona estrógeno, que es la hormona femenina y la hormona testosterona, que es la hormona masculina. Todas las células del cuerpo contienen colesterol, con excepción de las células de los huesos.

combustible: cualquier material (gasolina, carbón, etc.) capaz de liberar energía cuando se oxida (se une con el oxígeno).

combustión: reacción creadora de energía de un combustible con el oxígeno.

combustión

cortisol: es una hormona antiinflamatoria natural que produce el cuerpo humano en las glándulas adrenales. El cortisol se produce en el cuerpo bajo condiciones de estrés. Tiene un efecto antiinflamatorio, pero también aumenta los niveles de grasa corporal especialmente en el área abdominal.

cortisona: un medicamento antiinflamatorio que producen las compañías farmacéuticas. Se utiliza en inyecciones, tabletas y cremas para reducir la inflamación. El medicamento cortisona es prácticamente idéntico a la hormona cortisol que nuestro cuerpo produce cuando confrontamos estrés y también tiene el efecto de hacernos engordar.

depurar: limpiar o purificar.

diabetes: la diabetes es una condición que se distingue por tener niveles de glucosa (azúcar de la sangre) que son excesivamente altos y dañinos a la salud del cuerpo.

diagnósticos: la palabra diagnóstico se forma de *diag-* que quiere decir "a través de" y *gnosis* que quiere decir "conocimiento". Un diagnóstico es una decisión que un médico o profesional de la salud toma basada en su conocimiento de la condición o enfermedad y lo que él observa en el paciente.

Dieta 3x1: régimen alimentario para la restauración del metabolismo que toma en cuenta los distintos efectos que cada tipo de alimento puede tener sobre el sistema hormonal del cuerpo (ejemplo: cantidad que el páncreas necesita producir de la hormona insulina). Además, la Dieta 3x1 se adapta de forma individual para cada persona tomando en cuenta su individualidad biológica y la reacción que tendrá su sistema nervioso central de acuerdo con si su sistema nervioso es predominantemente pasivo o excitado. Una característica especial es que en la Dieta 3x1 los alimentos se catalogan como Alimentos Tipo A (adelgazan o amigos del control de la diabetes) o Alimentos Tipo E (engordan o enemigos del control de la diabetes). La Dieta 3x1® es una marca registrada por Frank Suárez en Estados Unidos, México y otros países de Latinoamérica y Europa.

digestión: es el proceso natural que le permite al cuerpo transformar los alimentos en nutrientes que se puedan utilizar para la creación de la energía que produce el metabolismo.

sistema digestivo

diurético: medicamento que funciona a base de extraer y reducir el volumen de agua del cuerpo humano para así reducir la presión arterial. Cuando se utiliza un diurético la persona aumenta su volumen de excreción orina y así reduce la presión.

divertículos: son bolsas que se forman en la pared del intestino. Cuando los divertículos se inflaman pueden producir un sinnúmero de síntomas desagradables y dolorosos, a lo que se le conoce como diverticulitis.

edulcorante: un edulcorante es cualquier sustancia, natural o artificial, que provee un sabor dulce a un alimento o producto. El azúcar y la miel son edulcorantes de origen natural, mientras que la sucralosa o el aspartame son edulcorantes de origen artificial.

enzima: las enzimas son proteínas que participan en lograr cambios y transformaciones de otras sustancias. Por ejemplo, hay una enzima que transforma el colesterol y lo convierte en la hormona estrógeno. Hay distintas enzimas que se utilizan para poder digerir las grasas, las proteínas y los carbohidratos. Hay enzimas involucradas en todos los procesos del cuerpo.

estudios clínicos: los estudios clínicos son publicaciones de investigaciones científicas que han llevado a cabo médicos e investigadores de las universidades y recogen las evidencias comprobadas mediante la ciencia sobre un tema relativo a la medicina o la salud.

excitado: una forma más sencilla de llamar al Sistema Nervioso Simpático. Este nombre resultó muy efectivo para que las personas que ayudábamos con el metabolismo lograran aprenderlo, asociarlo y recordarlo, aunque a mis amigos de México tuve que aclararles que "excitado" no tiene nada que ver con la sexualidad, ya que en su país "excitado" tiene una connotación de índole sexual.

fibra: es uno de los compuestos de los carbohidratos. Aunque se considera parte de los carbohidratos, es una parte que no aumenta la glucosa y no le puede engordar. De hecho, la fibra ayuda a reducir la absorción de la glucosa, por lo tanto, le ayuda a adelgazar. Podría decirse que la fibra es como una paja y no aporta ningún valor nutricional, ni afecta la glucosa.

fisiología: la fisiología, del griego *physis* "naturaleza" y *logos* "conocimiento o estudio". Es la ciencia biológica que estudia el funcionamiento de los seres vivos.

flora: conjunto de organismos como bacterias, algunos virus, parásitos y hongos que viven dentro del cuerpo en las paredes del intestino y de la vagina en las mujeres. La mayoría de estos organismos ayudan en diferentes procesos del cuerpo y son inofensivos. Sin embargo, algunos de ellos en condiciones específicas, pueden causarle daño al cuerpo como, por ejemplo, el sobre crecimiento del hongo candida, que puede llegar a invadir todo el cuerpo y causar daños, cuando una persona consume un exceso de carbohidratos refinados.

genes: Los genes son unos microscópicos marcadores que contienen todas las células del cuerpo y sirven para determinan los rasgos que heredará un organismo vivo (persona, planta, hongo, bacteria, etc.) porque transmiten los factores hereditarios de una generación a la próxima. Si, por ejemplo, mamá y papa tenían los ojos verdes habría una fuerte posibilidad de que un hijo de ellos heredara el rasgo de los ojos verdes. Los genes transmiten los rasgos de los padres a sus hijos. Las plantas también tienen genes que transmiten sus características y rasgos a sus descendientes.

genéticamente modificado: Un organismo genéticamente modificado (abreviado OGM) es aquella planta, animal, hongo o bacteria a la que se le ha agregado, por ingeniería genética, algunos genes[†] con el fin de producir ciertos rasgos o características. En el caso del maíz, es una planta de maíz cuyo material genético ha sido alterado artificialmente usando técnicas de ingeniería genética (modificar la estructura y composición de los organismos).

glándula: es un órgano del cuerpo que tiene la capacidad de producir sustancias que producen efectos en otras partes del cuerpo.

glándula tiroides

glucagón: hormona que produce el páncreas que tiene el efecto de reducir el hambre y que ayuda a quemar la grasa almacenada del cuerpo (obesidad) por lo cual tiene el efecto contrario de la insulina que es una hormona que causa hambre y acumula grasa.

glucógeno: es un tipo de almidón (imagínese un puré de papas) que el hígado crea de forma natural para almacenar glucosa. Así puede mantener los niveles de glucosa de la sangre estables entre comida y comida. El glucógeno es 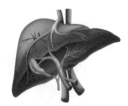 como si fuera un combustible de reserva que se almacena en el hígado y en los músculos hasta que el cuerpo lo necesita para aumentar los niveles de glucosa en la sangre.

el hígado

glucosa: azúcar de la sangre que es el combustible y alimento principal de las células del cuerpo.

goitrógenos: son sustancias naturales o químicas que han demostrado que suprimen la función de la glándula tiroides. Todo lo que suprima la función de la glándula tiroides reduce el metabolismo. Algunos goitrógenos naturales están contenidos en la soya. El fluoruro de la crema dental también es un goitrógeno que reduce la producción de hormonas de la tiroides.

gota: la gota es una enfermedad producida por una acumulación de cristales de ácido úrico en distintas partes del cuerpo, sobre todo en los dedos gordos del pie, tejidos blandos y riñones. Es un tipo de ataque de artritis que causa un intenso dolor y enrojecimiento que se agrava especialmente por las noches.

hierro: es un mineral importante que el cuerpo necesita para producir la hemoglobina, una sustancia de la sangre que lleva el oxígeno de los pulmones a los tejidos de todo el cuerpo. El hierro es también una parte importante de muchas otras proteínas y enzimas que el cuerpo necesita para el crecimiento y desarrollo. La sangre es de color rojo por su contenido del mineral hierro.

hipertensión: tensión (presión) excesivamente alta de la sangre. La hipertensión arterial aumenta la probabilidad de sufrir un accidente cerebrovascular, un ataque cardíaco, insuficiencia cardíaca, enfermedad renal o muerte prematura.

hipertiroidismo: es una condición en la cual la glándula tiroides produce un exceso de las hormonas de la tiroides. Esto causa pérdida de peso, palpitaciones, alta presión, insomnio y ataques de pánico entre otras.

hipoclorhidria: una condición en la cual el estómago tiene una producción deficiente del ácido clorhídrico (HCL), lo cual causa una indigestión que se convierte en acidez estomacal. Las manifestaciones son casi idénticas a las del reflujo gastroesofágico para el cual también se promueven otra cantidad de medicamentos.

hipoglucemia: es una reducción anormal en los niveles de glucosa de la sangre, que puede causar mareos, dolor de cabeza, sudores fríos, desorientación mental y hasta inconciencia. En principio las células del cuerpo se empiezan a morir de hambre por la falta de glucosa, algunas mueren y el sistema nervioso y hormonal se descontrolan. Esto ocurre cuando la glucosa de la sangre se reduce demasiado (por debajo de 60 ml/dl), lo cual puede ocurrir por una sobredosis de insulina, por pasar demasiadas horas sin comer o por reacciones de intolerancia a ciertos carbohidratos como el arroz o el azúcar.

hipotermia: quiere decir que la temperatura del cuerpo está demasiado baja, como lo que experimentaría alguien que sufre el frío aplastante del Polo Norte, por lo cual puede morir. Les pasa también a los náufragos que se ven obligados a flotar por largo tiempo en mares donde la temperatura del agua es demasiado fría.

hipotiroidismo: condición en la cual la glándula tiroides produce una cantidad insuficiente de las hormonas que controlan el metabolismo, la temperatura del cuerpo y la energía del cuerpo. Esta condición se caracteriza por síntomas como depresión, caída del pelo, frío en las extremidades, estreñimiento, resequedad en la piel, dificultad para adelgazar, cansancio continuo, problemas digestivos e infecciones continuas. Es una condición que no siempre se detecta en las pruebas de laboratorio y que puede existir subclínicamente (sin que se detecte con facilidad en los análisis de laboratorio).

hipotiroidismo subclínico: un tipo de hipotiroidismo que padecen muchas personas que no se detecta en las pruebas de laboratorio de la tiroides que miden las hormonas (TSH, T4, T3). Este tipo de hipotiroidismo subclínico es muy prevaleciente entre las personas con obesidad que padecen de metabolismo lento. Hay médicos de vanguardia que lo reconocen y tratan. Hay otros médicos que no le dan ningún crédito y prefieren medicar a su paciente con un antidepresivo que de todas maneras crea más obesidad y descontrol en la diabetes.

homeostasis: es una palabra compuesta del griego *homo* que significa similar y *estasis* estado o estabilidad. La homeostasis es una propiedad de los organismos vivos que consiste en su capacidad de mantener una condición interna estable, utilizando el metabolismo para compensar los cambios que se producen en su entorno (comida, temperatura, hidratación, etc.). Es una forma de equilibrio dinámico, posible gracias a una red de sistemas de control del cuerpo humano.

hongo candida albicans: el hongo candida albicans es una de las más de 150 especies de hongos que habitan en el cuerpo humano. Se llama así porque este hongo es de color blanco. La palabra *candida* proviene del latín *candidus* que quiere decir blanco brillante; y la palabra *albicans* viene del latín *albus* que también significa blanco. Todos los seres humanos tenemos hongo candida albicans en nuestro cuerpo y, en condiciones normales, este hongo no invade ni causa enfermedades. Pero si usted descuida su alimentación consumiendo un exceso de carbohidratos refinados, que es su alimento favorito, el hongo candida se reproducirá agresivamente por todas las partes de su cuerpo. Este hongo produce 78 tóxicos distintos que crean un metabolismo lento y una variedad impresionante de enfermedades. Los pacientes de cáncer, las personas de constitución débil, las personas con obesidad y las personas con diabetes tienen, en su

hongo candida albicans

mayoría cuerpos que están gravemente infectados del hongo candida albicans.

hormonas: las hormonas son sustancias mensajeras del cuerpo que llevan órdenes que causan cambios en el cuerpo. Por ejemplo, la hormona femenina estrógeno comunica a las células del cuerpo mensajes que crean las características femeninas (con senos, sin barba, más grasa y menos músculos), mientras que la hormona masculina testosterona lleva el mensaje contrario de crear cuerpos masculinos (sin senos, con barba, menos grasa y más músculos).

idea fija: una decisión o pensamiento sobre algo, que es incambiable.

individualidad biológica: diferencias entre los cuerpos de distintas personas por sus factores hereditarios que afectan todo en el cuerpo incluyendo el tipo de sangre.

insulina: una hormona importantísima que se produce en el páncreas y que es la que permite que la glucosa sea transportada hasta las células para ser utilizada como fuente de energía para el cuerpo humano. Es la hormona que permite la acumulación de grasa en el cuerpo cuando existe un exceso de glucosa que no es utilizado por las células. Los diabéticos tienen problemas relacionados a esta hormona y en algunos casos tienen que inyectársela si su páncreas ya ha sufrido daño y no produce suficiente de ella.

médula espinal: es ese gran conjunto de distintos nervios que viajan desde el cerebro a través de todo lo largo de la espina dorsal y que llevan los impulsos eléctricos que controlan todos los movimientos del cuerpo.

minerales: los minerales son elementos importantísimos para la salud ya que, entre otras cosas, ayudan a la creación de diferentes hormonas. Los minerales se encuentran en los vegetales, ensaladas y en la tierra. Algunos minerales son el magnesio, el potasio y el hierro.

mitocondria: la mitocondria es la parte de la célula que funciona como un pequeño horno que produce energía. Cuando usted ingiere los alimentos, el cuerpo los descompone en partículas muy pequeñas que son transportadas a las células. Entonces la mitocondria recoge esos nutrientes y los mezcla con el oxígeno, generando una combustión, que produce la energía de calor. Por eso, cuando nuestro metabolismo está funcionando bien, sentimos el cuerpo calientito. Esa energía de calor realmente se llama trifosfato de adenosina, o por sus siglas en inglés, ATP. El ATP es la energía química interna del cuerpo, que permite el movimiento al que llamamos vida.

mitocondria

célula animal

moléculas: la palabra molécula viene de la palabra *moles* que significa masa. Una molécula es grupo de al menos dos átomos unidos. Las moléculas unidas forman cosas, y dependiendo del tipo de átomos que compone a la molécula, será el tipo de elemento que tengamos. Por ejemplo, las grasas están construidas de moléculas compuestas de átomos de carbón, hidrógeno y oxígeno.

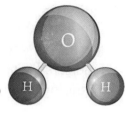

molécula de agua H₂O

neuropatía diabética: un tipo de daño en los nervios que ocurre en las personas que tienen diabetes. Este daño hace difícil que los nervios lleven mensajes al cerebro y a otras partes del cuerpo. Un diabético puede perder la sensación de sus piernas al punto de no poder sentir el dolor de un clavo de acero que se le inserte en el talón de una pierna. La neuropatía diabética también es causa de la pérdida de la potencia sexual en los hombres diabéticos y la causa de la frigidez sexual en la mujer diabética. Las amputaciones ocurren, generalmente, después de que ya la persona empezó a experimentar algún grado de neuropatía diabética.

NEUROPATÍA DIABÉTICA

órgano: un órgano es una agrupación de células que forman tejidos que trabajan agrupados y en coordinación para lograr alguna función vital del cuerpo. Ejemplos de algunos órganos son el estómago, el hígado, los pulmones y el corazón.

osteoporosis: pérdida de las proteínas y minerales de los huesos. A consecuencia de esto, el hueso es menos resistente y más frágil de lo normal y se rompe con relativa facilidad.

palpitaciones cardiacas: si el ritmo de su corazón es demasiado rápido (más de 100 latidos por minuto), se le llama taquicardia, si es demasiado lento se llama bradicardia y si es irregular se le llama arritmia. Cualquier condición de ritmo anormal es causa para preocupación.

páncreas: es una glándula del tamaño de su puño que está localizada justo al lado del estómago, hacia la parte alta del

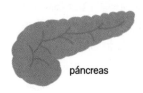
páncreas

abdomen. El páncreas produce hormonas como la insulina y también diferentes enzimas para digerir los carbohidratos, las proteínas y las grasas.

pólipos: el pólipo es una pequeña protuberancia que puede crecer en diferentes áreas de nuestro cuerpo como el estómago, la vesícula biliar, el útero, la vagina y los intestinos, entre otras áreas. La mayoría de estos crecimientos son benignos, pero en algunos casos, si crecen demasiado, pueden causar obstrucción intestinal.

proteínas: las proteínas son alimentos que proveen un máximo de energía al cuerpo como carnes, mariscos, huevo, queso y proteínas como la proteína de whey (suero de leche). Las proteínas están compuestas de aminoácidos y tienen la propiedad de que no provocan que el cuerpo humano tenga que producir una gran cantidad de insulina como pasa con los carbohidratos refinados (pan, harina, pasta, azúcar, etc.)

purinas: las purinas son sustancias naturales que contiene el ADN (ácido desoxirribonucleico) que es el almacenador principal de la información genética hereditaria en todos los seres vivos. Cuando las purinas se utilizan en el interior de las células se produce ácido úrico. El exceso de ácido úrico, especialmente en los de sistema nervioso excitado, puede producir la condición tipo artrítica inflamatoria llamada gota. Los alimentos que tienen un alto contenido de purinas tienen un efecto excitante y estimulante sobre el sistema nervioso, además de que causan constricción (estrechamiento que cierra parcialmente los capilares), lo cual puede subir la presión arterial. Algunos alimentos con un alto contenido de purinas son las anchoas, los crustáceos, las sardinas, la carne roja, la espinaca y los hongos (setas, champiñones).

reflujo – acidez: cuando el estómago está irritado y sus ácidos comienzan a moverse en dirección hacia arriba del esófago (conducto que va de la garganta al estómago). Esto causa quemazón, irritación e inflamación del esófago.

régimen: un sistema o método para medir y controlar la cantidad y tipo de alimentos que se utilizan en la dieta.

serotonina: una sustancia que produce el cerebro que tiene un efecto antidepresivo y se considera responsable de causar un buen estado de ánimo.

síndrome metabólico: cuando se padece de resistencia a la insulina, obesidad abdominal, triglicéridos altos e hipertensión (presión o tensión alta), a la vez.

sintético(a): un medicamento sintético es uno compuesto de sustancias fabricadas por la industria farmacéutica que no son naturales al cuerpo.

síntomas: indicio, indicador o señal del cuerpo que avisa sobre la existencia de una condición de salud o enfermedad.

Sistema Nervioso Autónomo: es la parte del sistema nervioso que controla las acciones involuntarias del cuerpo (que usted no tiene que pensar en ellas). El sistema nervioso autónomo controla el corazón, los pulmones, el páncreas, el hígado, el intestino y todos los procesos hormonales vitales del cuerpo. Es lo que hace que cuando alguien se asusta se le acelere automáticamente el ritmo del corazón, que le suba la presión (tensión) arterial o que le suba la glucosa en la sangre a un diabético, aunque no haya comido. Se le llama autónomo porque no se le puede controlar con la mente; opera de forma independiente a los pensamientos de una persona.

Sistema Nervioso Parasimpático: esa parte del sistema nervioso que reduce el ritmo del corazón y relaja la musculatura para permitir el descanso y la relajación, o el sueño profundo y reparador. También le llamamos Sistema Nervioso Pasivo.

Sistema Nervioso Simpático: esa parte del sistema nervioso que reacciona al estrés y a las amenazas subiendo la presión arterial, aumentando el ritmo del corazón y preparando al cuerpo para pelear o correr. También le llamamos Sistema Nervioso Excitado.

tecnología: es el nombre que se le da a un conjunto de conocimientos que se aplican de forma ordenada para lograr unos resultados o efectos deseados. Una verdadera tecnología siempre puede producir resultados predecibles.

tiroides: la glándula tiroides está localizada en el cuello y tiene una forma parecida a la de una mariposa con las alas abiertas. Esta glándula produce las hormonas que controlan el metabolismo y también la temperatura del cuerpo humano. Cuando esta glándula falla en su producción de hormonas se ocasionan serios disturbios en la salud y en la energía del cuerpo.

triglicéridos: los triglicéridos son grasas que se fabrican en el hígado. Cuando a alguien su medico le dice "tienes los triglicéridos altos" quiere decir que la persona tiene mucha grasa flotando en la sangre, lo cual es muy peligroso para la salud.

tubérculos: los tubérculos son raíces comestibles, como la papa, el camote y la yuca, entre muchos otros, que son carbohidratos y aumentan la glucosa.

vida sedentaria: también conocida como sedentarismo, es el estilo de vida más cotidiano. Incluye poco ejercicio y suele aumentar el régimen de problemas de salud, especialmente la obesidad y padecimientos cardiovasculares. Es un estilo de vida frecuente en las ciudades modernas, altamente

tecnificadas, donde todo está pensado para evitar grandes esfuerzos físicos.

vital: vital quiere decir que es propio de la vida o que está relacionado con ella. Vital quiere decir que es imprescindible para el funcionamiento de algo.

vitaminas: las vitaminas son compuestos imprescindibles para la vida y el ingerirlos de forma equilibrada y en dosis esenciales promueven el funcionamiento correcto del cuerpo. La mayoría de las vitaminas esenciales no pueden ser producidas por el cuerpo, por lo que la única forma de obtenerlas es a través de la ingesta de alimentos que las contengan. Las vitaminas son nutrientes que junto con otros elementos nutricionales hacen que se lleven a cabo todos los procesos del cuerpo.

Localizaciones de NaturalSlim

Para recibir ayuda profesional y personalizada de un Consultor Certificado en Metabolismo, puede comunicarse a cualquiera de nuestros centros NaturalSlim. Nos especializamos en casos de personas que ya han experimentado varios fracasos, debido a un metabolismo lento, diabetes o hipotiroidismo. Si usted vice lejos de un centro NaturalSlim, llámenos ya que también podemos ofrecerle servicio y ayuda a distancia.

 aturalSlim® Puerto Rico
Teléfono del Cuadro Central **787-763-2527**
www.NaturalSlim.com

NaturalSlim Metro
262 Ave. Jesús Toribio Piñero
San Juan, PR 00918
Tel. 787-763-2527 Ext. 1

NaturalSlim Oeste
2770 Ave. Hostos #302
Centro Comercial SVS Plaza
Mayagüez, PR 00682
Tel. 787-763-2527 Ext. 2

NaturalSlim Servicio a Distancia
a Todo Puerto Rico
Tel. 787-763-2527 Ext. 3
Consultoría a través del teléfono
y servicio de envíos por correo.

 aturalSlim® Estados Unidos
Teléfono libre de costo **1-888-348-7352**
us.NaturalSlim.com

NaturalSlim Estados Unidos
Servicio a Toda la Nación
1200 Starkey Road #205
Largo, Florida 33771
Teléfono 1-727-518-1600

NaturalSlim Orlando
2415 Sand Lake Rd
Orlando, Florida 32809-7641
Teléfono 1-407-635-9777

aturalSlim® Panamá
Teléfono +507 396-6000
www. NaturalSlim.com

Consultoría presencial y servicio a distancia a todo Panamá
Vía España, Plaza Regency, arriba de Adams,
justo frente a Supermercado El Rey,
a una cuadra del metro Iglesia del Carmen. Nivel 1,
Oficina 1-J en Ciudad de Panamá

aturalSlim® Costa Rica
www.NaturalSlim.com

NaturalSlim Alajuela
Servicio presencial y a distancia
Outlet Internacional,
Radial Alajuela
Junto al City Mall.
Locales 31, 32, 33
Teléfono 2430-2010

NaturalSlim Rohrmoser
Servicio presencial y a distancia
Centro Comercial Plaza
Rohrmoser,
200 mts Este de la Embajada
Americana, local #7
Teléfono 2291-0914

aturalSlim® Colombia
Teléfono 70-20-928
www.NaturalSlim.com

Servicio presencial y a distancia
Calle 63a No. 20-04
Bogotá, Colombia

NaturalSlim® Europa
www.Naturalslim.eu

NaturalSlim España
Servicio a distancia
Madrid, España
Teléfono 646047432

NaturalSlim Amsterdam
Serving all Europe
Amsterdam, The Netherlands
Tel +31-20-2296300

Centro El Poder del Metabolismo Curaçao
Teléfono +599 9 569 2832
Dra. Isbely Cooper – Salú i Bienestar

Mamayaweg Kaya-A 46
Dominguito, Curaçao

SITIOS DE AYUDA ADICIONALES

M **etabolismoTV.com**
Canal de TV en Internet y video blog interactivo sobre el metabolismo y la salud. Vea los últimos episodios en videos donde Frank Suárez explica los temas más interesantes sobre sus últimos descubrimientos y la tecnología del metabolismo. También puede verlos en nuestro canal YouTube.com/MetabolismoTV. Puede hacerse miembro de MetabolismoTV gratuitamente, donde cada semana publicamos cuatro nuevos videos basados en los temas sobre el metabolismo y la salud. Más de 100,000 personas nos visitan cada semana, buscando información que les ayude a mejorar el metabolismo y la salud, lo cual, por su puesto, incluye lograr controlar la diabetes y evitar las complicaciones que puede causar una diabetes mal controlada. Para información adicional o de contacto puede escribirnos a info@metabolismotv.com o puede contactarnos a través de MetabolismoTV en Facebook.

U **nimetab.com**
Unimetab es el centro de estudio virtual más completo que existe sobre los temas del metabolismo y la salud. Unimetab quiere decir "metabolismo único" ya que con el poder de nuestro metabolismo se pueden mejorar la mayoría de las condiciones de salud, además de adelgazar. Se ofrecen cursos desde básicos hasta avanzados, basados en las investigaciones y descubrimientos del especialista en obesidad y metabolismo, Frank Suárez.

Los cursos tienen videos educaciones especiales hechos por Frank, exámenes de comprobación después de cada lección, gráficas y fotos ilustrativas de cada concepto, ejercicios de práctica, y un certificado oficial firmado por Frank. Los cursos se pueden hacer en el teléfono móvil, tableta o computador, en el tiempo en que a cada persona le sea más conveniente 24/7. El material del curso se puede revisar o utilizar como referencia futura, ya que continuará estando accesible para los estudiantes de Unimetab de forma permanente. Visítenos en www.unimetab.com.

PreguntaleAFrank.com

Página de búsqueda de respuestas a todas las preguntas que pueda tener sobre el metabolismo y la salud. En este sitio de internet encontrará más de mil artículos en los que Frank responde a todas las dudas sobre los temas de la salud y el metabolismo, con referencia a sus videos en MetabolismoTV.

DiabetesTV

La revolución en el tema de la diabetes. En canal DiabetesTV en YouTube usted encontrará videos en los que se explica cómo controlar la diabetes de manera sencilla y práctica, basado en las recomendaciones de Frank Suárez en su libro Diabetes Sin Problemas. En DiabetesTV, la Lcda. Sylvia Colón, Nutrióloga, Dietista, Especialista en Diabetes y Consultora Certificada en Metabolismo, le dará las herramientas para que la diabetes no controle su vida y usted pueda adelgazar y mejorar su salud aún padeciendo de esta condición.

MetabolismoVIP.com

Es una plataforma virtual donde podrá acceder a los libros de Frank Suárez desde su computadora, teléfono móvil o tableta y tener asistencia de Consultores en Metabolismo Certificados que contestarán sus dudas. El sistema de membresía le dará permiso para acceder a la plataforma de libros y para hacer preguntas. Tendrá la oportunidad de aprender sobre los temas del metabolismo, la salud y tecnología para mejorar el sistema nervioso, basados en las investigaciones del especialista en obesidad, metabolismo y diabetes, Frank Suárez. Quien luego de haber vencido su problema del sobrepeso y las enfermedades que esto causa, ha ayudado a millones de personas a vencer sus obstáculos y problemas del metabolismo lento.

Guía de Alimentos Tipo A

Para facilitarle la selección de alimentos en su Dieta 3x1® y darle a conocer todos los Alimentos Tipo A que tiene a su disposición, hemos confeccionado una "Guía de Alimentos Tipo A", a colores, que usted puede obtener de forma gratuita descargándola de internet al acceder al siguiente enlace:

www.naturalslim.com/guia-de-alimentos-tipo-a

Una vez acceda a este enlace sólo necesita proveer su nombre y dirección de correo electrónico para recibir un mensaje con el enlace que le permitirá descargar la "Guía de Alimentos Tipo A" a colores, de forma gratuita. Se sorprenderá de la amplia selección que usted tiene a su disposición de Alimentos Tipo A.

La Guía de Alimentos Tipo A viene acompañada de un Índice de Episodios del 1 al 1,000, que lista los primeros 1,000 vídeos de MetabolismoTV. Usando este índice usted puede fácilmente encontrar información sobre cualquier tema de salud en los vídeos de MetabolismoTV.

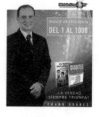

LIBROS DE AYUDA ADICIONAL

El Poder del Metabolismo

Publicado en el año 2006, este libro fue ganador del premio International Latino Literary Award como mejor libro de salud del 2010. Además, recibió el premio especial "Triple Crown Award" por lograr el voto unánime de los jueces. En este libro Frank expone todos los datos básicos para el mejoramiento del metabolismo y la salud. El Poder del Metabolismo tiene más de un millón de copias vendidas alrededor del mundo y ha sido traducido al inglés, francés, holandés y alemán, con miles de historias de éxito de personas que han logrado alcanzar sus metas al aplicar los conocimientos expuestos en este libro.

En un mundo de controversias en el tema de la obesidad, El Poder del Metabolismo registra las técnicas y factores que ayudan a recuperar el metabolismo, basadas en la experiencia y las observaciones de lo que ha funcionado en cientos de miles de personas. Las técnicas para bajar de peso de forma natural vienen descritas en este Best-Seller. Los temas incluyen una dieta con la que se puede vivir, por qué las grasas no son las culpables de la obesidad, la diferencia entre bajar de peso y adelgazar, los alimentos que son fuentes de energía para el metabolismo, y el hongo candida albicans, entre otros. El libro define las causas y soluciones al problema del metabolismo lento que tiene algunos haciendo "dieta de por vida" mientras que otros son flacos coman lo que coman. Por lo tanto, se concluye que bajar de peso no tiene que ver solo con lo que usted come.

Usted puede adquirir este libro en los centros NaturalSlim, en Amazon en sus versiones digital e impresa o en MetabolismoTVBooks.com.

www.ElPoderdelMetabolismo.com

D iabetes Sin Problemas

El libro Diabetes Sin Problemas, El Control de la Diabetes con la Ayuda del Poder del Metabolismo, es el resultado del trabajo de investigación de Frank Suárez de más de 5 años. Es un libro escrito para los pacientes diabéticos, para los familiares que le cuidan y para los médicos o profesionales de la salud que quieran ver mejorar a sus pacientes sin necesidad de continuar aumentando las dosis de los medicamentos ni los riesgos de las complicaciones de salud. Contiene 561 páginas de explicaciones, en lenguaje sencillo, sobre todos los aspectos que se necesitan entender para lograr el control de la diabetes. Como la diabetes es una enfermedad que puede ser mortal, este libro tiene el propósito principal de evitar los problemas de salud y las complicaciones (pérdida de la vista, daños a los riñones, etc.) que puede traer una diabetes mal controlada. En este libro Frank Suárez no deja ningún aspecto fuera y empodera al lector para que realmente comprenda la diabetes de forma que la pueda controlar.

El libro contiene 175 fotos, diagramas e ilustraciones para ayudar en la compresión del tema. Debido a la seriedad del tema, en Diabetes Sin Problemas, Frank Suárez cita un total de 965 estudios clínicos, libros, artículos científicos y opiniones de médicos que avalan las explicaciones que él ofrece al lector. Además, el libro incluye un glosario (definiciones de las palabras) que explica de forma sencilla las 124 palabras o términos médicos más importantes que se necesitan entender en el tema de la diabetes. La meta del libro es lograr un paciente o familiar de paciente diabético educado que de forma responsable contribuya al control de la diabetes ayudando así a su médico u otro profesional de la salud calificado a monitorear su condición. Diabetes Sin Problemas es una herramienta de educación que contribuirá al control de la diabetes y a la reducción de los costos médicos donde quiera que se aplique.

Usted puede adquirir este libro en los centros NaturalSlim, en Amazon en sus versiones digital e impresa o en MetabolismoTVBooks.com.

Recetas, El Poder del Metabolismo

Frank Suárez, con la creación de su Dieta 3x1® ha revolucionado el campo de las dietas, permitiéndole a las personas adelgazar y mejorar su salud y energía, sin pasar hambre y disfrutando de todo tipo de alimentos. En este libro, Frank presenta combinaciones deliciosas de la Dieta 3x1 y cientos de recetas riquísimas, que complementan el estilo de vida del Poder del Metabolismo.

Así que coma sabroso mientras mejora su metabolismo y adelgaza. Con más de 200 deliciosas recetas para toda ocasión, además de explicaciones simples de cómo combinar los alimentos para mejorar su metabolismo, bajar de peso y controlar la diabetes y combinaciones de la súper exitosa Dieta 3x1®. También contiene enlaces de videos donde Frank Suárez explica:

- Qué es el metabolismo
- Las causas para un Metabolismo Lento
- Su sistema nervioso y el metabolismo
- La dieta que sube el metabolismo

Usted puede adquirir este libro en los centros NaturalSlim, en Amazon en sus versiones digital e impresa o en MetabolismoTVBooks.com.

Librito El Camino a la Felicidad

El librito El Camino a la Felicidad es un código moral no religioso basado completamente en el sentido común. Fue escrito por L. Ronald Hubbard como una obra individual y no es parte de ninguna doctrina religiosa. Frank Suárez, El Poder del Metabolismo, MetabolismoTV y NaturalSlim con orgullo apoyan y recomiendan el conocer los valores morales que promueve y enseña la Fundación El Camino a la Felicidad (elcaminoalafelicidad.org).

No podemos separar la salud de los valores morales, ya que el primer precepto del Camino a la Felicidad es **Cuida de Ti Mismo**. Es una obligación moral de cada persona, cada padre, abuelo o ser querido el conocer los principios que preservan y cuidan la salud.

La falta de estos conocimientos básicos sobre la salud, como los que se enseñan en el libro El Poder del Metabolismo, ha permitido que el público en general padezca de un exceso de sobrepeso, obesidad, diabetes, alta presión, mala calidad de sueño, falta de energía y problemas mentales.

Después de más de veinte años ayudando a cientos de miles de personas es la opinión de Frank Suárez que la ignorancia sobre los básicos del metabolismo y la salud mantiene a la población mundial enferma, llena de síntomas y de múltiples condiciones de mala salud que requieren un exceso de medicación, simplemente porque no hay un interés genuino de cuidar al público para así mantener las ventas y los ingresos del imperio farmacéutico y de la industria médica.

Esto ha pasado por falta de morales en aquellos que dirigen la educación médica y en los que planifican para cada día poder medicar aún más a nuestros niños, seres queridos y ancianos. Por eso es importante compartir valores morales que estén basados en el sentido común y que promuevan que realmente podamos vivir más felices.

Usted puede adquirir copias gratuitas de este librito en los centros NaturalSlim, o en elcaminoalafelicidad.org.

M RT-MD Protocol

La tecnología de restauración del metabolismo y sus resultados en el control de la diabetes y de la obesidad se ha estado utilizando en estudios clínicos, que están siendo publicados en los diarios científicos. Existe la posibilidad de capacitar a médicos, nutricionistas u otros profesionales de la salud que interesen mejorar los resultados con sus pacientes.

En los círculos científicos y médicos a esta modalidad de terapia se le denomina como **Metabolic Restorative Technology Medical Protocol™** o con su nombre corto de MRT-MD Protocol™. Bajo la marca de MRT-MD Protocol se están efectuando varios estudios clínicos en México, Puerto Rico y en otros países, con el uso de esta tecnología para la restauración del metabolismo adaptada al ámbito médico. El protocolo MRT-MD utiliza una tecnología educacional con derechos de propiedad registrados, para optimizar la compresión de los pacientes y así lograr su participación en ser parte de la solución a sus condiciones de obesidad y diabetes. Los resultados, tanto en la mejoría de salud de los pacientes, como en las reducciones de costos médicos, son prometedores.

Para más información para capacitarse sobre el protocolo médico MRT-MD se puede escribir a nuestro director médico, el doctor Carlos Cidre al Email: drcarloscidre@diabetessinproblemas.com o visitar www.mrt-mdprotocol.com.

D r. Carlos M. Cidre Miranda
Médico Internista, American Board of Internal Medicine
Diplomate, Médico Consultor Principal de NaturalSlim

Urb. Atenas Elliot Vélez B-41 Bayamón Medical Plaza
Manatí, Puerto Rico Suite 303, Bayamón, Puerto Rico
Tel. 787-884-3139 Tel. 787-780-6680• 787-786-4627

El Doctor Carlos Cidre es el médico consultor del sistema NaturalSlim. Es un médico internista, Board Certified, con más de 30 años de experiencia y quien ha tenido amplia experiencia en tratar a cientos de pacientes diabéticos muchos de los cuales con su ayuda lograron reducir o eliminar el uso de medicamentos incluyendo la insulina inyectada. La meta del doctor Cidre ha sido educar a sus pacientes diabéticos para empoderarles y así hacerles partícipes activos del control de su condición de diabetes. El doctor Cidre se certificó como Consultor Certificado en Metabolismo (CMC) por el sistema NaturalSlim desde hace unos años por lo cual conoce a perfección la tecnología de restauración del metabolismo que se expresa en este libro.

D r. Ramón Crespo Almeida
Médico Internista y Especialista en Administración de Salud
Médico consultor de NaturalSlim en México

El Doctor Crespo lleva toda su vida dedicándose a ayudar a las personas con su salud y a administrar sistemas de salud, tanto en su país natal Cuba, como en México. Actualmente, ayuda a sus pacientes a mejorar sus condiciones de salud aplicando las técnicas de restauración del metabolismo, con mucho éxito en su práctica. El Doctor Crespo es el médico consultor de NaturalSlim en la Ciudad de México.

L icenciada Sylvia M. Colón
Nutrióloga, Dietista L.N.D.
Educadora en Diabetes
Nutriwise Team • email: scnutriwise@gmail.com

Nutricionista/Dietista consultora del sistema NaturalSlim y del libro Diabetes Sin Problemas. La licenciada Colón está certificada como Consultora Certificada en Metabolismo. Asiste en los programas de Educación a la Comunidad y en los de capacitación a otros profesionales de la salud. La licenciada Colón educa sobre el uso de la tecnología de restauración del metabolismo para condiciones relacionadas a la obesidad y a la diabetes. Además, la licenciada publica videos educativos sobre la diabetes, basados en el libro Diabetes Sin Problemas, en el canal de YouTube DiabetesTV.

L icenciada Viridiana Martínez
Nutrióloga, Consultora Certificada en Metabolismo y directora del Programa de Control de Diabetes de la Cruz Roja de Coahuila, México

La doctora en nutrición Viridiana Martínez ha dirigido los esfuerzos por controlar la incidencia de diabetes en el estado de Coahuila, México. Desde el año 2013 dirige con éxito el Programa de Control de la Diabetes en la Cruz Roja de este estado. Con su dedicada labor, ha ayudado a cientos de personas a manejar su problema de diabetes utilizando la Dieta 3x1 y la tecnología de restauración del metabolismo.

ÍNDICE TEMÁTICO

NOTAS

NOTAS

NOTAS

NOTAS